JESUS
A DOR E A ORIGEM DE SUA AUTORIDADE

O PODER DO CRISTO EM NÓS

PAIVA NETTO

JESUS A DOR E A ORIGEM DE SUA AUTORIDADE

O PODER DO CRISTO EM NÓS

Quinto volume de "O Apocalipse de Jesus para os Simples de Coração"

Uma coleção que esclarece e conforta

1ª edição

ELEVAÇÃO

Produção editorial: *Equipe Elevação*
Revisão: *Equipe Elevação*
Impressão: *Mundial Gráfica*
Capa: *Alziro Braga*
Projeto gráfico e diagramação: *Helen Winkler*

Depósito legal na Biblioteca Nacional conforme
Decreto nº 1.825, de 20 de dezembro de 1907.

Dados Internacionais de Catalogação na Publicação (CIP)
(Câmara Brasileira do Livro, SP, Brasil)

Paiva Netto
Jesus, a Dor e a origem de Sua Autoridade / Paiva Netto. — 1. ed. — São Paulo : Elevação, 2014. — (Coleção O Apocalipse de Jesus para os Simples de Coração; v. 5)

Bibliografia
ISBN 978-85-7513-212-8

1. Bíblia. N.T. Apocalipse — Comentários
2. Espiritualidade 3. Jesus Cristo 4. Profecias
I. Título. II. Série.

14-11079 CDD-228.07

Índices para catálogo sistemático:

1. Apocalipse : Comentários 228.07

ISBN 978-85-7513-212-8

Av. Engenheiro Luiz Carlos Berrini, 1.748, cj. 2.512
CEP 04571-000 — São Paulo/SP — Brasil
Tel.: (11) 5505-2579

Em meio aos Legionários veteranos no gabinete da Presidência da antiga Rádio Mundial, naquela época a Emissora da Boa Vontade, dr. Mario da Cruz (de óculos, à esquerda) e dr. Osmar Carvalho e Silva (à direita), que dialogam com o fundador da LBV, Alziro Zarur. Destaca-se a figura jovem de José de Paiva Netto, sempre atento aos rumos da Instituição.

Dedico este livro ao grande Alziro Zarur (1914-1979), cujo centenário de nascimento se completa em 25 de dezembro deste ano. Sua notável e pioneira pregação do Evangelho--Apocalipse de Jesus e seu carisma singular despertaram meu Espírito para a Legião da Boa Vontade (LBV) e para a Religião de Deus, do Cristo e do Espírito Santo.

José de Paiva Netto

Rio de Janeiro, primavera de 2014, hemisfério sul

Sumário

Tratado do Novo Mandamento de Jesus

A Espiritualmente Revolucionária Ordem Suprema do Divino Mestre representa o diferencial da Religião de Deus, do Cristo e do Espírito Santo, base de todas as suas ações de promoção espiritual, social e humana.

Ensinou Jesus, o Cristo Ecumênico, o Divino
Estadista: "13:34 *Novo Mandamento vos dou: Amai-*
-vos como Eu vos amei. 13:35 *Somente assim podereis*
ser reconhecidos como meus discípulos, se tiverdes o
mesmo Amor uns pelos outros.
15:7 *Se permanecerdes em mim e as minhas pala-*
vras em vós permanecerem, pedi o que quiserdes, e
vos será concedido. 15:8 *A glória de meu Pai está em*
que deis muito fruto; e assim sereis meus discípulos.
15:10 *Se guardardes os meus mandamentos, per-*
manecereis no meu Amor; assim como tenho guar-

dado os mandamentos de meu Pai e permaneço no Seu Amor.

15:11 *Tenho-vos dito estas coisas a fim de que a minha alegria esteja em vós e a vossa alegria seja completa.*

15:12 *O meu Mandamento é este: que vos ameis como Eu vos tenho amado.* 15:13 *Não há maior Amor do que doar a própria Vida pelos seus amigos.* 15:14 *E vós sereis meus amigos se fizerdes o que Eu vos mando. E Eu vos mando isto: amai-vos como Eu vos amei.*

15:15 *Já não mais vos chamo servos, porque o servo não sabe o que faz o seu senhor. Mas tenho-vos chamado amigos, porque tudo quanto aprendi com meu Pai vos tenho dado a conhecer.*

15:16 *Não fostes vós que me escolhestes; pelo contrário, fui Eu que vos escolhi e vos designei para que vades e deis bons frutos, de modo que o vosso fruto permaneça, a fim de que, tudo quanto pedirdes ao Pai em meu nome, Ele vos conceda.*

15:17 *E isto Eu vos mando: que vos ameis como Eu vos tenho amado.*

15:9 *Porquanto, da mesma forma como o Pai me ama, Eu também vos amo. Permanecei no meu Amor".*

(Tratado do Novo Mandamento de Jesus, reunido por Paiva Netto, consoante o Evangelho do Cristo de Deus, segundo João, 13:34 e 35; 15:7, 8, 10 a 17 e 9.)

"Passará o Céu, passará a Terra, mas as minhas palavras não passarão."

Jesus (Lucas, 21:33)

"Se esta obra é de homens,
não triunfará. Mas, se é de Deus,
não a combatais, pois estareis
combatendo o próprio Deus."

GAMALIEL
(ATOS DOS APÓSTOLOS DE JESUS, 5:38 E 39)

"Respondendo Pedro e João aos sinedritas, disseram: 'Não podemos deixar de falar daquilo que vimos e ouvimos. (...) Importa antes agradar a Deus que aos homens'."

(Atos dos Apóstolos de Jesus, 4:19 e 20 e 5:29)

Apresentação dos editores

Jesus, a Dor e a origem de Sua Autoridade é o quinto volume da bem-sucedida coletânea ecumênica "O Apocalipse de Jesus para os Simples de Coração", a qual já vendeu mais de 2,5 milhões de exemplares. Nesta obra, Paiva Netto apresenta profunda análise, bem como os amplos desdobramentos dela, sobre a legitimidade e a procedência do Poder Espiritual conquistado pelo Cristo de Deus, o Ungido do Pai.

Logo, equivoca-se quem espera ler nas páginas seguintes mera rememoração da pujante dor vivida por Jesus nos últimos dias de Sua primeira vinda visível ao planeta Terra. Não! Este não é mais um livro a retratar tal quadro, que ainda provoca na Humanidade, apesar dos milênios decorridos, mudo espanto, diante das até agora frescas tintas da crueldade praticada contra o Rabi da Galileia e Sua nobre missão de promover

"Paz na Terra aos de Boa Vontade" (Evangelho, segundo Lucas, 2:14).

O leitor encontrará aqui, em vez de sombria pintura, cores novas estampadas em narrativa e explicação inigualáveis acerca do extremado sacrifício do Cristo. A paleta usada pelo autor dispensa os tons esmaecidos de derrota ou lamúria. Estes são substituídos por vibrantes matizes, que dão os merecidos fulgor e destaque à vitória e ao testemunho de Quem demonstrou valer a pena cada gota de suor, de lágrima e de sangue derramada por causa da defesa do Amor Fraterno, da Solidariedade Universal e da Justiça Perfeita. Ao sobrepujar a Dor, o Primogênito dos mortos, o Soberano dos reis da Terra, alcançou de Deus Sua Santíssima Autoridade.

Trata-se, então, de um livro que resgata o sentido apoteótico do paradoxalmente glorioso instante da crucificação — e os momentos que o antecederam e o sucederam —, em que o Messias prometido desde o Antigo Testamento da Bíblia Sagrada foi, segundo o autor, erguido acima de todas as cabeças, sobranceiro à falível mediocridade humana. Porque o Mestre dos mestres, com Seu denodo e obstinação no Bem, não se deu por vencido pela ignorância, que O condenou à infame morte de cruz. Jesus não se entregou ao madeiro, qual um ladrão a definhar nele por consciência claudicante. O Cristo entregou-se, isso sim, ao coração de cada ser vivente ávido por manter acesa a chama da primeira caridade na Alma, a despeito das iniquidades do mundo. E o que Ele fez ante a condenação à "morte"? Ressuscitou! Derrotou-a!..., de modo a olhar no fundo de nossos olhos e dizer: *"Jamais desistam de acreditar no que lhes revelei, pois eis-me aqui, estou vivo! Eu venci o mundo e recebi de meu Pai o Supino Poder de dominar o poder"*.

Resta-nos manter a cabeça erguida, ver a luminosidade de Jesus e, inspirados nela, dedicar-nos à disseminação do Amor Fraterno tanto quanto se doou a isso o Divino Mestre — almejando realizar sempre mais. O que nos propiciará vencer com Ele e por Ele, para que Seu exemplo e Sua luta não tenham sido em vão. A vitória completa reside na vivência diária de Seus ensinamentos dessectarizados e no testemunho de todos os que são Seus discípulos, que devem bradar a plenos pulmões: *"Estamos aqui e não arredaremos pé! Nosso sacerdócio é pelo triunfo do Bem sobre o mal, pois assim aprendemos com Nosso Senhor!"*. Esse é *"o Poder do Cristo em nós"*.

Fica o fraterno convite ao leitor de todas as crenças, filosofias ou descrenças — pois esta obra não está restrita aos chamados cristãos — a mergulhar nas folhas benditas deste livro e pôr-se face a face com a excelsa resplandecência das letras nascidas do coração de Paiva Netto. Assim, terá seu Espírito embevecido e encontrará a suprema felicidade, em virtude do riquíssimo e pioneiro esclarecimento quanto à origem da Magna Autoridade de Jesus.

O Apocalipse de Jesus para os Simples de Coração — A série

A exemplo das séries radiofônicas "Apocalipse para o Povo" e "Apocalipse e Profecias", a série "O Apocalipse de Jesus para os Simples de Coração", conduzida por Paiva Netto de outubro de 1990 a fevereiro de 1992 e levada ao ar pela Super Rede Boa Vontade de Rádio, logo se tornou, por sua particular abrangência e popularidade, sucesso de audiência, alcançando a marca de mais de 450 programas transmitidos. Nessas preleções, feitas de improviso, ele analisa, com justeza, *"o livro mais importante das Escrituras Sagradas da atualidade"*, no dizer de Alziro Zarur (1914-1979).

Enquanto viajava a trabalho, Paiva Netto pregava. Foram muitas as cidades em que realizou, nos mais diversos ambientes — a céu aberto, em auditórios e até cozinhas —, suas palestras acerca do Apocalipse, as quais foram gravadas e exibidas tanto no rádio quanto na TV. Entre essas localidades estão Brasília/DF, Belo Horizonte/MG, Curitiba/PR, Florianópolis/SC, Maringá/PR, Rio de Janeiro/RJ, São Paulo/SP e Glorinha/RS, no Brasil; e, no exterior, Londres, na Inglaterra; Paris, na França; Roma, na Itália; Santa Maria de Arnoso, Lugar de Lages, e no Porto, em Portugal;

Buenos Aires, na Argentina; e Nova York, nos Estados Unidos.

Das ondas de rádio às tintas impressas

A prestigiada revista JESUS ESTÁ CHEGANDO![1] foi escolhida como veículo de propagação, na forma escrita, das históricas pregações de Paiva Netto. A exemplo de "Jesus, o Profeta Divino", que o autor lançou, da mesma forma fez a série de artigos "Jesus, a Dor e a origem de Sua Autoridade", a partir da edição nº 101, de março/abril/maio de 2008.

Também constantes de outros jornais, revistas e livros, as preleções ganharam novos comentários do escritor, que manteve nos textos o estilo de quem conversa com a audiência. Daí o valor realçado desse trabalho, pois imprimir ao escrito o calor do improviso é tarefa para mãos talentosas, que vencem a dificuldade natural de transferir para o papel a entonação, seja esta solene, seja séria, seja humorística — variações que frequentam os discursos do eloquente orador. Tais preleções constituem, sobretudo, bate-papos fraternos, nos quais Paiva Netto comunica as mensagens que nascem

[1] **Revista JESUS ESTÁ CHEGANDO!** — Em 27 de fevereiro de 1982, Paiva Netto lançou a primeira edição da revista, durante o Congresso do Amor Universal, realizado em Campinas/SP, Brasil. A publicação não só marcou o começo de uma nova etapa de desenvolvimento doutrinário da Religião de Deus, do Cristo e do Espírito Santo, como também se tornou, nos anos seguintes, um dos principais veículos da Comunicação 100% Jesus.

do coração dele e se destinam ao coração do público.

Estudioso dos temas bíblicos há quase seis décadas, ele é um dos maiores pregadores da atualidade e autor com mais de 6 milhões de livros vendidos. Desse total, 2,5 milhões referem-se à coleção "O Apocalipse de Jesus para os Simples de Coração", da qual faz parte agora *Jesus, a Dor e a origem de Sua Autoridade* e que ainda reúne as obras *As Profecias sem Mistério* (1998), *Somos todos Profetas* (1999), *Apocalipse sem Medo* (2000) e *Jesus, o Profeta Divino* (2011). Esses quatro últimos títulos tiveram destaque em importantes bienais e feiras literárias do Brasil e do mundo e foram traduzidos para diversos idiomas.

O inspirado improviso: a Alma do autor

Nesse trabalho de divulgação do Evangelho-Apocalipse de Jesus, o Texto Sagrado é tratado em prosa de excelente qualidade. Paiva Netto apresenta-nos, com profundo conhecimento, o raciocínio segundo o qual a mensagem reveladora do Livro das Profecias Finais se faz presente em todas as Escrituras Benditas da Humanidade, entre elas a Bíblia, desde o Antigo ao Novo Testamento.

Na opinião dos que o leem, o autor é capaz de simplificar a linguagem simbólica do Texto Profético e, assim, facilitar a compreensão deste. Como destacou o jornalista e editor **J. Pascale**, *"A coleção*

['O Apocalipse de Jesus para os Simples de Coração'] *foi escrita na linguagem de um jornalista e para ser entendida"*.

Sobre seu estilo literário, o escritor norte-americano **Errol Lincoln Uys** observou: *"Paiva Netto, sendo um homem prático, não deixa de ter alma de poeta"*. Segundo a definição do eminente professor, jurisconsulto e tratadista **José Cretella Júnior**, *"é um exímio estilista, sempre em dia com as novas"*. **Valdir Andres**, jornalista, advogado, fundador do periódico *A Tribuna Regional*, da histórica Santo Ângelo/RS, e atual prefeito dessa cidade, assim declarou: *"É uma honra imensa abrigar os conceitos, as opiniões, a pena brilhante do professor Paiva Netto em nosso jornal"*. Na opinião do mestre de professores **Moacir Costa Lopes** (1927-2010), *"é um escritor de muito talento"*.

Com a palavra, os Espíritos do Bem

Durante a preparação dos originais de *Jesus, a Dor e a origem de Sua Autoridade*, os Espíritos Amigos e Irmãos dr. **Bezerra de Menezes** e **Flexa Dourada** manifestaram-se, em nome de tantos abnegados Irmãos Militantes da Revolução Mundial dos Espíritos de Luz, na Quarta Revelação — a Religião de Deus, do Cristo e do Espírito Santo —, sobre o iluminado valor de mais esta obra da lavra de Paiva Netto. Eis alguns trechos dessas mensagens, que chegaram por intermédio do sensitivo legionário **Chico Periotto**.

— *Com* Jesus, a Dor e a origem de Sua Autoridade, *o senhor está jogando a rede, que é de fundamental importância. Joga a rede com os ensinamentos corretos, que farão de nossos Irmãos menos esclarecidos na Terra, a partir do imenso Brasil, criaturas ávidas do conhecimento espiritual.* ***É hora! É de suma importância apresentar Nosso Senhor Jesus Cristo em Sua totalidade****, trabalho esse designado em sua missão, nobilíssimo Irmão Maior Paiva Netto.*

É importante o trabalho de evangelização e apocaliptização. Cada livro preparado, ***lance-o****! Não se preocupe, [pois este]* ***cairá em solo fértil****. O importante é que aumentemos o acesso a todos aqueles que queiram evangelizar-se.*

Dr. Bezerra de Menezes

— *O livro do Irmão de Paiva é um livro que salva vidas. Quando lança um livro desses aí,* ***é um Governo Espiritual materializado, que vai ficar para as gerações****! Está escrevendo uma obra* ***para que todo mundo entenda Jesus, saiba Quem é Ele mesmo, de verdade****, em toda a Sua grandeza! Ele é o vencedor que pegou da Dor* ***e não virou vítima****. O Irmão de Paiva está pregan-*

do um Jesus vivo, um Jesus universal. Ele [o Cristo] está vendo isso! As vibrações que sobem do livro são celestiais. O livro também vibra! Aqui em Cima, a gente sabe quando está sendo uma coisa muito elevada, muito forte; quando está com a grande missão aí sendo cumprida.

Flexa Dourada

Diante dessa exposição, só podemos desejar ao leitor uma excelente leitura!

Os editores

DO AUTOR (I)

Diálogo com os Simples de Coração

Neste livro e nas demais obras que tenho lançado, não pretendo ser dono da Verdade, apenas almejo expressar aquilo que penso ser bom para os que me honram com a leitura.

Esta não é uma peça com aspirações literárias, mas somente o resultado de tantos diálogos meus com os Simples de Coração[1], acerca do Evangelho-Apocalipse de Cristo Jesus, em Espírito e Verdade, sempre à luz do Mandamento Novo do Mestre dos mestres, o qual atesta a importância do Amor Divino na existência de homens, nações e povos.

---

[1] **Simples de Coração** — Quando se refere a esse termo, Paiva Netto não faz distinção de classe social, nível cultural, preferência política, aspecto físico. Fala à inteligência do coração, riqueza inestimável do Espírito que o autor denomina Simplicidade de Coração, Simplicidade de Alma.

DO AUTOR (II)

Tudo é espiritual

Tudo é espiritual, seja para o Bem ou tristemente para o mal. Rimou e é verdade. Daí a minha preocupação em demonstrar-lhes, por exemplo, que **a reforma do social vem justamente pelo espiritual**. Na *Folha de S.Paulo*, em 1982, discorri sobre ser a economia a mais espiritual das ciências ou arte. Por não pensarem dessa maneira, por não se preocuparem com isso, é que diversas ideologias não têm conquistado o que tanto almejam.

Pode parecer, algumas vezes, a certos leitores ou leitoras, que eu não entenda espiritual e religioso como sinônimos. É que, no campo mais elevado das ideias, deste modo geralmente não o são. Pelos conceitos humanos, Religião é aquilo que todo mundo compreende como tal: a-p-e-n-a-s r-e-l-i-g-i-ã-o! Isto é, aquilo que se enquadra numa tradição de fé. Mas chegará o dia em que qualquer um poderá alcançar, pelo entendimento desenvolvido, que, como já lhes afirmei, **tudo é espiritual, não somente na esfera religiosa**, bem como na política, na filosófica, na científica, na artística, na econômica, na esportiva, na vida doméstica ou pública, e assim por diante. Meditem a respeito disso, sob o aspecto mais elevado, no campo espiritual, moral, portanto, pragmaticamente divino, em que se deve, com sabedoria, ajustar a Política. Leiam este livro com todo o cuidado que lhes é característico, pois poderão descobrir novas perspectivas, para as suas existências, nas cordiais páginas desta obra. Voltaremos com prazer ao assunto.

PREFÁCIO DO AUTOR

Alavancar a coragem

ESTE LIVRO FOI ESCRITO NA CERTEZA DE QUE VOCÊ ALCANÇARÁ MAIOR FORÇA ESPIRITUAL

Nesta obra, Você, prezada leitora ou prezado leitor (adulto, idoso, jovem e criança, ou mesmo os habitantes do Mundo Espiritual, que a tudo assistem), encontrará longa dissertação sobre a Dor, jamais aqui apresentada na forma de fatalismo. Teço minhas reflexões a partir do extraordinário exemplo do Cristo; portanto, não para a derrota nossa no desânimo, **mas visando à vitória, visto que os tenho capacitado para pegar até do tormento e, com ele, alavancar a coragem**.

Por tratar do sofrimento em sentido espiritualmente lato, este livro aponta caminhos que nos conduzem à felicidade real, porque ensina a viver a Lei de Deus; e nos fará fortes, porquanto fraternalmente combate uma espécie de ideia fixa sobre a Dor, instrumento poderoso para a vida dos seres humanos. É necessário saber conviver com ela e, com obstinação, sobrepujá-la.

Faz-se urgente certo conhecimento da Excelsa Lei que rege os mundos, do micro ao macrocosmo. E esse conjunto de leis se encontra expresso no Evangelho e no Apocalipse de Nosso Senhor Jesus Cristo.

É a respeito disso que procuraremos tratar nas páginas seguintes, com espírito de modéstia, porque sabemos, no fundo, que nada é nosso, pois tudo é de Deus.

O Divino Mestre, no Seu Evangelho, segundo João, 17:6 a 8, deixa esse fato bem claro:

> *6 Revelei* [ó Pai!] *o Vosso nome aos homens* [e mulheres] *que me destes do mundo.* ***Eram Vossos,*** *e os confiastes a mim, e eles estão vivendo de acordo com a Vossa Palavra.*
>
> *7* ***Agora, eles reconhecem que todas as coisas que me tendes dado provêm de Vós;***
>
> *8 Porque Eu lhes tenho transmitido as palavras que me destes, e eles as receberam, e verdadeiramente conheceram que saí de Vós, e creram que Vós me enviastes.*

O suicídio golpeia a Alma

Meu intuito, assim, é mostrar a Vocês que **a Dor nos fortalece e nos instrui** a vencer todos os obstáculos, por piores que sejam. **Por isso, suicidar-se é um tremendo engano.** Zarur alertava:

— *O suicídio não resolve as angústias de ninguém.*

No encarte do CD da radionovela *Memórias de um Suicida*[1], afirmo que o suicídio é um ato que infalivelmente golpeia a Alma de quem o pratica. Ao chegar ao Outro Lado, ela vai encontrar-se mais viva do que nunca, a padecer opressivas aflições por ter fugido de sua responsabilidade terrena. Convém assinalar que sempre alguém fica ferido e/ou abandonado com a deserção da pessoa amada ou amiga, em quem confiava, seja aqui ou no Mundo da Verdade[2].

E é de muito bom senso não olvidarmos que **no Tribunal Celeste vigora o Amor, mas não existe impunidade.**

---

[1] ***Memórias de um Suicida*** — Por iniciativa de Paiva Netto, a gravadora Som Puro lançou, a exemplo de *Há Dois Mil Anos*, *50 Anos Depois*, *Nosso Lar* e *Sexo e Destino*, a radionovela *Memórias de um Suicida*, adaptação do livro homônimo, que foi psicografado pela respeitada médium brasileira **Yvonne do Amaral Pereira** (1900-1984) e cujos direitos autorais foram gentilmente cedidos pela FEB. No drama, **Camilo Cândido Botelho** (pseudônimo), ao ficar cego, no fim do século 19, depois de vivenciar vários conflitos conjugais e familiares e a decadência financeira, suicida-se aos 65 anos, acreditando que a "morte seria o fim" de seu sofrimento. Mas, como na Profecia de Jesus (no Apocalipse, 9:6), a morte não o aceita, e Camilo (Espírito), mais vivo do que antes, vê seus dramas multiplicados e, por mais de 50 anos de padecimento e remorso, jamais experimentados por ele na Terra, encontra o caminho da redenção. Para adquirir, ligue para o Clube Cultura de Paz (0300 10 07 940) ou acesse www.clubeculturadepaz.com.br.

[2] **Mundo da Verdade** — A Pátria Espiritual ou Pátria da Verdade.

A Dor não é fato obrigatório

A Dor, **até agora**, é necessária, posto que habitamos um planeta em atraso[3], onde os atos afastados do Bem, sob diversos aspectos, **aparentam** prevalecer eternamente. Por isso, chamo-a de **iniciática**, pois nos conclama, de forma indelével (tantas vezes debaixo de fortíssimo abalo), a atenção para nossos equívocos, **na tentativa de nos desviar deles, enquanto é tempo**.

O infortúnio não é um fato obrigatório na existência terrena ou na Pátria da Verdade. Contudo, se ele comparece em nosso destino, é **porque o provocamos, sabendo ou não**, tal como a febre anuncia ao corpo a enfermidade, antes mesmo que a mazela se manifeste. Trata-se de um aviso, para que, a tempo, nos curemos. Quando saramos, **a Dor desaparece**, nesta e na Outra Vida. Assim ocorre nas esferas espiritual, moral e humana.

Jesus não causou flagelo a Si mesmo

Quanto a Jesus, Ele não causou flagelo algum a Si mesmo, o contrário do que em geral fazemos nós. Sendo Espírito sem mácula, o Ungido de Deus **voluntariamente** carregou nossos erros sobre Seus ombros.

[3] Leia mais sobre o assunto no capítulo 28, "O amplo significado do Sexto Flagelo (II)".

— *(...) Ele foi crucificado pelas nossas transgressões, moído pelas nossas iniquidades. Estava sobre Ele* ***o castigo que nos trouxe a paz****; pelas Suas chagas é que fomos curados* (Isaías, 53:5).

A fim de nos livrar da ignorância, que origina nossa Dor, Jesus

— *(...)* ***pelo Seu sangue nos libertou dos nossos pecados*** (Apocalipse, 1:5).

Suplantar a adversidade foi uma das maiores lições que Ele nos legou. E o Pai Celestial deu-Lhe a Sua bênção, fazendo-O herdeiro do Poder e da Autoridade Dele. Jesus, o Pedagogo Sublime, misericordiosamente oferta essa Magna Autoridade — em diversos graus, na escala da experiência celeste — aos que já tenham compreendido que **o governo da Terra tem início no Céu**. Estejamos, pois, atentos, porque **vivemos, em intensidade vertiginosa — bem que a maioria não perceba —, a transição apocalíptica anunciada desde os Profetas do Antigo Testamento, entre eles Daniel, Isaías, Ezequiel e Zacarias.**

Pode parecer inconcebível redigir sobre os valores dessa visão espiritual do Poder de Jesus e Sua Autoridade num mundo que aparenta só conhecer o itinerário da violência. Porém, o que se configura impossível hoje amanhã não será mais. O próprio Cristo esclarece:

> — *O que não é possível ao homem para Deus é sempre possível.*
>
> Jesus (Mateus, 19:26; Marcos, 10:27; e Lucas, 18:27)

Custe o tempo que for necessário, no Calendário Divino, para a consolidação do Ideal Crístico, na Terra e no Céu da Terra, essa Verdade se realizará.

Amém!

"Ressurreição", obra de Carl Bloch (1834-1890). Salt Lake City Gallery, Utah, EUA.

CAPÍTULO 1

A Autoridade Una de Jesus

Neste capítulo de abertura, extraído do segundo programa da série **"O Apocalipse de Jesus para os Simples de Coração"**, baseamo-nos, de início, nos versículos quarto, quinto e sexto do primeiro capítulo do Livro das Profecias Finais[1]. Abordaremos um tema

[1] **Livro das Profecias Finais** — Apocalipse.

básico — imanente ao Apocalipse e ao Evangelho do Cristo e, enfim, a toda a Bíblia Sagrada —, em torno do qual gira tudo o que existe na Terra e no Céu da Terra: **a Divina Autoridade Moral e Espiritual de Jesus**. Isto é, de que maneira a alcançou, **por merecimento próprio, e quanto Lhe tem — por pobreza da linguagem humana — custado esse Poder**, que promana do Pai Celestial e que Ele (o Cristo) exerce pessoalmente ou por intermédio do Espírito Santo.

João Evangelista

Ao se referir às Sete Igrejas que se encontram na Ásia, **João Evangelista** revela:

Dedicatória às Sete Igrejas da Ásia

*4 (...) Graça e paz a vós outros, da parte **Daquele que é, que era e que há de vir**, da parte dos Sete Espíritos que se acham diante do Seu trono*
*5 e da parte de Jesus Cristo, a Fiel Testemunha, o Primogênito dos mortos **e o Soberano dos reis da Terra**. Àquele que nos ama, e pelo Seu sangue nos libertou dos nossos pecados,*
*6 **e nos constituiu reino, sacerdotes para o Seu Deus e Pai, a Ele a glória e o domínio pelos séculos dos séculos.** Amém!* (Apocalipse de Jesus, segundo João, 1:4 a 6)[2].

[2] Os grifos em palavras ou expressões das passagens bíblicas citadas neste livro são todos destaques do autor.

"Os Anjos protegem as Sete Igrejas da Ásia" (mosaico). Basílica de São Marcos, Veneza, Itália.

Que seja sempre Jesus, o Cristo Ecumênico, portanto, universal, o Divino Estadista, o exemplo-mor a ser seguido! Ele disse:

> — *Eu sou o Caminho, a Verdade e a Vida. Ninguém* ***vem*** *ao Pai senão por mim* (Evangelho, segundo João, 14:6).

É tão rica a Palavra de Jesus, Nosso Senhor, que o simples emprego, por Ele, do verbo **vir** nesse versículo seria suficiente para comentários em diversos programas.

"Ninguém vem ao Pai senão por mim." Repararam?

"VEM"! Significa dizer, apenas para início de conversa, **que o Pai está Nele e Ele está no Pai**, consoante o Mestre dos mestres explica nos versículos subsequentes do capítulo 14. Imaginem o resultado da assertiva Dele, que, logo no princípio, justifica Seu Poder de Senhor deste planeta[3], **pois o Pai está no Filho, com toda a Sua Divina Essência.** Isto é, na Terra, o supino da integração: a **Autoridade Una**, que nos apresenta e revela este Apocalipse.

A Unidade do Pai com o Filho

Daí a extraordinária afirmação do Sublime Cientista:

> — *Eu e o Pai* ***SOMOS UM*** (Boa Nova, conforme João, 10:30).

Denota que Jesus, o Excelso Governante do orbe terrestre, evoluiu tanto, que se integrou no Pai a ponto de merecer condições aparentemente excepcionais, com Poder e Grande Glória. Contudo, **como alcançarmos essa notabilíssima unidade Nele, o Pai, em Sua Autoridade Una**? Tal estado foi até agora plenamente apenas atingido pelo Chefe Celestial, que sobrepujou o sofrimento, chegando a conquistar, com essa superação, **na categoria de Cristo**, uma Autoridade inigualável na Terra. É o que, com humildade, veremos no

[3] **O Senhor deste planeta** — Jesus.

transcorrer deste livro. Como ponto de partida, fixemos o raciocínio no divino significado da Dor.

O **primeiro** passo para galgar essa **unigenitura**, relativamente ao nosso planeta, de filho com o Pai, daremos na hora em que obtivermos a plena compreensão do incomensurável valor do Novo Mandamento do Cristo de Deus:

> — *Amai-vos como Eu vos amei. Somente assim podereis ser reconhecidos como meus discípulos* (Evangelho, segundo São João, 13:34 e 35).

Alziro Zarur

Alziro Zarur[4] (1914-1979), o decifrador do subli-

[4] **Alziro Zarur** (1914-1979) — Nasceu na cidade do Rio de Janeiro/RJ, Brasil, no Natal de Jesus de 1914. Jornalista, radialista, escritor, poeta, ativista social e grande pregador da Palavra de Deus, fundou a Legião da Boa Vontade (LBV), em 1º de janeiro de 1950 (Dia da Paz e da Confraternização Universal), e brilhantemente a presidiu até a sua passagem para o Plano Espiritual, em 21 de outubro de 1979. Em 2014, ano de lançamento da presente obra, comemora-se o centenário de seu nascimento. Em 7 de setembro de 1959, Zarur realizou a Proclamação do Novo Mandamento de Jesus, em Campinas/SP, Brasil, no antigo hipódromo do Bonfim — hoje, Praça Legião da Boa Vontade —, que, na época, era o espaço público mais vasto que por lá existia, capaz de receber a multidão que fora ouvi-lo. Carismático e polêmico, de forma popular e inovadora pregava, com muito entusiasmo, o Evangelho e o Apocalipse de Jesus, mas não *"ao pé da letra que mata"* (Segunda Epístola de **Paulo** aos Coríntios, 3:6), e, sim, em Espírito e Verdade, à luz do Novo Mandamento do Cristo Ecumênico, ou seja, universal, o Divino Estadista (veja p. 11). Criou e presidiu a pioneira Cruzada de Religiões Irmanadas, cuja primeira edição oficialmente ocorreu em 7 de janeiro de 1950, no salão do Conselho da Associação Brasileira de Imprensa (ABI), na capital fluminense, após sucessivas reuniões preparatórias realizadas no

me sentido do Mandamento Novo de Jesus, nas suas instruções sobre a acepção divina da **Pedra Filosofal**, dos antigos alquimistas, ensinou que,

— *Quando há Amor na alma do suplicante, Deus concede tudo. Porém, o Amor tem de estar aliado à Fé e ao merecimento. Por isso, o Novo Mandamento é matéria-prima para ser transmutada pela Fé, através da Prece, alicerçada nas boas obras* (Trecho da Proclamação da Pedra Filosofal, feita por Zarur, em 7 de abril de 1973, em São Paulo/SP.)

E seremos a própria Profecia

O **segundo** passo para nossa integração em Deus se dá — mais adiantado, em virtude da vivência dessa Supina Lei de Amor Infinito, apresentada pelo Legislador Excelso, Jesus — à medida que nos integrarmos no Dia do Senhor, ou seja, no **espaço-tempo divinos**. Assim, **nos tornaremos espaço-tempo de Deus e seremos a própria Profecia**, conforme lhes expliquei[5] em *Somos todos Profetas* (1999). Está no Apocalipse (19:10) que

---

mesmo local, nos meses de outubro, novembro e dezembro de 1949, na sala da diretoria daquela prestigiada Associação. Com esse feito, Zarur antecipou-se ao que mais tarde viria a ser chamado de relacionamento inter-religioso. Em 7 de outubro de 1973, proclamou a Religião de Deus, do Cristo e do Espírito Santo, em Maringá/PR, Brasil.

[5] **"(...) conforme lhes expliquei"** — Leia mais sobre o assunto na p. 99 de *Somos todos Profetas* (1999) (44ª edição), de Paiva Netto, no capítulo "Nós somos a Profecia".

— *o Testemunho de Jesus Cristo é o espírito de Profecia.*

Portanto, a Unidade indissociável de Jesus com o Pai é motivo bastante para Deus — reconhecendo a Autoridade Celeste do Cristo — passar-Lhe diretamente a mais notável mensagem de que os povos tanto necessitam:

— *Revelação de Jesus Cristo,* ***que Deus Lhe deu*** *para mostrar aos Seus servos as coisas que em breve devem acontecer (...)* (Apocalipse, 1:1).

ADENDO

Pedra Filosofal

Esta antiga aspiração da alquimia — no que ela tem de espiritualmente mais elevado, substancial e nobre — foi por fim concretizada por Alziro Zarur. Trata-se do eterno acrisolador dos sentimentos humanos. A 7 de abril de 1973, ele revelou, em São Paulo/SP:

— *Os alquimistas viviam procurando inutilmente a* ***Pedra Filosofal****, substância maravilhosa capaz de transformar todos os metais em ouro. E não sabiam que existe um elixir de longa vida,* *uma substância genial capaz de transformar todos os metais ordinários da Alma (que são muito mais importantes que os metais da terra) em ouro finíssimo:* ***o Novo Mandamento de Jesus.***

Onde está o Rebanho Único?!

Vimos, no segundo capítulo do primeiro programa da série "O Apocalipse de Jesus para os Simples de Coração", o Irmão Alziro Zarur, na Proclamação do Apocalipse do Cristo[6] — dando especial destaque à razão da existência do Livro das Profecias Finais —, assegurar:

— *Irmãos e Irmãs, o Rebanho Único não foi formado no Evangelho que vocês leram,* ***mas no Apocalipse que não entenderam****, pois, na verdade, já está formado no Reino de Deus.*

Constitui um bom desafio do saudoso Proclamador da Religião de Deus, do Cristo e do Espírito Santo[7] — a Quarta Revelação — aos que amam as Escrituras Sagradas, mormente o Livro das Profecias Derradeiras,

[6] **Proclamação do Apocalipse do Cristo** — Feita por Alziro Zarur em 1º de outubro de 1972, em Ribeirão Preto/SP, Brasil.
[7] **Religião de Deus, do Cristo e do Espírito Santo** — Também designada pelos seguintes termos: Religião do Terceiro Milênio, Religião do Amor Universal e Religião Divina.

que é de **coautoria, com Deus, da mais destacada Autoridade do planeta: Cristo Jesus**. Isso fica, sobretudo, explicitado na parte em destaque do Apocalipse, 1:5:

> — *(...) Jesus, a Fiel Testemunha, o Primogênito dos mortos e* ***o Soberano dos reis da Terra****. Àquele que nos ama, e* ***pelo Seu sangue*** *nos libertou dos nossos pecados.*

Coautor do Apocalipse

E por que Jesus é, com Deus, autor do Apocalipse? A comprovação disso podemos ler nos primeiros versículos do último Sagrado Compêndio da Bíblia:

> — *Revelação* ***de Jesus Cristo, que Deus Lhe deu*** *para mostrar aos Seus servos as coisas que em breve devem acontecer, e que Ele, enviando-as por intermédio do Seu Anjo, notificou ao Seu servo João, o qual atestou a Palavra de Deus e o testemunho de Jesus Cristo quanto a tudo o que viu* (Apocalipse, 1:1 e 2).

Consoante demonstraremos, é forçoso salientar que historicamente esse e outros pontos bíblicos evidenciam como se originou o Seu Extraordinário Poder, Moral e Espiritual, perante os seres humanos. Trata-se enfim da **Autoridade de Jesus**, que **divinamente já**

existia antes da criação do nosso orbe. Tal revelação também consta do Antigo Testamento, no Livro de **Miqueias**, 5:2:

> — *E tu, Belém Efrata, pequena demais para figurar no grupo de milhares de Judá, de ti sairá Aquele que há de reinar em Israel, e* ***cujas origens são desde os dias da Eternidade****.*

E o próprio Cristo anunciou, em Seu Evangelho, segundo João, 17:24, ao referir-se ao Pai Celeste, que é eterno:

> — *Pai, a minha vontade é que, onde Eu estiver, estejam também comigo aqueles que me entregastes, para que vejam a glória que me destes,* ***porque Vós me amastes antes da fundação do mundo****.*

Lembrem-se de que a Terra tem mais de 4,5 bilhões de anos. **O Amor de Deus por Jesus é antiquíssimo, em escala temporal terrena! Por isso, tenho provocado em Vocês, das crianças aos idosos, o interesse permanente, de forma que descubram as grandezas que se encontram por trás do simbolismo das letras instigadoras do Apocalipse.** Percebam que, a todos aqueles que observam as Suas Leis, o Pai Celestial concede o privilégio do discernimento das riquíssimas páginas do Livro da Revelação.

> — *O segredo de Deus é para aqueles que O respeitam (...)* (Salmos, 25:14).

Foi o caso do honrado pastor **Stanley M. Horton** (1916-2014), professor emérito de Bíblia e Teologia do Assemblies of God Theological Seminary, de Springfield, Missouri, EUA. Aliás, em sua obra *Apocalipse — As coisas que brevemente devem acontecer*, ele anotou:

> — *Os cristãos da Igreja Primitiva, como os primeiros a receber o Apocalipse, devem ter ficado maravilhados com as suas profecias. Embora tantos séculos já tenham se passado, o livro continua a merecer atenção e estudo, pois bênçãos são prometidas a todos os que guardam a sua mensagem. Suas profecias centralizam-se em Jesus e nos últimos tempos, revelando o clímax e o triunfo final do plano divino.*

Mas, prosseguindo em nosso estudo, notamos, no capítulo sétimo do Apocalipse, a partir do versículo nono do mais valioso Texto Bíblico para o momento crítico que vivemos, João, Evangelista e Profeta, assistir a um fato maravilhoso:

> — ***Uma grande multidão que ninguém podia enumerar.***

Portanto, **infinitamente maior em número do que os 144 mil selados de Israel**[8] (Apocalipse, 7:4) — que alguns gostariam que fosse o número literal dos salvos — reunidos por Jesus, na Pátria da Verdade para formar, consoante Ele próprio diz,

> — *Um só rebanho para um só Pastor* (Evangelho, segundo João, 10:16).

Pastor *"que é Ele mesmo"*, conforme concluiu Zarur.

[8] **144 mil selados de Israel** — Leia mais sobre o assunto no capítulo "O Israel de Deus", página 159, de *Somos todos Profetas* (44ª edição), de Paiva Netto.

Grandezas do Apocalipse

O Amor de Deus por Jesus é antiquíssimo, em escala temporal terrena! Por isso, tenho provocado em Vocês, das crianças aos idosos, o interesse permanente, de forma que descubram as grandezas que se encontram por trás do simbolismo das letras instigadoras do Apocalipse.

"A Visão dos Glorificados (As doze tribos de Israel)", obra de Sátyro Marques. Acervo da Galeria de Arte do Templo da Boa Vontade (TBV), Brasília/DF, Brasil.

CAPÍTULO 2

Missionários de ponta

Prosseguindo no tema abordado no capítulo anterior, podemos, na verdade, considerar os 144 mil como a representação de um grupo de **missionários de ponta**, seres desprendidos, apaixonados, com extremo afinco pelo Divino Ideal Crístico. São Espíritos luminosos de várias origens, diversas vezes renascendo pelos milênios, em todos os rebanhos, não exclusivamente nos religiosos nem tão apenas nos chamados cristãos. Esses Espíritos possuem a missão de trazer à Terra o recado do Cristo Ecumênico, portanto, universal, o Divino Estadista, na linguagem que os incontáveis agrupamentos de povos, tribos e nações possam compreender. Apropriadamente, Zarur explicou, na **Proclamação do Novo Mandamento de Jesus**, por ele realizada no antigo hipódromo do Bonfim, na cidade de Campinas, Estado de São Paulo, em 7 de setembro de 1959, dia comemorativo da independência política do Brasil:

> — *Há tantas religiões quantos são os graus de entendimento espiritual das criaturas humanas, conforme a soma de suas encarnações.*

Jesus não é propriedade do Cristianismo, e sim o Cabeça da Humanidade.

Não apenas 144 mil salvos

Como vimos no versículo 9 do capítulo 7 do Apocalipse de Jesus, **a multidão** descrita na "Visão dos Glorificados" **é inumerável.** *Ipso facto*, é muito importante repetir que **os salvos não serão apenas 144 mil.**

Alguns lealmente expõem seus pontos de vista, defendendo a doutrina dos 144 mil salvos. Ao mesmo tempo, de certa forma, quase acusam (notando ou não) Deus de impiedoso, porquanto **Ele cria bilhões**

de Espíritos para redimir unicamente parcela ínfima deles. Raciocínios tão excludentes, semelhantes a esses, podem tornar-se fatores principais para o crescimento da descrença em nosso país e no exterior. Já lhes afirmei, há tantos anos, que, segundo minha modesta perspectiva, **a falência religiosa tem promovido o ateísmo**.

A Palavra de Deus, sinônimo de Amor, só pode ser analisada e cumprida sob o impulso desse nobre sentimento, que é a essência Dele (Primeira Epístola de João, 4:8 e 16). E o pior é que, digamos para argumentar, Deus é quem paga a conta inventada por irmãos exclusivistas, alguns até bem-intencionados, contudo impelidos despercebidamente pela ação de insinuoso egoísmo.

Afinal, somos Filhos do Criador Celeste, componentes de uma única família planetária, que deve abolir o ódio de seu meio. Enquanto não nos harmonizarmos, a Terra será consumida por nossa intemperança e **visão retardatária**. Tal como dizer:

> — *O aquecimento global é ideia absurda de iludidos, enganados e enganadores; coisa de ecochatos!*

Ora, essa recorrente maneira de pensar sem sequer medir a gravidade do aquecimento global é fomentadora do **avanço implacável** da aniquilação do esplendor do orbe que nos abriga e mantém vivos.

ADENDO

Derretimento das geleiras da Antártida

A respeito do aumento da temperatura da Terra, alguém poderia argumentar que o consequente degelo das calotas polares seja apenas uma probabilidade. Mas desconsiderar a existência do aquecimento global também não resolve os problemas que se apresentam nem nos exime das responsabilidades espirituais e socioambientais para com nosso planeta.

Além disso, fica o alerta do jornalista científico do *The New York Times* **Kenneth Chang**, em seu artigo "The Big Melt Accelerates" ("O Grande Derretimento Acelera"), de 19 de maio de 2014:

> — *Daqui a alguns séculos, é provável que uma faixa enorme do manto de gelo da Antártida Ocidental tenha desaparecido em virtude do derretimento de centenas de trilhões de toneladas de gelo, causando uma elevação de mais de um metro no nível do mar.*
>
> *Cientistas relataram, no início de maio, que talvez isso seja inevitável, pois uma nova pesquisa concluiu que algumas geleiras gigantes ultrapassaram o ponto de retorno, possivelmente causando uma reação em cadeia que poderá levar ao fim do manto de gelo.*

Amanhã, a consequência da procrastinação humana quanto aos cuidados com o planeta mostrará a face triste da inutilidade fatal de **atrasadas providências que tomarmos** (Os Sete Flagelos — Apocalipse, 16[1]), justificativa para a forte indignação de Alziro Zarur no seu arrasador

Um soco no globo

Haverá, porventura, solução
Para o mal em que o mundo se debate?
Algo que empolgue ou algo que arremate
A única e suprema salvação?

"Não há! Não há!" — responde o coração
Que no meu peito aflitamente bate.
"Não há! Não haverá!" — eis o rebate
Ao último SOS da aflição!

Então o mundo é mesmo intransformável?
E há de ser sempre assim, tão miserável,
Por mais que a voz do Bem soluce e clame?

[1] O texto do Apocalipse está publicado, na íntegra, em *Somos todos Profetas*, de autoria do escritor Paiva Netto. O título compõe a série "O Apocalipse de Jesus para os Simples de Coração", que reúne as obras *As Profecias sem Mistério*; *Apocalipse sem Medo* (2000); *Jesus, o Profeta Divino* (2011); e, agora, *Jesus, a Dor e a origem de Sua Autoridade*. A coletânea já alcançou a marca de 2,5 milhões de exemplares vendidos. Para adquiri-la, ligue 0300 10 07 940 ou, se preferir, acesse o *site* www.clubeculturadepaz.com.br.

E vem-me, em fúria, uma alucinação:
Alcançar o Universo nesta mão,
Para arrasar com um murro a Terra infame!

Quem dá o murro?!

Esse golpe, quem o está desferindo **somos nós**, Humanidade, tantas vezes inconsequente. **Quem mais seria?!**

Em meu ensaio *O Capital de Deus*, pondero, acerca do tema, que — **para superar esse estado de coisas, quebrar essa estrutura alienada de progresso de destruição** — é preciso que todos se unam, religiosos e ateus, para o encontro das soluções que se mostram urgentes. Daí pregarmos, na Religião de Deus, do Cristo e do Espírito Santo — a Quarta Revelação —, o **Ecumenismo dos Corações**[2], do respeito mútuo, a partir do qual desponta campo fértil para o entendimento. Afirmo há tantos anos e publiquei em *Reflexões da Alma* (2003): **O coração torna-se mais propenso a ouvir quando o Amor é o fundamento do diálogo**[3].

[2] **Ecumenismo dos Corações** — Leia "Os Quatro Pilares do Ecumenismo", no capítulo 18.

[3] Este pensamento de Paiva Netto, constante de *Reflexões da Alma* (2003), foi destacado pelo ex-presidente do Tribunal de Contas da União (TCU), ministro **Valmir Campelo**, que, depois de lê-la, escreveu ao autor, fazendo a seguinte análise: *"No momento em que o mundo é palco de tantos atos de violência e desamor e as criaturas humanas se fecham, amedrontadas, no casulo do egoísmo, ou da individualidade,* ***o livro*** **Reflexões da Alma** ***chega como um refrigério****, oferecendo maravilhosas lições de Paz, União e Solidariedade.*

Razão por que expomos neste livro a Divina Grandeza do Amor do Cristo ao explanar sobre Jesus, a Dor e a origem de Sua Autoridade.

Acima de tudo, há que vigorar a Fraternidade Real, de que falava Zarur no seu poema de mesmo nome. **Essa Fraternidade é capaz de congregar os adversos** e fazer surgir **de seus paradoxos saídas para os problemas que estão sufocando a Humanidade, pois, sempre gosto de repetir, realmente há muito que aprender uns com os outros.**

Poema da Fraternidade Real

Legião da Boa Vontade:
Sabeis, amigos, o que é?
Ideal de Fraternidade
Dos que têm a Grande Fé.

Legião dos Evangelistas
Que lutam com destemor,

Cada mensagem é um estímulo à cuidadosa reflexão sobre o poder e a paciência ***a fim de que a Humanidade alcance a sua maturidade espiritual****. Na página 85, há um belo exemplo dessa observação, quando o inspirado escritor afirmou que* **'O coração torna-se mais propenso a ouvir quando o Amor é o fundamento do diálogo'**. *(...) Transmito-lhe meus efusivos parabéns, augurando-lhe votos de que continue a realizar* ***esse importante trabalho em prol da evolução espiritual da Humanidade****. Com meu cordial abraço, ministro Valmir Campelo — Presidente".* A obra ultrapassou a marca de mais de 400 mil exemplares vendidos, tendo sido lançada em Portugal, pela Editora Pergaminho, e traduzida para o Espanhol e para a língua internacional Esperanto. (Os destaques são nossos.)

E abraçam materialistas,
Distribuindo pão e amor.

Os Legionários não têm
Preconceitos religiosos,
Pois a Religião do Bem
Une os homens caridosos.

Nem preconceitos sociais,
Nem preconceitos de cor:
São todos irmãos leais
Nesta Religião do Amor.

Cada um faz o que quer,
Em benefício de alguém;
E dá só o que puder,
E não dá, se nada tem.

Pois quem não tiver dinheiro
Há de ter o equivalente:
Um sorriso prazenteiro
Ao visitar um doente;

Ou uma velha roupinha,
Com uma palavra de fé,
A uma pobre criancinha
Abandonada à ralé;

Ou uma prece fervorosa
Por quem sofre, em solidão,
Uma doença insidiosa,
Que consome de aflição;

Ou uma carta carinhosa
Ao pobre irmão desgraçado
Que, numa hora borrascosa,
Foi à prisão condenado;

E muitas coisinhas mais
Que exigem Boa Vontade,
E que os Legionários leais
Fazem pela Humanidade.

Pois chegou a hora, amigos,
De esclarecer os ateus,
E de amar aos inimigos,
Elevando-os para Deus.

É chegada a Hora Final
Da fusão dos corações:
Unificação triunfal
De todas as religiões.

Deus é um só, não há mais deuses,
E uma só é a Religião:

Damos, pois, nossos adeuses
Ao ódio e à separação.

Ideal de Fraternidade
Dos que têm a Grande Fé,
Sabeis, amigos, o que é?
Legião da Boa Vontade.

Esse processo de harmonização para transformar, de maneira ativa, as duras condições sociais para melhor chama-se também Ecumenismo Fraternal. É a união de todos pelo bem de todos.

Muitos, por não atentarem para essa realidade salvífica, no instante glorioso da Volta Triunfal do Supremo Governante prantearão:

> — *Eis que Jesus vem sobre as nuvens, e todos os olhos O contemplarão, até mesmo aqueles que O traspassaram. E todas as nações da Terra* ***se lamentarão sobre Ele****. Sim! Certamente. Amém!* (Apocalipse, 1:7).

Ainda quanto ao Retorno Majestoso de Nosso Divino Condutor, encontramos igual promessa:

a) Atos dos Apóstolos, segundo **Lucas**, 1:10 e 11:

> *10 E, estando todos com os olhos fitos no céu, enquanto Jesus subia, eis que dois Anjos vestidos de branco se puseram ao lado deles*

11 e lhes perguntaram: "Galileus, por que estais olhando para o céu? Esse Jesus, que dentre vós ao Alto foi elevado, ***assim virá do mesmo modo como O vistes subir****";*

Lucas

b) Evangelho, segundo **Mateus**, 24:30:

— Então, aparecerá no céu o sinal do Filho de Deus, e todos os povos da Terra ***se lamentarão*** *e verão o Filho de Deus* ***vindo sobre as nuvens, com Poder e Grande Glória****.*

Mateus

Vestiduras brancas e ousadia no Bem

Peço-lhes que releiam com atenção o descrito no versículo nono do capítulo sétimo do último Livro do Cânone Sagrado:

— (...) Depois destas coisas, olhei, e eis ***grande multidão que ninguém podia enumerar****, de todas as nações, e tribos, e povos, e línguas, em pé diante do Trono e diante do Cordeiro de Deus,* ***trajando vestiduras brancas****, com palmas nas suas mãos.*

Vestiduras brancas que, conforme se comprova no capítulo 22, versículo 14, do Apocalipse do

Cristo Ecumênico, portanto, universal, o Sublime Estadista, **foram lavadas no sangue do Cordeiro de Deus**. E isso se dá em virtude do merecimento adquirido pelos persistentes na Fé. São reconhecidos pela fidelidade; por não medir sacrifício, dedicação, fervor e devoção; e por exercer **pragmatismo no labor de servir ao seu Divino Mestre, Jesus**, sobrepondo-se a todo tipo de sofrimento inimaginável. O mesmo ocorreu com os Profetas, os Apóstolos e os Discípulos, que enfrentaram — **sem jamais desistir do testemunho do Salvador Celeste** — provações descritas por **Paulo** na Carta aos Hebreus, 11:35 a 40:

Paulo

35 (...) Pela Fé, uns foram torturados, não querendo resgatar sua vida, para alcançar melhor ressurreição;
36 outros sofreram ludíbrios e açoites e, além disso, cadeias e prisões.
37 Foram apedrejados, foram serrados pelo meio, foram tentados, foram mortos ao fio da espada e andaram vagabundos, cobertos de peles de ovelhas, de peles de cabras, necessitados, angustiados, aflitos;
38 (eram homens de que este mundo não é digno), errantes nos desertos, nos montes e escondendo-se nas covas e nas cavernas da Terra.
39 Todos eles, provados pelo testemunho da Fé, ainda, contudo, não receberam a recompensa prometida,

> *40 **tendo Deus disposto alguma coisa melhor a nosso favor**, para que eles, sem nós, não fossem aperfeiçoados.*

A esses, a justa homenagem do Livro Profético de Jesus, o Cristo (22:14), na Sétima Bem-Aventurança do Apocalipse:

> — *Bem-aventurados aqueles que lavam as suas vestiduras **no sangue do Cordeiro de Deus**, para que lhes assista o direito à Árvore da Vida Eterna e possam entrar na cidade pelas portas.*

Família Planetária

Somos Filhos do Criador Celeste, componentes de uma única família planetária, que deve abolir o ódio de seu meio. Enquanto não nos harmonizarmos, a Terra será consumida por nossa intemperança e visão retardatária.

"A Pesca Milagrosa", obra de James Tissot (1836-1902). Brooklyn Museum, Nova York, EUA.

CAPÍTULO 3

Pragmatismo no Bem: fazer, mas fazer certo

No capítulo anterior, usei mui destacadamente o termo **pragmatismo** no trabalho de servir ao Cristo Planetário. A razão, explico-lhes a seguir.

Você pode ser pessoa idealista, espiritualizada; todavia, **vigiando e orando** (Evangelho de Jesus, segundo **Marcos**, 13:33), deve mentalmente polir-se para tornar-se prática. Apenas desse modo realizará alguma coisa num mundo tão complexo e que levanta tantas dificuldades ao trabalhador do Cristo de Deus, **embora nunca lhe abata o ânimo. É necessário juntar o intelecto e o coração ao cabo da enxada** e valer-se, constante e sabiamente, da **intuição**, que o Pai Celestial faz baixar sobre nós. Escutemo-la, porquanto se trata da Inteligência de Deus em ação, pronta a ajudar-nos. Todavia, indaguemos sempre à nossa Alma, em preces, se ela provém mesmo Dele:

> — *Amados, não deis crédito a qualquer Espírito* [ou intuição], *mas provai se os Espíritos vêm de Deus, porque muitos falsos profetas têm saído pelo mundo* (Primeira Epístola de João, 4:1).

E cabe ao Seareiro e à Seareira da Boa Vontade jamais esquecer esta advertência do Educador Divino, consoante os relatos evangélicos, segundo Lucas, 16:8:

> — *(...) Os filhos da Terra são mais perspicazes do que os filhos da Luz.*

Compete a esses últimos, pois, lutar para corrigir-se, com a intenção de, na verdade, **mostrar-se intrépidos no Bem e úteis** ao seu Magnífico Senhor, Jesus, a fim de que não sejam atingidos, ou atingidas, pelas sanções do Apocalipse, porém privilegiados, ou privilegiadas, por suas graças sublimes.

Em Glorinha/RS, no dia 13 de fevereiro de 2002, numa Quarta-Feira de Cinzas, escrevi uma circular, intitulada "O voo da Fênix Jesus", que incluí na mais recente edição do ensaio literário *Jesus, o Libertador Divino*. Ela é dedicada aos Cristãos do Novo Mandamento e a todos os jovens de Alma e de corpo que acreditam num *"Brasil melhor e numa Humanidade mais feliz"* [1]. A juventude anda à procura de um paradigma para concretizar essa aspiração. **Não basta almejar algo. Tem que querer bem e realizar esse desejo bom.**

Jesus, o Divino Referencial

O nosso referencial é Jesus! Ele é a grande opção que o mundo precisa conhecer, e assim ocorrerá, pois, ó jovens de corpo e de Espírito, O anunciaremos em todos os cantos do planeta.

> — *E este Evangelho do Reino será pregado em todo o mundo, para testemunho a todas as nações. Só então virá o fim.*
>
> Jesus (Mateus, 24:14)

Por que não se consegue extinguir nos corações a chama de Sua Boa Nova? Porque **o Seu Evangelho e o**

[1] ***"Por um Brasil melhor e por uma Humanidade mais feliz"*** — Lema radiofônico criado por Alziro Zarur, com que é aberta e encerrada a "Campanha da Boa Vontade" desde 4 de março de 1949.

Seu Apocalipse apresentam leis morais e espirituais, sem o que as criaturas não podem suplantar as dificuldades, pois a Mensagem de Jesus é pragmática e sublime.

O Cristo de Deus é essencialmente prático. **Por quê?!** Você se surpreende com essa afirmativa?! Ora, **Ele nos ensina as Leis que governam a existência não só na Terra, nem somente no Sistema Solar, não apenas na Via Láctea, porém em todos os universos, pois esses**

Dante Alighieri

são conduzidos pelas Leis[2] de Deus, fundamentadas no Amor — que não são simplesmente arranhões nas costas —, porque, no dizer de **Dante Alighieri** (1265-1321), em *A Divina Comédia*, é

— *O Amor que move o Sol e outras estrelas.*

Daí eu sempre questionar: **por que tanta guerra em nome da Religião? Porque os povos ainda não aprenderam a vivenciar esse Amor, que é Caridade**; afinal, Religião não rima com intolerância. Como destaquei, em 10 de outubro de 1981, na entrevista ao jornalista italiano radicado no Brasil **Paulo Parisi Rappoccio**: Religião, como sublimação

Paulo Parisi Rappoccio

[2] Sobre as Leis que governam a existência, leia ainda os subtítulos "Mente, coração, generosidade", do capítulo 15, e "Por que devemos aprender as Leis Divinas?", do capítulo 31.

do sentimento, é para tornar o ser humano melhor, integrando-o no seu Criador, pelo exercício da Fraternidade e da Justiça entre as Suas criaturas.

A Jovem Ecumênica Militante da Boa Vontade de Deus **Letícia Tonin** tinha 7 anos quando disse:

> — ***O Amor é maior do que tudo, mesmo que as pessoas sejam diferentes.***

Eis o nosso papel, **ó Combatentes do Cristo**: levar aos quatro cantos do mundo essa Verdade solidária e fraterna, que não quer afrontar ninguém. Pelo contrário. A partir de seu profundo entendimento, põe-se fim ao ódio e à segregação, que destroem nossa convivência pacífica como Irmãos! Por esse motivo, temos incansavelmente ensinado aos Jovens e aos Veteranos Militantes da Religião do Terceiro Milênio que **é preciso querer fazer o Bem, fazer, mas fazer certo**.

Na Política de Deus — com Jesus, Seu Poder e Sua Autoridade —, o trabalho em equipe é sucesso garantido. **Ser ousados na virtude** (que, em latim, *virtus — virtutis*, quer dizer força), **de forma que não permitam ser usados pelo mal**. Por isso, Jesus possui verdadeiramente Força, porque Ele é o Virtuoso Divino.

Sempre admirei os modelos de coragem e pertinácia.

O general **Omar Nelson Bradley**[3] (1893-1981), conhecido também pela atenção e pelo zelo que dispensava às suas tropas, foi um dos mais influentes comandantes aliados na Segunda Guerra Mundial. Do seu livro *História de um Soldado*, separei uma fala do "Soldado-General[4]", que ratifica o imperativo senso prático no enfrentamento de desafios dispostos à competência daqueles que se lançam na defesa, por exemplo, da conservação da Paz:

> — *Por mais desesperadora que seja a situação, um comandante experimentado deve sempre mostrar-se confiante na presença de seus subordinados. Pois a inquietação e o nervosismo podem espalhar-se como um câncer por toda a tropa.*

Com certeza, **esses atributos** são importantes no mundo de hoje. Contudo, na hora do **Armagedom** (Apocalipse, 16:16) e da **Grande Tribulação, como nunca houve, nem jamais haverá** (Evangelho, segundo Mateus, 24:21), eles serão **indispensáveis**.

[3] **Omar Nelson Bradley** (1893-1981) — Oficial do Exército americano que comandou o 12º Grupo de Exércitos, assegurando a vitória dos aliados sobre a Alemanha na Segunda Guerra Mundial. Conhecido por suas tropas como "The Soldier's General" (O Soldado-General), pelo cuidado e pela compaixão para com aqueles que estavam sob seu comando, foi o quinto e último dessa patente no século 20 a ser promovido com cinco estrelas pelas Forças Armadas do país.

[4] **Soldado-General** — O título original é *The Soldier's General*. Em tradução literal para o português, seria chamado de "O General dos Soldados".

ADENDO

Uma guerra se vence primeiro dentro de casa

Quando Zarur lançou, na década de 1940, a guerra contra a fome e a miséria, ele estava convocando todos a se aliar em torno de um objetivo solidário comum. A essas duas mazelas sociais (a fome e a miséria) infelizmente se somam muitas outras. Eis por que, enquanto habitantes desta morada coletiva, logo, Irmãos em humanidade, devemos buscar soluções concretas e não medir esforços para manter a sobrevivência dos povos da Terra, começando por atitudes aparentemente simples, mas que geram resultados extraordinários. Não nos iludamos: é na soma de gestos fraternos e generosos que alcançaremos nossas metas planetárias. No entanto, isso só será possível quando tivermos a exata ideia de que estamos juntos nessa batalha, todas as nações contribuindo com suas experiências e características.

Em *Cidadania do Espírito* (2001), no subtítulo "Respeito a si próprio e aos outros povos", exponho: Um país que deseja realmente prosperar não pode ser xenófobo. Entretanto, deve decidir com acerto o que pretende da vida. Para isso, urge levar em consideração as suas origens, raízes, tradições, história; respeitar a si mesmo e às outras pátrias, o que não significa deixar, quando necessário, de defender-se, **preferencialmen-**

te de modo civilizado, diplomático; amar o progresso, mas não ser engolido por ele (...), como explico em meu artigo "O progresso de destruição", inspirado num pronunciamento que dirigi, em Santo André/SP, em 16 de julho de 1983, à multidão que me honrava com sua presença[5].

Leon Tolstoi

Voltando à presente obra, recordo-me deste pensamento do célebre escritor russo **Leon Tolstoi** (1828-1910):

> — ***Se queres ser universal, começa por pintar a tua aldeia.*** (O destaque é nosso.)

Tem razão o autor de *Guerra e Paz.* No entanto, o mundo está, **há muito tempo, em franca miscigenação**[6], e nela reside **nossa maior força cultural e genética**, conforme também afirmei na entrevista ao meu velho amigo Paulo Parisi Rappoccio.

Discorrendo sobre o caso singular de nosso país, escrevi em *O Capital de Deus* que a mistura de etnias nas origens históricas da Terra de Santa Cruz **é resultado de desígnios espirituais**, pois como poderíamos ser portadores de moderna mensagem de

---

[5] Abordaremos mais o assunto no subtítulo "Expressão verídica do Amor", no capítulo 8.

[6] **Miscigenação** — Leia o que Paiva Netto escreveu sobre o tema em "A miscigenação do mundo é inevitável", constante de *Crônicas & Entrevistas* (2000).

Ecumenismo e Solidariedade se nosso passado fosse marcado por insuperáveis antagonismos raciais? Isso só reforça que o execrável racismo urge ser erradicado de nosso torrão natal e do mundo.

A poetisa carioca **Stella Leonardos da Silva Lima** encerra com estes versos sua obra *E assim se formou a nossa raça*, edição de 1941:

Aceito, pela mística da Terra,
da raça que lutou na dura guerra,
representando as raças todas — una!
Brasileiro que vens da ibituruna!
Brasileiro que vens dos grandes mares!
Brasileiro que vens dos afros lares!
Assim — mercê de Cristo e Sua Graça —
Se formou, ó Brasil, a nossa raça!...

* * *

Transcrevo aqui dois subtítulos de um artigo que publiquei na *Folha de S.Paulo* em 4 de maio de 1986:

Para quem apelar?!

Para quem apelar naqueles **dias terríveis**, que virão, ou, melhor, **que já se acham por aí**? Por exemplo, o Armagedom encontra-se por toda a parte[7]. Até às mesas das famílias, nos alimentos envenenados que andamos comendo pelo mundo.

A quem recorrer?! Aos homens?! Mas eles e suas ideias de desenfreado gozo material estarão desbaratados, e os que sobreviverem debater-se-ão no maior desespero...

DEUS!

Só haverá uma solução: **Deus**![8] Um amparo definitivo: **Deus**! Os sobreviventes só descobrirão um caminho para escapar da loucura coletiva: **Deus**! Os povos e as nações terão somente um comandante e professor para ensinar-lhes o soerguimento de suas populações, dizimadas e enfermas: **Deus**! E, com **Ele, Jesus Cristo** e **as Almas da mais elevada categoria (o Espírito Santo)**, que formam o **Governo Oculto da Terra**, o qual não deixa de existir se alguém — que não o vê — não acredita nele.

* * *

[7] **"O Armagedom encontra-se por toda a parte"** — Leia sobre o assunto no subtítulo **"O Armagedom já está aí"**, no capítulo "As Seis Irmãs e a Terceira Guerra Mundial", de *Somos todos Profetas*; e no subtítulo "Outras definições de Armagedom", no capítulo "*Tsunami*, Deus e Solidariedade Mundial — IV", de *As Profecias sem Mistério* (1998), ambos de Paiva Netto.

[8] **Deus!** — Convidamos Vocês a ler análises feitas pelo autor nos capítulos "Deus, Equação, Amor" e "*Ecce Deus!* (Eis Deus!)", da obra *Crônicas & Entrevistas*. Ainda no *best-seller Reflexões da Alma* (2003), p. 108, ele discorre acerca do Moto-Contínuo e Deus (Quem ou Quê). Os seus livros podem ser adquiridos pelo Clube Cultura de Paz, pelo 0300 10 07 940 (custo de ligação local mais impostos) ou pelo *site* www.clubeculturadepaz.com.br.

Uma fábula de Esopo

Há quem possa considerar tudo isto ridículo, por não conseguir alcançar as ideias e os fatos que estão além da compreensão restrita à carne. Desta forma, é muito mais fácil negar aquilo que não entende ou não atinge. É como o caso da raposa da fábula de **Esopo** (aprox. 620-564 a.C.)[9], que, ante as uvas maduras que estavam acima do alcance dos seus saltos acrobáticos, as acusa de estarem verdes e se afasta, frustrada.

Esopo

Vulpes et Uva — A raposa e as uvas

Impulsionada pela fome, uma raposa que vinha pela estrada encontrou uma parreira com suculentas uvas, que, maduras, estavam penduradas em vistoso cacho, no alto da videira. Saltou espetacularmente, mas não pôde alcançá-las. Reunindo toda a sua força, tentou, por diversas vezes, agarrá-las, contudo sem obter sucesso. Desapontada, a raposa foi embora sem conseguir provar o delicioso suco da almejada fruta e comentou, com desdém:

[9] **Esopo** (aprox. 620-564 a.C.) — Nascido na Grécia, o famoso fabulista contava histórias simples e divertidas, utilizando os mais variados animais como personagens, cujo fundo moral enobrecia. Uma biografia egípcia do primeiro século conta que Esopo foi vendido como escravo a um filósofo, que, admirado com seu talento, lhe concedeu a liberdade. Suas fábulas, compiladas por um monge bizantino do século 14, inspiram inúmeros autores até os dias atuais.

— Oh, você não está mesmo madura ainda! Eu não preciso de uvas azedas!

Moral da história: *É fácil desprezar aquilo que não se pode obter.*

Seguir a atitude conformista e cínica da raposa será um descalabro, pois, realmente, muito depende da cabeça dos cabeças.

O Divino Referencial Jesus

O nosso referencial é Jesus! (...) Por que não se consegue extinguir nos corações a chama de Sua Boa Nova? Porque o Seu Evangelho e o Seu Apocalipse apresentam leis morais e espirituais, sem o que as criaturas não podem suplantar as dificuldades, pois a Mensagem de Jesus é pragmática e sublime.

"Getsêmani", obra de Carl Bloch (1834-1890). Salt Lake Gallery, Utah, EUA.

CAPÍTULO 4

O drama do Getsêmani

Sobre a **imensa multidão** na "Visão dos Glorificados", que vimos no capítulo "Missionários de ponta", recorramos ao Evangelho do Sábio dos Milênios[1] — segundo João, capítulo 10 — e observemos, no versículo 16, Jesus, o Bom Pastor[2], revelar:

[1] **Sábio dos Milênios** — Jesus, o Cristo de Deus, o Cristo Ecumênico, portanto, universal, o Divino Estadista.

[2] **Jesus, o Bom Pastor** — Evangelho, segundo João, 10:11: *"Eu sou o Bom Pastor. O Bom Pastor dá a sua vida pelas ovelhas"*.

— *Ainda tenho* ***outras ovelhas, que não são deste aprisco****; a mim me convém conduzi-las. Elas ouvirão a minha voz;* ***então, haverá um só rebanho para um só Pastor***[3].

Ora, buscar essas ovelhas requer do Mestre indescritível imolação: **o Seu sangue**, isto é, **o Seu exemplo** de renúncia e de compaixão espiritual. Neste sangue é que são lavadas **as vestiduras** dos que O honram até o fim, tal como Ele disse a cada um dos adeptos da Igreja em Esmirna:

— ***Sê fiel até à morte, e Eu te darei a coroa da vida*** (Apocalipse, 2:10).

As vestes **tornam-se brancas** pela suplantação da dor deles próprios e por força do extremo devotamento (o sangue) do Senhor do Mundo, como no drama do Getsêmani. Pouco antes de ser preso pelos beleguins do poder da época, o Divino Crucificado reitera para todos nós:

Jesus no Getsêmani

(Evangelho, segundo Lucas, 22:39 a 46)

39 E, saindo, foi, como costumava, para o Monte das Oliveiras; e também os Seus discípulos O seguiram.

[3] Leia também "Jesus, o Bom Pastor", no capítulo 13 desta obra.

40 E, quando Jesus chegou àquele lugar, disse-lhes:
Orai, para que não entreis em tentação!
41 E apartou-se deles cerca de um tiro de pedra; e,
pondo-se de joelhos, orava,
42 dizendo: Pai, se queres, afasta de mim este cáli-
ce; todavia, não se faça a minha vontade, mas a Tua.
43 ***Então, Lhe apareceu um Anjo do Céu, que***
O confortava.
44 E, ***estando em agonia, orava mais intensa-***
mente*. E aconteceu que o Seu suor se tornou como*
gotas de sangue *caindo sobre a terra.*
45 Levantando-se da oração, foi ter com os discí-
pulos e os achou como que ***dormindo de tristeza****.*
46 E disse-lhes: ***Por que estais dormindo? Le-***
vantai-vos e orai*, para que não entreis em ten-*
tação.

Jesus, o Senhor do Apocalipse, o Pão que desceu do Céu, doa a Sua própria vida

De que modo o ser humano pode **manter-se acordado** dignamente, perante Jesus e a Sua Política Eterna, a ponto de compreender o significado divino da Dor, que fez com que Deus O abençoasse com Poder e Autoridade? Alimentando-se do **Pão que desceu do Céu**, porquanto, **antes da definitiva reforma social, necessário se faz realizar a do Espírito, mas**

com Amor, Fraternidade, Solidariedade e Generosidade[4]. Afinal, as palavras e os exemplos do Sublime Ser, que derramou Seu **sangue** para o nosso resgate, constituem esse alimento eterno, conforme lemos no Evangelho e no Apocalipse:

> *I — Eu sou o **Pão Vivo** que desceu do Céu. Se alguém comer desse Pão, viverá eternamente. (...)*
>
> Jesus (João, 6:51)

> *II — (...) **pelo Seu sangue*** [Jesus] ***nos libertou dos nossos pecados*** (Apocalipse, 1:5).

Não há Política sem Amor Solidário

Como?! É o seguinte: dizer que **Jesus nos libertou dos nossos pecados** significa asseverar também que o Divino Mestre nos deixou **um roteiro doutrinário excelente** para nossa vitória. Ao seguirmos **esse Sagrado Estatuto com verdadeiro espírito de Caridade e de Justiça**, nos transformaremos no esteio de nossos semelhantes na Terra. Porquanto **não há pecado maior do que a ausência de Amor solidário** para com os cidadãos (ou cidadãs) de cada país.

---

[4] **Nota do autor**

A necessidade de reformar anteriormente o Espírito — Como há muito lhes tenho falado, **a reforma do social vem pelo espiritual**. Leiam ainda o que anotei em *Jesus, o Profeta Divino*, no subtítulo **"Mediante Jesus, a reforma do social vem pelo espiritual"**.

No livro *Nahjul Bhalagah*, o **Imam Ali ibn Abi Talib** (aprox. 600-661), primo e genro do Profeta **Muhammad** (570-632) — *"Que a Paz e as bênçãos de Deus estejam sobre ele"* —, político, militar e principal conselheiro espiritual dos califas nomeados após a morte do Profeta, afirma:

> — *A caridade é uma cura eficiente; as ações das pessoas na vida presente estarão diante de seus olhos na outra vida.*

Peço que leiam, por favor, o que escrevi em minha obra *Jesus, o Profeta Divino* (2011), no capítulo "Profeta Isaías, Apocalipse e Lei de Causa e Efeito (Parte 2)", no subtítulo "Cidadania do Espírito — uma visão profética de Jesus, por intermédio de João".

Nos versículos 17 e 18 do capítulo 10 do Evangelho, consoante João, o Cristo Ecumênico, portanto, universal, **o Político Excelso**, pelo fato de se sacrificar por Suas criaturas, ressalta:

> — ***o Pai me ama, pois Eu dou a minha vida para reassumi-la.*** *Ninguém me tira minha vida de mim. Pelo contrário, Eu* ***espontaneamente*** *a ofereço.* ***E tenho Autoridade*** *para entregá-la e também para reavê-la.* ***E este MANDATO recebi de meu Pai.***

Eis por que o Poder de Jesus, com Sua Divina Autoridade, é aquele que **liberta**, enquanto o dos seres

Rabindranath Tagore

humanos, por mais bem-intencionados que estejam, em geral **aprisiona**. A respeito disso, exclamou o poeta indiano **Rabindranath Tagore** (1861-1941), Prêmio Nobel de Literatura em 1913:

— *Como és admirável, ó Deus! O Teu Amor me deixa livre, mas o Amor dos que me cercam me aprisiona e me constrange. Quem sabe amar como Tu, Senhor?*

Falta ainda ao ser humano o indispensável Amor do Mandamento Novo do Cristo, que o saudoso Alziro Zarur definiu assim:

— *O Novo Mandamento de Jesus* — "Amai-vos como Eu vos amei" — *é a* ***Essência*** *de Deus.*

O Cristo ensina a não temer o sofrimento

— *Tens, contudo, em Sardes, umas poucas pessoas que não contaminaram as suas vestiduras* ***e andarão de branco junto comigo, pois são dignas disto***.

Esse versículo 4 do capítulo 3 do Apocalipse, segundo João, nos fala da **paciência corajosa**, a todo momento exortada por Jesus no Livro das Profecias Finais. Tal exigência está claramente expressa e com seu prêmio apresentado no versículo 10 do capítulo 3, quando, na Carta do Cristo de Deus à Igreja em Filadélfia, o Magnífico Pedagogo afiança:

> — *Porque guardaste a palavra da minha perseverança, também Eu te guardarei na hora da tormenta que há de vir sobre o mundo inteiro, para experimentar os que habitam sobre a Terra.*

Por isso, a amargura neste mundo — ainda um fato inexorável, por força de nossas irrefletidas obras pessoais — deve ser suplantada **pela Fé que diviniza**, aquela que, como filhos do Pai Celestial, nos **une a Ele**.

Ora, **a Fé remove montanhas**, afirmou Jesus. Logo, transforma profundamente as Almas que se harmonizam com esta elevada virtude crística:

> — *Disseram-Lhe então os Discípulos e Apóstolos: Jesus, aumenta a nossa fé! Ao que lhes respondeu o Senhor: Se tiverdes fé do tamanho de um grão de mostarda, direis a este monte: Sai daqui e lança-te ao mar.* ***E assim acontecerá. Porque nada vos será impossível*** (Evangelho, segundo Lucas, 17:5 e 6 e Mateus, 17:20).

Os quatro graus iniciáticos da Fé

Na Religião do Terceiro Milênio, enumeramos quatro graus iniciáticos da Fé:

1) **Fé Raciocinada** (Allan Kardec);
2) **Fé Raciocinante** (Alziro Zarur);
3) **Fé Realizante** (Paiva Netto);
4) **Fé Divinizante** (Paiva Netto).

Assunto de que já lhes falei, na pregação do Apocalipse e do Evangelho de Jesus, em Espírito e Verdade (isto é, jamais *"ao pé da letra que mata"*, conforme a célebre admoestação de Paulo Apóstolo, em sua Segunda Epístola aos Coríntios, 3:6), e pelo prisma do Novo Mandamento do Cristo, ou seja, o Amor elevado à imensurável potência. Portanto, **nunca sob o patrocínio do ódio, cientes de que *"Deus é Amor"*** (Primeira Epístola de João, 4:8). Como completava Zarur,

— ***E nada existe fora desse Amor.***

ADENDO

A virtude da paciência

A respeito do fundamental exercício da paciência na vida dos seres humanos, transcrevo a página "O mais difícil", de autoria do Espírito **Hilário Silva**, no capítulo 10 do livro *A vida escreve*, psicografado por **Waldo Vieira**. Reproduzo aqui o texto da forma que o saudoso Irmão Alziro Zarur magistralmente a interpretava durante suas pregações da *Hora do Ângelus*, na *Mensagem da Ave, Maria!*.

Diante das águas calmas, Jesus refletia.

Afastara-se da multidão, alguns momentos antes.

Ouviu remoques e sarcasmos.

Viu chagas e aflições.

E o Mestre pensava...

***Tadeu** e **Tiago**, o moço, **João** e **Bartolomeu** se aproximaram. Não era aquele um momento raro? E ensaiaram perguntas.*

*— Senhor — disse João —, qual é o mais importante aviso da Lei de **Moisés** na vida dos homens?*

E o Divino Amigo passou a responder:

*— Amemos a Deus sobre todas as coisas e ao próximo como a nós mesmos. Mas o meu Mandamento é: **Amai-vos como Eu vos amo**.*

— E qual é a virtude mais preciosa? — indagou Tadeu.

— É a humildade.

Então, Tiago perguntou:

— E qual o talento mais nobre, Senhor?

Jesus respondeu:

— O trabalho.

— E a norma de triunfo mais elevada, Senhor? — perguntou Bartolomeu.

— A persistência no Bem.

— Mestre, qual é, para nós todos, o mais alto dever?

— Amar a todos, a todos servir sem distinção.

— Mas, Senhor — respondeu Tadeu —, isso é quase impossível!

E clamou Tiago:

— A maldade é atributo geral. Eu faço o Bem quanto posso, mas apenas recolho espinhos de ingratidão.

— Vejo homens bons sofrendo calúnias por toda a parte.

— Tenho encontrado mãos criminosas toda vez que estendo as mãos para ajudar.

E todos desfilaram as suas mágoas diante do Mestre silencioso.

Então, o Discípulo Amado voltou a interrogar:

— Jesus, o que é mais difícil? Qual é a aquisição, realmente, mais difícil de todas?

Jesus declarou:

— A resposta está aqui mesmo em vossas lamentações. O mais difícil é ajudar em silêncio, é amar sem crítica, dar sem pedir, entender sem reclamar... A aquisição mais difícil para nós todos chama-se ***paciência****.*

A Dor é a libertação da Alma

Tanta gente padece na existência terrena. Mas poderá usufruir o benefício de várias encarnações enquanto for necessário esse medicamento para a sua Alma em evolução. Depois receberá a recompensa eterna da consciência tranquila pelo dever bem cumprido.

Não adianta fugir à Dor. O segredo para evitá-la é não a provocar. De que maneira?! Respeitando a Lei Divina. Por isso, é necessário conhecê-la bem. Trata-se de um estudo empolgante e infinito.

Ovídio

Ovídio (43 a.C.-17 ou 18 d.C.) compreendeu a lição do sofrimento:

> — *Suporta* ***e persevera,*** *que essa dor* ***acabará por te ser de grande proveito.***

Como tem sido ao Supremo Político, Jesus!

O Irmão Zarur tantas vezes esclareceu, também naquela passagem de uma prece que proferiu na década de 1960, destacada anteriormente nesta série[5] e que vale sempre ressaltar:

> — *(...) Tu sabes, Jesus, que* ***temos feito o humanamente possível*** *para cumprir o Teu Novo Man-*

[5] **"(...) nesta série"** — Paiva Netto, nesse bate-papo com os ouvintes, refere-se à série radiofônica "O Apocalipse de Jesus para os Simples de Coração".

damento. ***Temos de sofrer tudo o que sofreste. Tu, que não tinhas pecado algum e disseste: "Eu sou o Caminho, a Verdade e a Vida. Ninguém vem ao Pai senão por mim!"*** (Evangelho, segundo João, 14:6).

Significa dizer, na elevada apreciação de Zarur, que não chegaremos até o Pai Celestial sem que dignamente enfrentemos tudo aquilo que Jesus suportou.

Em *Como Vencer o Sofrimento* (1990), explico que não se deve temer **a Dor**, porque ela **é a libertação da Alma.** Todavia, é preciso saber valorizar os ensinamentos de que ela dispõe para nos oferecer em nossa jornada.

Cruz e Sousa

Acerca de tão relevante assunto, o poeta brasileiro **Cruz e Sousa** (1861-1898), em *Moradias de Luz*, trouxe-nos inspirado soneto[6]:

Sobre a dor

Suporta calmo a dor que padeceres,
Convicto de que até dos sofrimentos,

[6] Em geral, todas as palavras de Espíritos (Emmanuel, André Luiz, Castro Alves, Cruz e Sousa, entre outros) encontradas neste livro são psicografias de **Francisco Cândido Xavier** (1910-2002). Quando não forem transmitidas pelo referido médium, estarão identificadas.

No desempenho austero dos deveres,
Mana o sol que clareia os sentimentos.

Tolera sempre as mágoas que sofreres,
Em teus dias tristonhos e nevoentos;
Há reais e legítimos prazeres
Por trás dos prantos e padecimentos.

A dor, constantemente, em toda a parte,
Inspira as epopeias fulgurantes,
Nas lutas do viver, no amor, na arte;

Nela existe uma célica[7] *harmonia*
Que nos desvenda, em rápidos instantes,
Mananciais de lúcida poesia.
(Os destaques são nossos.)

De nada nos terá sido proveitoso o sofrimento **se dele não tivermos absorvido as lições eloquentes.**

[7] **Célica** — Celeste (em linguagem poética).

O triunfo do Rei dos reis

Jesus sobrepujou a dolorosa crise da crucificação! Quando julgaram havê-Lo morto, ao erguer o Seu corpo dorido para escárnio da multidão em suspense, foi então que O glorificaram, colocando-O acima da craveira comum. E todos os povos, perante a História, puderam contemplá-Lo. (...) Sua soberania inspira Amor, Generosidade e Justiça. Daí ser Ele o mais perfeito governante para o planeta Terra, o Divino Político, o Sublime Religioso. Não tirou vantagens dos povos, submeteu-se à maldade extrema para servi-los. E venceu, triunfante, **com a Ressurreição**, a própria morte.

"Natividade", obra de Jacob Jordaens (1593-1678). Bristol Museum and Art Gallery, Bristol, Inglaterra.

CAPÍTULO 5

Divino Redil

Ampliando um pouco mais o breve estudo que fiz no capítulo "O drama do Getsêmani" — sobre as correlações da Profecia de Jesus no Apocalipse, 7:9 e 10, em "A Visão dos Glorificados", e no Evangelho, segundo João, 10:16, de que *"haverá um só rebanho para um só Pastor"* —, ressalto que formar esse Divino Redil, composto por pessoas de várias origens, pontos de vista distintos e culturas diversas, é um **trabalho hercúleo do**

Cristo Ecumênico, o Sublime Estadista, nosso Mestre e Senhor. Ao dar Sua Vida por nós, garante que descobrirá essas ovelhas **onde se encontrarem.**

Ele disse, assegurou, e vale lembrar:

> — *Ainda tenho* ***outras ovelhas, que não são deste aprisco****; a mim me convém conduzi-las. Elas ouvirão a minha voz;* ***então, haverá um só rebanho para um só Pastor****.*
>
> Jesus (João, 10:16)

Daí ser Ele **o Político Excelso**, como faço questão de salientar. **Seu Poder transcende as expectativas humanas.** Por isso, Ele é o Supremo Comandante da Política de Deus[1], que lhes estou pregando também neste livro, em que tratamos da origem do Poder de Jesus: a Dor, da qual nem desejam ouvir falar muitos dos políticos e religiosos da Terra.

Jesus venceu a crise da crucificação

Abro parênteses para transcrever extrato de meu artigo intitulado **"Vencer a crise demanda trabalho e Fé"**[2], reproduzido na mídia impressa e *on-line* em no-

[1] Veja mais nos capítulos 18 e 19, "Política de Deus e Divina Autoridade de Jesus (Partes I e II)".

[2] **"Vencer a crise demanda trabalho e Fé"** — Artigo de Paiva Netto, no qual ele apresenta ideias que defende há anos. Também foi publicado no portal Boa Vontade e no jornal *A Tribuna Regional*, de Santo Ângelo, his-

vembro de 2008, naqueles tempos em que forte **crise** financeira e econômica sacodia e ainda sacode as nações, umas mais que as outras. Na ocasião, reiterei:

Um fato singular é digno de apontamento: **Jesus sobrepujou a dolorosa crise da crucificação!** Quando julgaram havê-Lo morto, ao erguer o Seu corpo dorido para escárnio da multidão em suspense, **foi então que O glorificaram, colocando-O acima da craveira comum**. E todos os povos, perante a História, puderam contemplá-Lo. **Depois, houve a magnífica Ressurreição**...

Como exclamou o Irmão **Flexa Dourada** (Espírito), pela psicofonia do sensitivo cristão do Novo Mandamento **Chico Periotto**, durante manifestação espiritual no Rio Grande do Sul:

> — *Feliz de quem suporta a prova* ***com resignação****, mas suporta mesmo! Para os Céus, é isso que importa!*

Flexa Dourada

E foi assim que Jesus fez: **suplantou o martírio da crucificação**! Em seguida, como fênix, ressurgiu vitorioso das cinzas da morte, razão por que Deus Lhe confirmou o Poder.

Você não entende bem o Poder de Jesus?!

Vamos, então, continuar a analisá-lo juntos.

---

tórica região missioneira do Rio Grande do Sul, em novembro de 2008 e divulgado em muitas publicações e *sites*.

Da Luz na Manjedoura à Volta Triunfal de Jesus

Em outra página de minha autoria, "Compartilhar o pão", publicada no portal Boa Vontade em dezembro de 2012, comentei:

Na manjedoura, acendeu-se uma luz, que cresceu no Calvário para clarear a consciência terrestre. Essa Divina Luminosidade **glorificou o destino humano na Ressurreição e encheu de esperança o mundo quando Jesus subiu aos Céus** e os Anjos anunciaram aos galileus, comovidos e atônitos, que, **da mesma forma, o Cristo regressaria à Terra** (Atos dos Apóstolos, 1:11).

Coração de mãe não foge da Dor do Filho

Nunca faltarão palavras para homenagear **Maria Santíssima**, Mãe de Jesus, Mãe Universal da Humanidade, por toda abnegação de seu Espírito, desde o anúncio celestial feito pelo Anjo **Gabriel**, quando a serva de Deus soube que seu ventre seria abrigo de luz para o Salvador dos Povos (Evangelho, segundo Lucas, 1:26 a 38). Por acreditar tanto em Seu Poder e Sua Autoridade, ela O incentivou a realizar o primeiro milagre, nas bodas de Caná (Evangelho, segundo João, 2:1 a 11). Viu os feitos divinais do Mestre Jesus crescerem, e, boa mãe que era, orgulhosa das maravilhas que tes-

"Pietà", obra de Michelangelo Buonarroti (1475-1564). Basílica de São Pedro, Vaticano.

temunhava, *"guardava todas estas coisas no seu coração"* (Evangelho, segundo Lucas, 2:51). E, no momento crucial do Sublime Ministério Crístico, corajosamente suportou com o seu Amado Filho o indescritível martírio que sofreu.

Aliás, a Boa Nova, segundo João, 19:25, relata o apoio que Ele recebeu das mulheres, naquela derradeira hora:

> *— E diante da cruz estavam a mãe de Jesus, a irmã dela e também* ***Maria Madalena****, e* ***Maria****, mulher de* ***Clopas****.*

Escrevi, em meu artigo "A mulher no con**S**erto das nações"[3], que essas heroínas, no instante supremo da

[3] **"A mulher no conSerto das nações"** — Artigo de Paiva Netto encaminhado à ONU e traduzido por ela em seus seis idiomas oficiais, por ocasião da 51ª Sessão do *Status* da Mulher, em 2007, na sede das Nações Unidas, em Nova York/EUA. Esse evento sempre conta com a presença da LBV, que leva a sua palavra de paz às delegações internacionais.

dor, não O abandonaram, permanecendo ao Seu lado, num inaudito sinal de bravura. Nenhuma ação humana pode, decisivamente, progredir sem o auxílio, reservado ou público, das mulheres. A História está repleta de comprovações.

Jesus, de Cordeiro a Leão da Tribo de Judá

Retomando a série "O Apocalipse de Jesus para os Simples de Coração", indago: E de que modo o Messias é apresentado no Evangelho? **Como o Cordeiro pronto para o sacrifício** (Boa Nova, segundo João, 1:29). Entretanto, de que maneira **Ele ressurge no Apocalipse? Como o Leão da Tribo de Judá** (5:5)!

Por isso, o saudoso Irmão Zarur bradava que

> — *Jesus volta,* ***mas desta vez não será crucificado, não!***

O Rei dos reis e Senhor dos senhores retorna para governar Seu planeta e os moradores deste orbe. É o Mestre liberto que vem para nos trazer alforria. **Antes**, legou-nos o exemplo do suplício máximo e inenarrável, infinito, pela nossa salvação. **Agora**, volta, ***"com Poder e Grande Glória"***, como prometido no Evangelho-Apocalipse, para dar aos persistentes o prêmio de sua constância:

— *Aquele que perseverar até ao fim será salvo.*
Jesus (Mateus, 24:13)

Eis por que o Supremo Objetivo da Religião de Deus, do Cristo e do Espírito Santo, a Quarta Revelação, é **preparar os caminhos da Volta Triunfal de Jesus ao planeta Terra** (João, 14:18), que Ele fundou (João, 1:1 a 3), com a formação do Seu Rebanho Único (João, 10:16); e efetivar, **ampliando sempre**, sua Campanha de Valorização do Espírito Eterno do ser humano — raiz do verdadeiro progresso das criaturas terrenas, porque a reforma do social vem pelo espiritual —, no cumprimento de sua missão precípua, que é a salvação das Almas para Deus, pelo conhecimento da Verdade e da prática da Caridade e da Justiça[4], aliadas no exercício da **Fé Realizante**, ou Caridade do Novo Mandamento, que se firma no binômio **Verdade** e **Caridade**.

A vitória do Cristo e do Seu povo

João Evangelista, no Livro das Profecias Finais, 12:10 e 11, enaltece o Poder e a Autoridade do Educador Celeste, oriundos da Dor e do sacrifício — **que fazem fortes os políticos que entendem o significa-**

[4] **Justiça** — Sobre o nosso conceito de Justiça, leia o subtítulo "Expressão verídica do Amor", no capítulo 8, "O desafio no exercício do verdadeiro Poder".

do celestemente pragmático da Política de Deus, do Cristo e do Espírito Santo —, portanto impossíveis de ser destruídos pela arrogância humana:

> *10 Então, ouvi uma Grande Voz do Céu, proclamando:*
>
> *Agora veio a salvação, e* ***o poder****, e o reino do nosso Deus, e a* ***autoridade do Seu Cristo****, pois foi expulso o acusador de nossos irmãos, o mesmo que os acusa de dia e de noite, diante do nosso Deus.*
>
> *11 Eles, pois, o venceram por causa do sangue do Divino Cordeiro* ***e por causa da palavra do testemunho que deram, e, mesmo em face da morte, não amaram a própria vida***[5].

Eis, então, o Cristo, **cuja Autoridade resplandeceu no honroso sacrifício da cruz. Sua soberania inspira Amor, Generosidade e Justiça.** Daí ser Ele o mais perfeito governante para o planeta Terra, o Divino Político, o Sublime Religioso. Não tirou vantagens dos povos, submeteu-se à maldade extrema para servi-los. **E venceu, triunfante, com a Ressurreição**[6], **a própria morte.**

---

[5] **Nota do autor**

"Mesmo em face da morte, não amaram a própria vida" — Isto é, confiantes no Poder Divino, não temeram as ameaças nem tiveram medo de morrer.

[6] **Ressurreição** — Evangelho de Jesus, segundo Mateus, capítulo 28; Marcos, capítulo 16; Lucas, capítulo 24; e João, capítulo 20, todos na íntegra.

— Eu sou a Ressurreição e a Vida. Aquele que crê em mim, ainda que morra, viverá; e quem vive, e crê em mim, não morrerá eternamente.

Jesus (João, 11:25 e 26)

Inclusive na Política e na Religião para os que quiserem realmente segui-Lo em Sua Integridade Divina.

Poder onisciente do Cristo

Achei muito apropriado um raciocínio do Irmão Flexa Dourada (Espírito), pela sensitividade do Cristão do Novo Mandamento Chico Periotto, exposto de um jeito simples, mas esclarecedor:

— Jesus está sempre observando o coração, a vida de cada um. Tem muito assessor Dele espalhado pela Terra. Sabe [intuitivamente] *de tudo de que precisa ter conhecimento, daquilo que ocorre no mundo. Jesus é a Luz do mundo. Se Ele é a Luz do mundo, a luz ilumina. Se ilumina, Ele vê tudo. Não há canto escondido para Jesus. E Ele revela, quando menos se espera, o que Ele quer revelar*[7]*. Os homens se chocam,*

[7] ***"Não há canto escondido para Jesus"*** — Flexa Dourada (Espírito) refere-se ao elucidativo versículo 2 do capítulo 12 do Evangelho de Nosso Senhor, segundo Lucas: *"Não há nada oculto que não seja revelado nem encoberto que não venha a ser conhecido e trazido à luz".*

porque não acompanham a vida do Mestre. Mas Jesus revela tudo naturalmente, prepara os corações, prepara as cabeças...

Isaías

Simeão

Ezequiel

Isaías, Ezequiel e o Rebanho de Jesus

A palavra de nosso estimado Irmão Espiritual mostra-se de acordo com a passagem do livro de Isaías, 49:6, e é repetida no cântico de **Simeão**, no Evangelho, consoante Lucas, 2:32.

— *(...) também* ***te dei como luz para os gentios****, para seres a minha salvação* ***até à extremidade da Terra*** (Isaías, 49:6).

E dessa maneira o é, pois Ele é o Pastor Perfeito. Segue o exemplo do Pai Celeste, como se lê em **Ezequiel**, 34:11 e 12:

11 Porque assim diz o Senhor Deus: Eis que ***Eu mesmo procurarei as minhas ovelhas e as buscarei****.*

12 Como o pastor busca o seu rebanho, no dia em que encontra ovelhas dispersas, ***assim encontrarei as minhas ovelhas****; as livrarei de todos os lugares para onde foram espalhadas no dia de nuvens e de escuridão.*

Sempre lhes recordo que a Palavra **Profética** de Jesus **não está registrada apenas no Apocalipse**, mas nos vários livros da Bíblia Sagrada. Aí está a comprovação daqueles dizeres de Ezequiel quanto ao Rebanho Único. Afinal de contas, ele foi um dos Profetas mandados à Terra pelo Supremo Chefe, Jesus, *"o Messias prometido desde Moisés"*, como ensinava Alziro Zarur.

Tenho-lhes afiançado que **os vaticínios de Deus se distribuem ecumenicamente em todas as tradições religiosas do mundo**, *"até à extremidade da Terra"*.

Vejam bem: *"até à extremidade da Terra!"*. Nunca foi tão fácil, como hoje, exercer esse labor de evangelizar e apocaliptizar os povos por todo o planeta, porquanto aí se encontra mais um milagre da Ciência à disposição de todos: a veloz internet.

Rebanho formado no Céu

Sobre o Rebanho Único já estar formado no Céu, deve-se igualmente ao fato de que a multidão no Mundo Espiritual é maior que a da Terra. Essa realidade, o Irmão Zarur destacou na sua Proclamação do Apocalipse (em Ribeirão Preto/SP, Brasil, 1º de outubro de 1972), a respeito da qual aqui comentei[8].

[8] Veja o subtítulo "Onde está o Rebanho Único?", no capítulo 1, "A Autoridade Una de Jesus".

Na Pátria da Verdade existe um extraordinário serviço de evangelizar e apocaliptizar os bilhões de habitantes do **Plano (ainda) Invisível.** O próprio Pedagogo Celeste revelou diante de **Pilatos**, um juiz iníquo, que o Seu Reino (**ainda**) não é deste mundo (Evangelho, segundo João, 18:36).

Emmanuel, em obra que leva o seu nome, declara que as obrigações na Pátria Espiritual são imensas, porque

— *A vida no Além é também atividade, trabalho, luta, movimento. Se as almas estão menos submetidas ao cansaço, não combatem menos pelo seu aperfeiçoamento.*

E completa, ao responder à indagação 226 em *O Consolador*:

— *Além disso, os Amigos Espirituais não se encontram em estado beatífico. Suas atividades e deveres* ***são maiores que os vossos****. Seus problemas novos* ***são inúmeros****, e cada Espírito deve buscar em si mesmo a luz necessária à visão acertada do caminho.*

Trabalhai sempre. *Essa é a lei para vós outros e para nós que já nos afastamos do âmbito limitado do círculo carnal.* ***Esforcemo-nos constantemente.*** (Os grifos são nossos.)

Eis que, por exemplo, **antes de sermos filhos de nossos pais, o somos de Deus**, que zela por Suas criaturas, estando elas na Terra ou no Céu. **O Espírito preexiste à carne.**

Responsabilidade dos pais e das mães, nascida em Deus

De fato, não nascemos tão apenas porque papai e mamãe foram para a cama, para o carro, para o mato... Nascemos porque **primeiro surgimos do Supremo Criador**, que é Espírito (Evangelho de Jesus, consoante João, 4:24). Consequentemente, antes de tudo, despontamos como Espírito.

O corpo é passageiro. Portanto, mais dia, menos dia, **nós e nossos pais prestaremos contas ao Pai Celestial** quanto à educação que transmitimos àqueles que nos foram confiados, filhos biológicos ou adotivos. O mesmo se aplica aos educadores, que de certa forma são pais.

Repito: **antes de sermos filhos de nossos pais, somos filhos de Deus**. E não estou sugerindo a ninguém pensar ou dizer:

> *— Ah, bom! Eles são filhos de Deus primeiro! Então, vou cair na fuzarca, na esbórnia! O Altíssimo que cuide deles!*

Raciocinar assim é um erro! Por isso, quero reiterar que, pelo contrário, a responsabilidade é maior, porque, um dia, com certeza, apresentaremos o resultado das nossas ações ao Divino Ser, incorruptível, para julgamento.

O poder sobre os filhos não é gratuito.

Idalina de Paiva

Lembro-me aqui de uma reflexão que minha saudosa mãe, **Idalina Cecília de Paiva** (1913-1994), não nos deixava esquecer e que tomei como forte ensinamento:

— *É melhor a repreensão dos pais do que a agressão do mundo.*

É evidente que ela se referia aos genitores dedicados.

Manjedoura de Luz

Na manjedoura, acendeu-se uma luz, que cresceu no Calvário para clarear a consciência terrestre.

CAPÍTULO 6

A Dor é criação nossa

Este é um planeta de expiações. **Por essa razão, a Dor nos faz sofrer**, ao passo que, e por isso mesmo, **é a libertação da Alma**[1], conforme citei no capítulo 4 desta obra. Não significa dizer que, para obterem a felicidade, as criaturas tenham fatalmente

[1] Este pensamento de Paiva Netto nasceu em São Paulo/SP, Brasil, resultado de um diálogo cordial com a Legionária da Boa Vontade de Deus, formada em Biblioteconomia, **Irani Maria dos Santos**, quando o autor desta obra discorria sobre a Dor e suas consequências: *"A Dor é a libertação da Alma!"*.

de carpir sofrimentos. Todavia, infelizmente até hoje a Dor é o quadro deste mundo. O nobre dr. **Bezerra de Menezes** (1831-1900), em mensagem espiritual transmitida na Religião de Deus, do Cristo e do Espírito Santo — a Quarta Revelação, por intermédio do sensitivo legionário da Boa Vontade Chico Periotto, em 20 de setembro de 2014, assim asseverou:

> — *Da expressão do livre-arbítrio cada um constrói aquilo que deseja. Mesmo sabendo o que é certo e o que é errado, o homem ainda parte para o errado.*

E o ser humano até agora não soube de que modo vencer as condições **que ele mesmo cria**, decorrentes do mau uso do livre-arbítrio, concedido por Deus. Concluiu Jesus, por isso, que

> — *(...) a cada um será dado de acordo com as suas próprias obras* (Evangelho, consoante Mateus, 16:27).

Basta notar que a procura desenfreada por prazer, que se comprova em todo o transcurso da História, **tem resultado no contrário do que se almeja**. Exemplo: enquanto nos "divertimos alegremente", acabamos com a nossa morada planetária **única**!

Por isso, levemos em alta consideração o que o Apóstolo Paulo advertiu, com base no que aprendeu com o Mestre Jesus:

— *Deus não se deixa escarnecer. Aquilo que o homem semear, isso mesmo terá de colher* (Epístola aos Gálatas, 6:7).

Muito oportuno este pensamento talmúdico, trazido pelo rabino **Akiva ben Joseph** (aprox. 40-137) na *Mishná*, Ética dos Pais, 3:15:

— *Tudo é predestinado, mas o livre-arbítrio é concedido. O mundo é julgado com bondade, porém de acordo com a quantidade de ações positivas das pessoas.*

Akiva ben Joseph

Jesus derrotou a Dor

Por meio dela, a Dor, o Cristo alcançou também Sua Divina Autoridade. E não se esquivou de Seu infortúnio **nem foi derrotado por ele** no Supremo Sacrifício da tortura e da crucificação:

— *Pai, todas as coisas Vos são possíveis. Afasta de mim este cálice. Contudo,* ***se for da Vossa Vontade, que se faça de acordo com ela, e não com a minha*** (Evangelho, segundo **Marcos**, 14:36).

Marcos

Sobre o desprendimento do Cristo e a entrega Dele à Vontade do Pai Celeste, assim declarou, em entrevista à Super Rede Boa Vontade de Comunicação (rádio, TV e internet), o professor dr. **Ricardo Mário Gonçalves**, livre-docente em História Social pela Universidade de São Paulo (USP) e missionário budista da Verdadeira Escola da Terra Pura, ordem japonesa fundada no século 13, pelo mestre **Shinran** (1173-1263):

Dr. Ricardo Gonçalves

— *Para o Budismo, a principal experiência do ser humano a ser vivenciada seria uma experiência de esvaziamento do ego, de despojamento. Temos aqui um texto básico do Apóstolo Paulo com esse conceito. É a Epístola aos Filipenses, 2:6 a 8. Falando de Jesus, o Apóstolo Paulo diz o seguinte: "Ele tinha condição divina e não considerou que o ser igual a Deus era algo a que se devia apegar ciosamente, mas esvaziou-se a si mesmo e assumiu a condição de servo, tomando a semelhança humana. E, achado em forma humana, humilhou-se ainda mais e foi obediente até à morte, e morte de cruz!". O termo central dessa passagem é o esvaziamento. No texto grego, encontramos a forma* ekenosen, *que vem do verbo* kenou, *que significa esvaziar, esvaziamento,* ***despojamento****. Então, em torno dessa noção, estamos num terreno que é comum ao Cristianismo e ao Budismo. Eu diria que nesse texto o Apóstolo Paulo apresenta Jesus como um modelo de despojamento a ser seguido por nós.* (O destaque é nosso.)

É do Educador Celeste o ensinamento basilar que exemplificou Sua condição una com Deus:

> — *(...) antes, o maior entre vós seja como o menor;* ***e quem governa, como quem serve*** (Evangelho, segundo Lucas, 22:26).

Esta é a **Política de Deus**, exercida pela Autoridade do Mestre Jesus: **o verdadeiro político é aquele que serve e que não se serve**. Quantos exemplos existirão hoje no mundo?

Como vimos, Jesus privou-se da própria vontade em benefício do semelhante, mas não deixou de pregar a Doutrina que trouxe do Pai Celestial:

> — *Mas, em qualquer* ***cidade*** *em que entrardes e não vos receberem, saindo por suas ruas, dizei: "Até o pó que da vossa cidade se nos pegou aos pés sacudimos sobre vós.* ***Sabei, contudo, isto: já vos é chegado o Reino de Deus****".*
>
> Jesus (Lucas, 10:10 e 11)

Entenderam?

Em minha obra *A Missão dos Setenta e a Lição do Lobo Invisível*, ressalto que — mesmo não tendo sido aceita pela "cidade" a Palavra de Jesus — **de forma alguma podemos deixar de proclamar o que viemos fazer por Vontade do Criador**.

Jesus persistiu além do "fim", pois ressuscitou e garantiu:

— *Na vossa perseverança, salvareis as vossas Almas* (Boa Nova, consoante Lucas, 21:19).

Em face desse pujante exemplo de dedicação ao próximo, o missionário de Deus **precisa compreender a Dor como instrumento de vitória ante o Céu, para possuir o Poder de reformar a Terra**. Afinal, o bom trabalhador, ao integrar-se em Deus, recebe, por merecimento pessoal, a iluminação da Autoridade do Cristo, a fim de transformar seres terrestres e **Seres Espirituais**.

— *(...) Porque* ***vós sois o Templo do Deus Vivo,*** *como Deus disse: Neles habitarei e entre eles andarei; e Eu serei o seu Deus, e eles serão o meu povo* (Segunda Epístola de Paulo aos Coríntios, 6:16).

Seremos responsáveis por um til que proferirmos

E referi-me, há pouco, a **Seres Espirituais** porque, apesar de ainda não vê-los, estamos cercados por eles, porquanto **existem**. Paulo Apóstolo faz menção a essa realidade:

— *Portanto, nós também estamos rodeados de uma tão grande nuvem de testemunhas* [invisíveis] (Epístola aos Hebreus, 12:1).

Diante disso, citei-os como passíveis de serem influenciados por nós, com **boas conversações intervivos**. Relembremo-nos deste importante esclarecimento de Emmanuel:

— *Uma simples conversação sobre o Evangelho de Jesus pode beneficiar vasta fileira de ouvintes invisíveis*[2].

Então, **cuidado com o que falarmos**.

O próprio Jesus, há dois milênios, deixou-nos esta **séria advertência**: a de que somos responsáveis até por um **til** que proferirmos:

— *Porque em verdade, em verdade vos digo: até que o céu e a terra passem, nem um i ou um til jamais passará da Lei sem que tudo se cumpra.*

Jesus (Mateus, 5:18)

[2] O trecho consta do livro *Encontros no tempo*, de Chico Xavier e **Hércio Marcos C. Arantes**, no capítulo "Evangelização infantil e mediunismo", o qual registra colóquio com o Espírito Emmanuel, psicografado pelo médium Chico Xavier e publicado em jornal de Belo Horizonte/MG, em 1951, sob o título "Entrevista com o Outro Mundo".

E, como afirmei, há tanto tempo, vejam que o **til** não é nem mesmo um acento, **apenas** um sinal gráfico que indica o nasalamento de uma vogal. Aí se evidencia **o nível de exigência e de atenção do Educador Celeste aos pormenores**.

Justiça Divina e ação da Mestra Dor

A ação da Mestra Dor, como instrumento de Justiça num orbe que até agora não aprendeu a amar fraternalmente, não se restringe ao plano físico, porque se encontra atuante nas **regiões umbralinas**[3], invisíveis, que nos cercam. Há quem as chame de **inferno**. Só que ele não é eterno, porquanto perene existe, **única e exclusivamente**, o Amor de Deus. Pelo mecanismo da Reencarnação — que não é uma Lei punitiva, mas de oportunidade à Alma em dívida para com outras Almas e com o Pai Celestial —, permite a Seus filhos que se redimam dos pecados cometidos. Deus é um Pai de Clemência e de Misericórdia.

Exclamou o Profeta Muhammad — *"Que a Paz e as bênçãos de Deus estejam sobre ele"* — no Santo Corão, versículo 12 da 32ª Surata, "As Sajda" (A Prostração):

---

[3] **Regiões umbralinas** — Conforme relatos de André Luiz, psicografados por Francisco Cândido Xavier, são regiões de sombras e sofrimentos, construídas e plasmadas pela mente humana em desvario, recalcitrante no mal, doente e revoltosa. Lá, o Espírito culpado pelo padecimento que ele mesmo provocou compunge-se e é levado a rever seus crimes e a se preparar para novas oportunidades de vida no orbe terrestre.

— Ah, se pudesses ver os pecadores, cabisbaixos, ante seu Senhor! (Exclamarão): "Ó Senhor nosso, agora temos olhos para ver e ouvidos para ouvir! Faze-nos retornar ao mundo, que praticaremos o bem, porque agora deveras acreditamos!".

Ainda sobre o tema "Dor", asseverou o ilustre vate baiano **Castro Alves** (1847-1871), em *Parnaso de Além-Túmulo*, na poesia "Marchemos!":

Castro Alves

....
....
....

É a dor que através dos anos,
Dos algozes, dos tiranos,
Anjos puríssimos faz,
Transmutando os Neros rudes
Em arautos de virtudes,
Em mensageiros de paz.

Tudo evolui, tudo sonha
Na imortal ânsia risonha
De mais subir, mais galgar;
A vida é luz, esplendor,
Deus somente é o seu amor,
O Universo é o seu altar.

....

....

....

Uma excelsa voz ressoa,
No Universo inteiro ecoa:
"Para a frente caminhai!
"O amor é a luz que se alcança,
"Tende fé, tende esperança,
"Para o Infinito marchai!".

Dor — libertação da Alma

Este é um planeta de expiações. **Por essa razão, a Dor nos faz sofrer**, ao passo que, e por isso mesmo, **é a libertação da Alma.** (...) Por meio dela, a Dor, o Cristo alcançou também Sua Divina Autoridade. E não se esquivou de Seu infortúnio **nem foi derrotado por ele** no Supremo Sacrifício da tortura e da crucificação.

CAPÍTULO 7

O alertamento de Schiller e a função da Dor

Encontramo-nos em plena transição apocalíptica, anunciada desde os Profetas do Antigo Testamento, passando pela Boa Nova do Cristo, as Epístolas dos Apóstolos, culminando no deslindamento da realidade espiritual-humana, proporcionada pelo Apocalipse de Jesus. Por isso, como anunciei no princípio deste livro, teço esta longa dissertação sobre a Dor, pois infelizmente este tem sido o roteiro interpretado pela Humanidade. No entanto, faço-o inspirado no extraordinário exemplo do Cristo, portanto, não para a derrota nossa no desânimo, **mas visando à vitória**, visto que os tenho capacitado para **pegar até do tormento e, com ele, alavancar a coragem**.

Sobre essa antevista era de transformação planetária, existem os que nela com firmeza confiam, bem como os que não lhe concedem o mínimo crédito. Ocorre, todavia, que, **na contemporaneidade, pensadores e cientistas de renome têm vivenciado preocupações que antes não lhes abalavam o labor**, quais sejam, o aquecimento global, com a aceleração das mudanças climáticas, além do perigo da guerra pela água, pela futura falta de combustível e pelo espaço vital[1], tendo em vista o grande crescimento da população do planeta.

Notamos que algo começa a sacudir os mais renitentes negadores daquilo que os de visão espiritual

[1] **Espaço vital** — Em alemão, *lebensraum*. É, em geografia política, um termo cunhado pelo geógrafo e etnólogo alemão **Friedrich Ratzel** (1844-1904). Diz respeito às condições espaciais e naturais necessárias para a manutenção ou consolidação do poder do Estado sobre o seu território e para o fortalecimento de determinada sociedade ou povo. Tal conceito foi utilizado como componente da ideologia nazista na Alemanha. Os nazistas apoiavam a expansão territorial a qualquer custo, para ganho de espaço vital.

aclarada percebem com vasta antecedência, como, por exemplo, a realidade do Mundo ainda Invisível, a Morada dos Espíritos.

Friedrich von Schiller (1759-1805), dramaturgo, poeta, filósofo e historiador alemão, resumiu o quadro atual com as seguintes palavras:

> — *Se do céu não desce a chispa que inflama, se não se aviva o Espírito, os corações languescem.*

Friedrich von Schiller

A função pedagógica divina da Dor não é a de nos destruir, **porém a de nos elevar no caminho da salvação**. Vejam por que o Apocalipse foi escrito. E, já lhes disse, **ele é uma carta de Amor de Deus a nós, Seus filhos**:

> — ***Bem-aventurados*** *aqueles que lavam as suas vestiduras no sangue do Cordeiro de Deus, para que lhes assista o direito à Árvore da Vida Eterna e para* ***entrarem na cidade*** **[Jerusalém Celestial]** ***pelas portas*** (Apocalipse, 22:14).

Novamente destaco: ***"Aqueles que lavam as suas vestiduras no sangue do Cordeiro de Deus"***, isto é, em suma, aprender e vivenciar a Santa Doutrina do Cristo, que fala ao coração e clareia o cérebro e pela qual Ele entregou Sua vida. Assim, corrigiremos nossos equívocos e teremos nossa Alma limpa por esse Divino Conhecimento.

Destinação espiritual

Eis uma das missões do Apocalipse: não deixar que as Almas se esqueçam de sua destinação espiritual. O que por vezes ocorre é que muitos leem a Bíblia Sagrada, mas só veem aquilo que lhes espelha a própria face. Por isso, apenas enxergam a parte humana e viram o rosto contra a Parte Divina[2].

Em *Jesus, o Profeta Divino*, no subtítulo "Origem da Autoridade do Apocalipse", escrevi que o Livro das Profecias Finais, alvo de tantas censuras apressadas, possui incomparável valor **exatamente por originar-se em Deus** e ter sido entregue por Jesus, o Profeta Divino, a João, por intermédio de um Anjo (Espírito Superior). Nada mais elevado que isto: **a Revelação Profética é oriunda dos Páramos Celestes**, das suas maiores alturas. Trata-se do exercício da **Hierarquia Divina**.

Ou seja, o Apocalipse baixou à Terra **por ordem de Deus ao Cristo** e está sendo disseminado pelo mundo **por meio do Espírito Santo**, de forma que **saibamos vencer os óbices, por mais difíceis, nele anunciados**.

[2] **Parte humana e Parte Divina da Bíblia** — Leia sobre esse assunto no capítulo "O Povo e o Fim dos Tempos", constante do vol. III de *O Brasil e o Apocalipse*, do mesmo autor.

Se suas advertências não são todas risonhas, não é por culpa dele, o Apocalipse, mas por força de nossos próprios atos. É fundamental sempre recordar o que asseverou Jesus a respeito do **Grande Julgamento**, quando Ele retornará ao plano das formas, concedendo a cada um de acordo com as próprias ações:

> — *Porque o Filho de Deus há de vir na glória de Seu Pai, com os Seus Anjos; e, então,* ***retribuirá a cada um conforme as suas próprias obras*** (Evangelho, segundo Mateus, 16:27).

E, se lhes dou essas explicações, faço-o na certeza de que **serão úteis ao fortalecimento de cada um** que me ouve, vê ou lê. Imprescindível torna-se, portanto, que todos os que têm acesso ao Apocalipse compreendam que **ele não foi escrito para assustar; todavia, como forte alertamento**, de modo que finalmente aprendamos que **o seu texto nos indica o rumo certo**. Ele nos ensina a trilhar a estrada redentora, que conduz ao tão ansiado **reencontro** com o Cristo de Deus:

> — *Eis que Jesus vem com as nuvens, e todos os olhos O contemplarão, até mesmo aqueles que O traspassaram. E todas as nações da Terra se lamentarão sobre Ele. Sim! Certamente. Amém!* (Apocalipse, 1:7).

Sejamos, pois, perseverantes, e perseverantes, e mais perseverantes, porquanto seremos merecedores da mais extraordinária de todas as glórias: **ver Jesus e respeitosamente beijar as mãos e os pés de nosso Divino Mestre e Senhor**.

A Celeste Promessa quanto ao fim da Dor

Infelizmente, até os dias que correm, em geral, como já vimos, costuma-se apenas lembrar de Deus quando sérios problemas batem à porta da nossa vida. É o que mais se vê. No entanto, a despeito disso, Ele se manifesta com Seu Amor a todos os Seus filhos, independentemente de crenças ou descrenças. É só observar os modelos notáveis de Fé, de superação da Dor, por toda a jornada humana.

E mais: **a Promessa de Deus acerca do fim da Dor punitiva** — que só existe por consequência das más ações do ser humano —, encontramo-la justamente no Apocalipse de Jesus, 21:3 a 5, de acordo com a narrativa do Profeta de Patmos[3], João Evangelista:

[3] **Patmos** — Pequena ilha grega, situada ao leste do mar Egeu, a 55 quilômetros da costa sudoeste da Turquia. Nela, por ordem do imperador **Domiciano** (51-96), João, Evangelista e Profeta, foi exilado e, já se encontrando nonagenário, recebeu o Apocalipse. Narra a história que, durante o exílio, com seu poder de persuasão, convertia todos os guardas da ilha ao Cristianismo, o que levava o imperador a realizar constantemente a troca dos soldados. Com a morte de Domiciano, segue para Éfeso, testemunhando o Cristo até o fim de sua vida.

> *3 Então, ouvi grande voz vinda do trono* [na Nova Jerusalém], *dizendo: Eis aqui o tabernáculo de Deus com os homens. Deus habitará com eles. Eles serão Seu povo, e o próprio Deus, no meio deles, será o seu Deus.*
>
> *4 E lhes* ***enxugará dos olhos toda lágrima; não haverá mais morte, não haverá mais luto, não haverá mais pranto, nem gritos, nem dor****, porque as primeiras coisas passaram.*
>
> *5 Então, Aquele que está assentado no trono disse:* ***Eis que faço novas todas as coisas.*** *E acrescentou: Escreve, porque estas palavras são* ***fiéis e verdadeiras****.*

Como se vê, **o Apocalipse de Jesus é principalmente um anunciador de alegrias**. Seres humanos inclinados a só enxergar tristezas são os que o andam, pelos milênios, caluniando. Quanto às notícias referentes a punições e dores, elas **foram semeadas por nós. Façamos, pois, a todo momento, as melhores semeaduras!** Eis o recado do Profeta **Jó**, desde o Antigo Testamento da Bíblia Sagrada, 34:11:

Jó

> — *Pois Deus retribui ao homem* ***segundo as suas*** **[próprias]** ***obras*** *(...).*

E também em Salmos, 37:4:

— Regozija-te no Senhor, e Ele concederá o que deseja o teu coração.

Não são de hoje, portanto, os alertamentos.

E vejam mais o que o Pai Celestial revela, agora por intermédio do Profeta Isaías, no Antigo Testamento, 65:17 a 19:

*17 Porque eis que Eu crio novos céus e nova terra; **e não haverá mais lembrança das coisas passadas nem mais se recordarão**.*
*18 Mas vós festejareis e exultareis perpetuamente no que Eu crio; porque eis que instituo para Jerusalém uma **alegria** e, para o seu povo, **regozijo**.*
*19 E exultarei em Jerusalém, e me alegrarei no meu povo; **e nunca mais se ouvirá nela voz de choro nem de clamor**.*

O eminente educador, político, jornalista e médium brasileiro **Eurípedes Barsanulfo**[4] (1880-1918), em

[4] **Eurípedes Barsanulfo** (1880-1918) — Nasceu no dia 1º de maio de 1880, em Sacramento, Estado de Minas Gerais, e faleceu na mesma cidade, aos 38 anos, em 1º de novembro de 1918. Em 1902, participou ativamente da fundação do Liceu Sacramentano, no qual passou a lecionar. Também atuou na criação do jornal semanário *Gazeta de Sacramento*, em que publicava artigos sobre economia, literatura e filosofia, estreando, assim, como jornalista. Em 31 de janeiro de 1907, fundou o Colégio Allan Kardec. Atendeu indistintamente os mais pobres e os necessitados que o procuravam em busca de ajuda. Foi dedicado servidor do Cristo até o último instante de sua vida terrena, por ocasião da gripe espanhola, pandemia que assolou o mundo de 1918 a 1919.

Eurípedes Barsanulfo

mensagem espiritual transmitida durante reunião ecumênica da Religião de Deus, do Cristo e do Espírito Santo, em São Paulo/SP, sábado, dia 24 de agosto de 2002, pelo sensitivo legionário Chico Periotto, realçou a necessidade de não nos apegarmos ao sofrimento, e sim encararmos os desafios, desvencilhando-nos deles e perseverando na **construção de tempos mais auspiciosos**:

> — *Tropeços e percalços que atravancaram a nossa felicidade, não obstante as chagas que nos impõem a dor, descarreguemo-los como um para-raios no chão que nos abriga, pois surgem novos tempos de amor e alegria.*

Jerusalém ampliada

Atualmente, conforme lhes expliquei, **Jerusalém** possui um **significado amplíssimo: toda a Humanidade**! Convido-os a acompanhar, com o cuidado que lhes é característico, o desdobramento desta série, "O Apocalipse de Jesus para os Simples de Coração".

Recompensa dos caritativos

O Alcorão Sagrado, na 29ª Surata, "Al 'Ancabout" (A Aranha), igualmente nos fala dessa nova morada dos bons:

58 Quanto aos crentes, que praticam o Bem, dar-lhes-emos um lar no Paraíso, abaixo do qual correm rios, onde morarão eternamente. Quão excelente é a recompensa dos caritativos,
59 Que perseveram e confiam em seu Senhor!

Realmente, os caritativos fazem jus à recompensa de Deus, mesmo que, por humildade, não a ambicionem.

Dor não é fatalismo

Como vimos anteriormente, a Dor **não é um fatalismo na vida humana. Nós é que a criamos.** Parem um pouco para pensar e reconheçam essa realidade. **Se fizermos por merecer, o que nos espera é o melhor possível.**

Perseverar para receber o testemunho de Jesus

Para os que jamais desistem do ideal do Bem, no versículo 32 do capítulo 10 do Evangelho, consoante Mateus, **encontramos a garantia de receber o testemunho de Jesus**, que ainda assegura:

— *Todo aquele que me testemunhar perante os homens, Eu também o testemunharei diante de meu Pai, que está nos Céus.*

Contudo, Ele alerta, no versículo 33 do mesmo capítulo:

> — ***Mas aquele que me negar diante dos homens, também Eu o negarei diante de meu Pai, que está nos Céus.***

Poder, Justiça e Compaixão

Quanta glória para os fiéis e perseverantes que assim compreendem a origem do autêntico Poder e da legítima Autoridade! Esses de modo algum se perturbarão, porque se tornaram conhecedores **da Autoridade e do Poder verdadeiros, incorruptíveis, que vêm de Deus, quaisquer que sejam suas crenças. É fonte de todo o Conhecimento, de toda a Justiça, de toda a Misericórdia, de toda a Compaixão e de toda a Generosidade na Terra!**

Jesus, *"o Pão Vivo que desceu do Céu"*, para matar toda e qualquer espécie de fome — espiritual, moral, física, religiosa, científica, íntima e/ou pública —, disse:

> — *Eu sou o Pão Vivo que desceu do Céu. Se alguém dele comer, viverá eternamente; e o pão que Eu darei pela vida do mundo é a minha própria carne* (Evangelho, segundo João, 6:51).

Para Vocês entenderem em plenitude o significado dessa revelação do Político Excelso, o Divino

Estadista, e a presença atuante da **iniciática** Dor na constituição do governo realmente bom para os povos, leiam, de Alma limpa, livre de ideias preconcebidas, os livros da Religião do Terceiro Milênio e estudem o Antigo e o Novo Testamentos da Bíblia Sagrada. No entanto, façam-no em Espírito e Verdade, **nunca *"ao pé da letra que mata"***, a qual Paulo Apóstolo condenava (Segunda Epístola aos Coríntios, 3:6), e também, o que é fundamental, à luz do Mandamento Novo do Cristo (Evangelho, consoante João, 13:34 e 35), **porque Deus é Amor. Sua Palavra só pode ser, portanto, discernida pela compreensão desse elevadíssimo sentimento. Jamais pelo ódio!**

A Dor do Cristo é o Poder Dele em nós

Aqui, chegamos ao ponto do porquê ter eu colocado na capa aquela frase logo após o título do livro: **O Poder do Cristo em nós**.

Reparem bem o que anuncia o Mestre Jesus:

> — *(...) e o pão que Eu darei* ***pela vida do mundo*** *é a minha própria carne* (Evangelho, segundo João, 6:51).

E na Boa Nova do Senhor da Paz encontramos Sublime Revelação:

> — *E o Verbo de Deus **se fez carne e habitou entre nós**, cheio de Graça e de Verdade, e vimos a Sua glória, glória como do **Unigênito do Pai**.*
>
> Jesus (João, 1:14)

À vista disso, para manifestar o Esplendor Espiritual de **Unigênito do Pai**, Jesus aceitou se submeter ao funesto martírio da cruz, a fim de entregar-se a Si mesmo **pela vida do mundo**, oferecendo-se como o sustento divino de nossas existências. Logo, **a Dor do Cristo é a Autoridade e o Poder Dele em nós**; é o Verbo de Deus se fazendo carne todos os dias ao nos compelir à prática do Bem, em todos os cenários possíveis.

Por isso, conforme afirmei na abertura desta obra, Jesus não causou flagelo algum a Si mesmo, o contrário do que em geral fazemos nós. Sendo Espírito sem mácula, o Ungido de Deus **voluntariamente** carregou nossos erros sobre Seus ombros, **a fim de nos livrar da ignorância, que origina nossa Dor**, pois

> — *(...) **pelo Seu sangue*** [Jesus] ***nos libertou dos nossos pecados*** (Apocalipse, 1:5).

Revelou o Profeta Isaías no capítulo 53, versículos de 1 a 12, a respeito do extremo sacrifício de Jesus — origem do Poder e da Autoridade Divinos, que ao

Cristo pertencem, por merecimento, pelos séculos dos séculos —, trecho tantas vezes mencionado pelo velho Zarur nas suas sempre atuais explanações:

> *1 Quem acreditou em nossa pregação? E a quem foi revelado o braço do Senhor?*
>
> *2 Ele subirá como arbusto diante dele e como raiz de terra seca; Ele não tinha beleza nem formosura; olhamos para Ele, mas não tinha a aparência do que era; nada havia Nele que nos agradasse.*
>
> *3 Era humilhado, o mais rejeitado entre os seres humanos. Homem de dores, que sabe o que é padecer; e, como um de quem os homens escondem o rosto. Era desprezado, e não fizemos caso Dele.*
>
> *4 Verdadeiramente, Ele tomou sobre si mesmo as nossas enfermidades, e os nossos sofrimentos levou sobre si. E nós O reputamos como um leproso, um homem ferido por Deus e sempre angustiado.*
>
> *5 Mas Ele foi crucificado pelas nossas transgressões, moído pelas nossas iniquidades. Estava sobre Ele* ***o castigo que nos trouxe a paz****; pelas Suas chagas é que fomos curados.*
>
> *6 Todos nós andávamos como ovelhas desgarradas;* ***cada um se desviara do caminho****, mas Deus permitiu que caísse sobre Ele a iniquidade de nós todos.*
>
> *7 Foi oferecido em sacrifício* ***porque Ele mesmo o quis*** *e não abriu a Sua boca. Como um cordeiro, foi*

levado ao matadouro e, como a ovelha muda perante os seus tosquiadores, não abriu a boca.

8 Por juízo opressor [um julgamento iníquo] *foi arrebatado; e quem cogitou da Sua linhagem? Pois foi cortado da terra dos viventes; por causa da transgressão do nosso povo é que Ele foi condenado.*

9 Designaram-Lhe a sepultura com os perversos, mas com o rico esteve em Sua morte, porque nunca fez injustiça, nem dolo algum se encontrou em Sua vida.

10 Todavia, o Senhor Deus aceitou consumi-Lo com sofrimentos; mas, quando tiver oferecido a Sua vida, para remir os pecados humanos, ***verá uma descendência perdurável, e a Boa Vontade de Deus florescerá nas Suas mãos.***

11 ***Verá o fruto do que a Sua alma trabalhou e ficará satisfeito.*** *E diz o Senhor Deus: — Este justo, meu servo, justificará a muitos* **com a Sua ciência**, *porque levará sobre si as iniquidades deles.*

12 Por isso, Eu Lhe confiarei uma grande multidão de nações, e Ele distribuirá os despojos dos fortes, porque entregou Sua vida à morte e foi contado entre os malfeitores.

"E a Boa Vontade de Deus florescerá nas Suas mãos."

Amém!

O Poder do Cristo em nós

Para manifestar o Esplendor Espiritual de **Unigênito do Pai**, Jesus aceitou se submeter ao funesto martírio da cruz, a fim de entregar-se a Si mesmo **pela vida do mundo**, oferecendo-se como o sustento divino de nossas existências. Logo, **a Dor do Cristo é a Autoridade e o Poder Dele em nós**; é o Verbo de Deus se fazendo carne todos os dias ao nos compelir à prática do Bem, em todos os cenários possíveis.

"O Vencedor", obra de Sátyro Marques. Acervo da Galeria de Arte do Templo da Boa Vontade (TBV), Brasília/DF, Brasil.

CAPÍTULO 8

O desafio no exercício do verdadeiro Poder

O nobre e abnegado Espírito dr. Bezerra de Menezes, que aniversaria a 29 de agosto, Missionário de Deus, célebre parlamentar no Brasil imperial, passa-nos um indispensável ensinamento, muito útil nestes tempos de transição apocalíptica no mundo e que serve para o fortalecimento de caráter também dos políticos que tenham olhos de ver e ouvidos de ouvir:

> — *(...) há um momento em que a* ***atitude de Amor pede a Verdade****, a fim de escapar dos pântanos da omissão. Estamos nesse momento. As diretrizes do Espírito Verdade* ***não pactuam com as conveniências, embora não incentivem o desamor****. Esse tempo é daqueles que souberem ser coerentes, sem que a coerência custe o preço da discórdia tempestuosa. O desagrado existirá porque a verdade incomoda quem se acostumou aos* ***"caminhos largos"***[1].
>
> *Estamos no tempo dos* ***"caminhos estreitos"****, e os que aceitarem perlustrá-los não terão as coroas de glórias passageiras nem a aclamação geral dos distraídos do caminho. Serão taxados de egoístas simplesmente por decidir buscar a "contramão" das opiniões e por percorrer o caminho inverso das consagrações humanas (...).* (Os destaques são nossos.)

Essa lição do dr. Bezerra encontra ressonância no que lhes tenho dito durante as pregações do Evangelho

[1] **Jesus e as duas estradas — Evangelho, consoante Mateus, 7:13 e 14** — *"Entrai pela porta estreita, porque larga é a porta, e espaçoso, o caminho que leva à perdição, e são muitos os que entram por ela, porque estreita é a porta, e apertado, o caminho que conduz à Vida Eterna, e são poucos os que acertam com ela".*

e do Apocalipse de Jesus, em Espírito e Verdade, pelo prisma do Mandamento Novo do Cristo Ecumênico, por conseguinte, universal, o Divino Estadista: **é nos momentos de crise (isto é, nas horas do "caminho estreito") que se forjam os grandes caracteres e surgem as mais poderosas nações**.

Muito acertadamente, ensinou o Apóstolo Paulo, em Hebreus, 13:16, focalizando a Fé e as Boas Obras:

> — *Não negligencieis igualmente a prática do Bem e a mútua cooperação,* ***pois, com tais sacrifícios, Deus se compraz****.*

Ora, como já lhes referi, o indivíduo não tem poder, **mas instantes de poder**, dos quais prestará severas contas ao verdadeiro Senhor do Poder: **Deus, Aquele que tem Autoridade** sobre homens, povos e nações. Conforme vimos descrito no capítulo 1, versículo 8, do último Livro da Bíblia Sagrada:

> — *Eu sou o Alfa e o Ômega, o A e o Z, o Princípio e o Fim, diz o Senhor, Aquele que é, que era e que há de vir,* ***o Todo-Poderoso Deus****.*

Na Carta à Igreja em Tiatira (Apocalipse, 2:26 a 29), Jesus conforta os persistentes que se mantêm fiéis e na Sua perseverança:

*26 Ao vencedor, que guardar **até ao fim** as minhas obras, Eu lhe darei poder sobre as nações,*

*27 **e com cetro de ferro as regerá**, e as reduzirá a pedaços como se fossem objetos de barro;*

28 assim como também Eu recebi de meu Pai, dar-lhe-ei ainda a estrela da manhã [a Estrela Dalva].

29 Quem tem ouvidos de ouvir ouça o que o Espírito diz às igrejas do Senhor.

Louvado seja Deus!

"E com cetro de ferro as regerá"

O fato de o governo do Cristo ser dirigido **por Ele** com mãos fortes (não me refiro aqui a qualquer ser humano "poderoso", por mais competente e benfeitor que seja) — *"(...) e com cetro de ferro as regerá"* (Apocalipse, 12:5) —, de modo algum pressupõe um comando autoritário, arbitrário. Trata-se, no entanto, do governo espiritual **enérgico, justo**, firmado sobre o Novo Mandamento de Jesus. A liderança de um autêntico estadista, para povos de dura cerviz, de ontem e de hoje. Mais que isso: do Estadista Divino, que **não tolera a corrupção, a destruidora de povos**. Fica evidente, pois, que quem tem o *"cetro de ferro"* **é Jesus**.

Jeremias

Relata o Profeta **Jeremias**, no capítulo 5, versículos de 20 a 29, de seu livro no Antigo Testamento:

20 Anunciai isto na casa de ***Jacó*** *e fazei-o ouvir em Judá, dizendo:*

21 Ouvi agora isto, ó povo insensato e sem entendimento, que tendes olhos e não vedes, tendes ouvidos e não ouvis.

22 Não temereis a mim? — diz o Senhor; não tremereis diante de mim, que pus a areia para limite do mar, limite perpétuo, que ele não traspassará? Ainda que se levantem as suas ondas, não prevalecerão; ainda que bramem, não o traspassarão.

23 Mas este povo é de coração rebelde e contumaz; rebelaram-se e foram-se.

24 Não dizem a eles mesmos: Temamos, agora, ao Senhor, nosso Deus, que nos dá a seu tempo a chuva, a primeira e a última, que nos conserva as semanas determinadas da ceifa.

25 ***As vossas iniquidades desviam estas coisas, e os vossos pecados afastam de vós o bem.***

26 Porque entre o meu povo se acham perversos; cada um anda espiando, como espreitam os passarinheiros; como eles, dispõem armadilhas e prendem os homens.

27 Como a gaiola cheia de pássaros, são as suas casas cheias de fraude; por isso, se tornaram poderosos e enriqueceram.

28 Engordam, tornam-se nédios e ultrapassam até os feitos dos malignos; não defendem a causa, a causa dos órfãos, para que prospere; nem julgam o direito dos necessitados.

29 Não castigaria Eu estas coisas? — diz o Senhor; não corrigiria Eu nação como esta?

O Democrata Divino

Jesus é o Democrata Divino. Aprendemos que o Pai Celestial concede ao ser humano certa liberdade na condução de sua própria vida. Todavia, o Criador não é inconsequente. Ele abaliza essa mesma liberdade com leis recíprocas, que promovem o equilíbrio. No caso, a Lei de Causa e Efeito. **Plantou-se, colhe-se!** O Bem ou o mal. Por isso mesmo, há décadas, defini **a Democracia como o regime da responsabilidade. Portanto, jamais deve ser confundida com caos.**

Rui Barbosa (1849-1923), destacado jurista, jornalista, diplomata e político brasileiro, na sua belíssima "Oração aos Moços"[2], escreveu:

Rui Barbosa

— A regra da igualdade não consiste senão em quinhoar desigualmente aos desiguais, na medida em que se desigualam.

[2] **"Oração aos Moços"** — Discurso de paraninfo que Rui Barbosa dedicou aos formandos de 1920 da Faculdade de Direito do Largo de São Francisco, na capital do Estado de São Paulo, Brasil. Em 29 de março de 1921, por encontrar-se enfermo, Rui não pôde comparecer ao evento, e a leitura do texto foi feita pelo professor **Reinaldo Porchat de Assis** (1868-1953).

É evidente que isso não se trata de um pensamento de **Al Capone** (1899-1947), porque, assim, eu não o colocaria nesta obra, dedicada à Fraternidade Ecumênica.

Rui não se refere aqui ao uso da exclusão, que é violência, pois tinha conhecimento de que desumanidade resulta em desumanidade. E o notável "Águia de Haia", anteriormente em seu discurso proferido no dia 15 de janeiro de 1910, no Teatro Politeama Baiano (Salvador/BA), a certa altura declarara:

> — *Deus não recusa a liberdade aos Seus próprios negadores. Mas, por isso mesmo, no fundo mais inviolável de toda a liberdade está Deus, a sua garantia suprema.*

Jesus exorta em todos nós o exercício da Fraternidade Ecumênica, portanto, universal, ao nos deixar o Seu Mandamento Novo, **a Suprema Ordem do Cristo** (Evangelho, segundo João, 13:34 e 35; 15:7, 8, 10 a 17 e 9), porque sem esse sumo sentido de verdadeira Justiça, de Solidariedade e de Generosidade a Liberdade se torna condenação ao caos. Ele também admoesta:

> — *Quando o Filho de Deus voltar sobre as nuvens com os Seus Santos Anjos,* ***dará a cada um de acordo com as próprias obras de cada um****.*
>
> Jesus (Mateus, 16:27)

A Lei de Deus é para todos

É necessário frisar que não estamos sugerindo que se aja com ingenuidade, muito menos com covardia. Durante minhas palestras pelas décadas, afirmei bastas vezes que não é por pregar o Evangelho-Apocalipse que se tenha de ser tolo. Também faço questão de deixar claro que o Cristianismo não é a escola da ociosidade nem do melindre. Por isso os cristãos têm que avançar fraternalmente, com a bandeira do Divino Mestre, sob Sua intensa Luz, em qualquer campo das realizações humanas, por mais antagônicas que pareçam.

É válido reproduzir aqui trecho de uma de minhas próximas obras — ***Jesus, a Educação, a Economia e sua ética, firmadas no Seu Novo Mandamento*** —, em que transcrevo pequena reflexão de circular, escrita no Rio de Janeiro/RJ, a 28 de junho de 1992, uma sexta-feira. Nela, discorro sobre o fato de que o Amor do Mandamento Novo do Cristo **não significa compadrio, condescendência com o erro, a incompetência, a malandragem e a impunidade. Ele é o contrário de tudo isso. Mas não é represália.** É verdadeira Justiça e oportunidade de acertar. Portanto, a **Lei de Deus é solidária, não vingativa.**

Expressão verídica do Amor

Ainda apresento, da edição mais recente de *Paiva Netto e a Proclamação do Novo Mandamento de Jesus* —

A saga heroica de Alziro Zarur na Terra (2009), primeiro livro da Academia Jesus, o Cristo Ecumênico, o Estadista Sublime, em **"O direito de defesa"**:

A Justiça Divina é equanimemente a expressão verídica do Amor, que, **por isso mesmo, tantas vezes, educa com severidade, não com maldade.**

Aqui um esclarecimento se faz imprescindível: não nos esqueçamos daquela lição iniciática que o Irmão Zarur pôs como Sétimo Mandamento dos Homens e das Mulheres da Boa Vontade de Deus:

> — *Perdoar é transferir o julgamento à Lei de Deus.* ***Mas o Pai não proíbe que Seus filhos se defendam dos maus.***

(...) O amadurecimento nos irá revelando essa Augusta Face do Pai Celeste, **a qualidade pedagógica do Seu Amor e da Sua Justiça aliados.**

Eis aí. É aquilo que digo sempre: **o perdão liberta a quem perdoa.** O ódio é peso ao coração, afundamento da Alma na dor sem necessidade para o ser humano, para os povos, o que significa dizer um grande prejuízo político. **Deus, o Político dos Universos, não nos criou para que soframos.** O infortúnio, inventamo-lo nós quando nos afastamos da Sua Lei de Amor e de Justiça, **não de desforra.**

Gosto de repetir esta máxima de **Confúcio** (551-479 a.C.):

— *Paga-se a Bondade com a Bondade,* ***e o mal com a Justiça.***

E também de reiterar que não se trata de solerte revanche, nem de justiça parcial, nem de perseguição cruel, que, vez por outra, ainda se vê pelo mundo e que rasteja humilhada pelas estradas da desonra.

A vingança afeta a Lei de Amor e de Justiça, e não há Justiça fora do Amor de Deus.

ADENDO

O Amor sob novo prisma

Durante a Cruzada do Novo Mandamento de Jesus no Lar[3], em 26 de junho de 2006, sábado, na cidade do Rio de Janeiro/RJ, Brasil, num improviso, declarei que é urgente instruir, educar e ecumenicamente[4] espiritualizar as nações. O maior patrimônio de um país é o seu povo.

[3] **Cruzada do Novo Mandamento de Jesus no Lar** — Veiculada toda segunda-feira na Super Rede Boa Vontade de Rádio (veja a relação de emissoras no portal www.boavontade.com), a Cruzada do Novo Mandamento de Jesus é transmitida diretamente da Igreja Familiar nº 1 da Religião de Deus, do Cristo e do Espírito Santo, sob a responsabilidade do casal Paiva Netto e estendida a todas as Igrejas Familiares da Religião do Amor Fraterno.

[4] **Ecumenismo** — Veja seu sentido lato, consoante a pregação fraterna da Religião de Deus, do Cristo e do Espírito Santo, em *É Urgente Reeducar!* (2010) e *As Profecias sem Mistério*, obras do escritor Paiva Netto. Para adquiri-las, ligue para: 0300 10 07 940 ou acesse www.clubeculturadepaz.com.br.

Afirmo sempre que pregar o Evangelho e o Apocalipse de Jesus não torna ninguém alienado. Tanto é assim que o Cristo de Deus anunciou:

> — *Eis que Eu vos envio como ovelhas ao meio de lobos; portanto, sede simples como as pombas, mas prudentes como as serpentes* (Evangelho, segundo Mateus, 10:16).

Então, fica o recado quanto à importância do Conhecimento Divino nas nossas vidas, a fim de melhor conduzirmos nossos destinos.

O Brasil é o Coração do Mundo, a Pátria do Evangelho-Apocalipse. No entanto, de forma contínua, precisamos revigorar esse toque de Espiritualidade Ecumênica, porque **o coração verdadeiramente espiritualizado pela força do Amor Fraterno é incapaz de praticar malefícios** — não só no sentido individual, como também no âmbito coletivo. Por isso, já lhes disse: não apenas a Religião[5] exige um sacerdócio — jamais de maneira fanática ou exclusivista, é claro —, mas igualmente a Política, a Ciência, a Filosofia, pois tudo isso é Religião.

Alguns argumentam:

[5] **Religião** — Para entender corretamente o que o autor pensa sobre Religião, leia a coleção *Diretrizes Espirituais da Religião de Deus, do Cristo e do Espírito Santo.*

— *Se acabar a Religião no mundo, a Humanidade se encontra e progride.*

Por melhores que sejam essas pessoas, se equivocam no momento em que proferem tal coisa. É provável que estejam **confundindo** Religião com os desvios humanos. E ela é justamente o contrário da ação maléfica. Ora, Religião tem a tarefa sublime de **ensinar a ética na convivência civilizada**, de revelar o supino do Amor.

Às vezes, Você conversa com alguém a respeito de Deus e de repente percebe que **ele ou ela não fala sobre Deus, mas acerca de crenças humanas**. Alguns se esquecem de que somos criaturas do Criador! Sendo assim, partamos Dele, que, na definição de Jesus, registrada por João Evangelista, ***"é Amor"***[6] (Primeira Epístola, 4:8). E aí o caminho será direcionado para a verdadeira Justiça, aliada à Fraternidade.

— *Ah! Muita gente já pensou dessa forma, e não deu em nada.*

Nem por isso devemos desistir! Perseveremos e levemos em consideração tudo o que ensinou o Cristo para transformar a caótica vida no planeta, de uma vez por todas. Compreender, com profun-

[6] ***"Deus é Amor"*** — *Vide* o subtítulo "O elemento inicial", no capítulo 12.

didade de Alma, as lições universais do Mestre, que não impediu o acesso ao Seu Supremo Saber a quem quer que fosse, é agir com denodo na melhoria da condição planetária. Não queremos mais justificar a chave daquela lamentação do Divino Chefe, na qual se refere a todos os enganos terrestres, anteriormente citada. Ele asseverou:

— *(...) Os filhos da Terra são mais perspicazes do que os filhos da Luz.*

Jesus (Lucas, 16:8)

Isso precisa urgentemente mudar! Só depende de nós.

Contra os prejuízos da Alma

Para finalizar este capítulo, trago, à reflexão de todos, do livro *Luz no Caminho*, notável análise de Emmanuel, na página

Indignação

"Ai de vós, escribas e fariseus hipócritas!"

Jesus (Mateus: 23-23)

Cristo nunca examinou o campo de Seu apostolado cruzando os braços com ternura doentia.

Numerosos crentes preferem a filosofia acomodatícia do "Deus faz tudo", olvidando que devemos fazer o que esteja ao nosso alcance.

Ser cristão não é dilatar a tolerância com o mal, a começar de nós mesmos.

A indignação contra os prejuízos da alma deve caracterizar os sinceros discípulos do Evangelho.

Jesus indignou-se contra a hipocrisia de Sua época, contra a insegurança dos companheiros, contra os mercadores do Templo.

Como protótipo da virtude, o Mestre nos ensina a indignarmo-nos.

Suas reações nobres verificam-se sempre, quando estavam em jogo os interesses dos outros, o bem-estar e a clareza de dever dos semelhantes.

Quando se tratava de Sua Personalidade Divina, que pedia Cristo para si?

Que disputou para si mesmo no apostolado?

A Voz Divina que se levantou com enérgica majestade no Templo para exortar os vendilhões era doce e humilde no dia do Calvário.

Para os outros trouxe a salvação, o júbilo e a vida, defendendo-lhes o interesse sagrado ***com energia poderosa****; para Ele preferiu a cruz e a coroa de espinhos.*

Na nossa indignação, desse modo, é sempre útil saber o que precisamos para nós "e o que

desejamos para os outros". (Os destaques são nossos.)

E nós ressuscitamos com Ele

Prossigamos, pois, aprendendo com Jesus, que, superando os dramas do Getsêmani e do Gólgota, ressuscitou dentre os mortos, para conforto e esclarecimento dos corações terrenos. E repetiremos, então, o que bradamos em 1997, no Rio de Janeiro/RJ, no dia 31 de dezembro, na passagem do ano-novo: **Jesus ressuscitou, e nós, com Ele.** Graças a Deus!

A morte é apenas a abertura de novas experiências de vida. Todavia, que ninguém considere o violento ato do suicídio e suas trágicas consequências uma escolha libertadora. Tudo, até a morte, tem sérias leis disciplinantes.

Liberdade, Justiça e oportunidade de acertar

Jesus é o Democrata Divino. Aprendemos que o Pai Celestial concede ao ser humano certa liberdade na condução de sua própria vida. Todavia, o Criador não é inconsequente. Ele abaliza essa mesma liberdade com leis recíprocas, que promovem o equilíbrio. No caso, a Lei de Causa e Efeito. **Plantou-se, colhe-se!** O Bem ou o mal. (...) Não é por pregar o Evangelho-Apocalipse que se tenha de ser tolo. (...) O Amor do Mandamento Novo do Cristo não significa compadrio, condescendência com o erro, a incompetência, a malandragem e a impunidade. Ele é o contrário de tudo isso. Mas não é represália. É verdadeira Justiça e oportunidade de acertar. Portanto, a Lei de Deus é solidária, não vingativa.

"A Tempestade no Mar da Galileia", obra de Rembrandt (1606-1669).

CAPÍTULO 9

A Autoridade de Jesus e o Reino de Deus

Por que essa insistência na apresentação do Poder e da Autoridade Moral, Espiritual e Divina do Cristo logo no princípio da série "O Apocalipse de Jesus para os Simples de Coração"? Uma das principais

"Daniel interpreta o primeiro sonho de Nabucodonosor", obra de Mattia Preti (1613-1699).

respostas está no versículo 44 do capítulo segundo do Livro do **Profeta Daniel**, predecessor de João Evangelista e **Profeta**[1], que apresentaremos na sequência ao recordar o que se encontra publicado na 21ª Chave Bíblica da Volta Triunfal do Cristo de Deus, escrita por Alziro Zarur. Nela, o saudoso Proclamador da Religião de Deus, do Cristo e do Espírito Santo deixou-nos impressionante revelação:

[1] **Profeta Daniel, predecessor de João Evangelista e Profeta** — Muitos estudiosos das Escrituras Sagradas afirmam ser Daniel a reencarnação de João, tamanha a similitude das Profecias transcritas por ambos nos livros proféticos do Antigo e do Novo Testamentos.

Mas, voltando às profecias do Fim dos Tempos, ***atenção*** *para o que diz o Profeta Daniel, 2:42 a 45* [quando interpreta o sonho do rei da Babilônia, **Nabucodonosor**]:

"42 Como os dedos dos pés eram em parte de ferro e em parte de barro, assim por uma parte o reino será forte e por outra parte será frágil.

"43 Quanto ao que viste do ferro misturado com barro de lodo, misturar-se-ão mediante casamento, mas não se ligarão um ao outro, assim como o ferro não se mistura com o barro.

"44 Mas, nos dias destes reis, o Deus do Céu suscitará um Reino que jamais será destruído. Este reino não passará a outro povo; esmiuçará e consumirá todos estes reinos, ***mas ele mesmo subsistirá para sempre****,*

"45 como viste que do monte foi cortada uma pedra, ***sem auxílio de mãos humanas****, e ela esmiuçou o ferro, o bronze, o barro, a prata e o ouro. O Grande Deus faz saber ao rei* ***o que há de ser futuramente****. Certo é o sonho, e fiel, a sua interpretação".*

O segredo [da revelação do sonho] *está exatamente nos dedos dos pés. Isto nos mostra que* ***a profecia se prolonga até ao tempo do fim****. A pedra atingiu a estátua, mas, se ela esmiuçou os quatro reinos, não os consumiu, tanto assim que eles estão em ple-*

no século 20, já sendo trabalhados pelo anti-Cristo. E, se até hoje dizemos, no Pai-Nosso, "venha a nós o Teu Reino", *é porque* ***o Seu Reino ainda não veio à Terra. Ainda não houve Cristianismo na Humanidade que integramos****, Humanidade essa* ***que sofre as suas próprias loucuras deploráveis****. Aí fica, portanto,* ***o nosso alerta às ovelhas do Rebanho Único****: quando se formar o bloco das dez nações, que correspondem aos dez dedos dos pés da estátua, sob o comando do anti-Cristo,* ***então fiquem tranquilos e confiantes na Palavra do Cristo****. Ele disse que ninguém saberia o dia e a hora de Sua Volta (nem o Filho, só o Pai), mas aos Seus eleitos deixa este* ***sinal particularíssimo****: quando se amalgamarem aquelas dez nações, a partir desse momento exato saberão os Legionários de Deus que* ***Jesus estará entre nós sete anos depois****.* (Os destaques são nossos.)

A solidez do Império Jesus e a fragilidade dos impérios humanos

Essa pedra — *"que do monte foi cortada (...) sem auxílio de mãos humanas"* — derruba todos os **frágeis reinos** que representam o poder material, em seus diversos segmentos. **Sem a introdução dos incorruptíveis assuntos divinos no campo político**, não há regime que consiga ajudar a Humanidade a resolver os problemas que aí estão até hoje aterrorizando-a. **Quero deixar claro** que aqui não me refiro à formação de novos sistemas teocráticos, à moda terrestre.

No governo de qualquer país do mundo, em que a inspiração seja realmente Jesus Dessectarizado, não haverá nem mesmo a baderna que vem de cima. Por isso, venho procurando deslindar-lhes os "mistérios" do Cristo, o Político Divino; de Sua Dor, relatada nos Evangelhos; e da excelsa grandeza de Sua Autoridade, que resplandece no Apocalipse. Seu Santo Poder não encontra similar na Terra e durará para todo o sempre. O próprio Cristo afirmou:

> — *Passará o Céu, passará a Terra,* ***mas as minhas palavras não passarão*** (Evangelho, consoante Lucas, 21:33).

ADENDO

"Mistérios" de Jesus

Aqui um esclarecimento: na verdade, **não existe mistério em Jesus**. É o nosso preparo espiritual incompleto que O vê assim, cercado de mistérios. À medida que evoluímos, vão sendo desvendados. O mistério, portanto, está em nós, **não em Jesus**. Como poderia haver segredos Nele **se no Apocalipse, do início ao fim, o Cristo revela e se revela**? O Taumaturgo Celeste também adverte:

> — ***Não há nada oculto que não seja revelado nem encoberto que não venha a ser conhecido e trazido à luz*** (Boa Nova, segundo Mateus, 10:26).

E o Sublime Mestre, com o Seu inestimável sacrifício, alcançou o Poder de desvendar o Mistério de Deus à Humanidade. Trata-se da chave para decifrar todas as coisas dos Universos:

> — *Amai-vos como Eu vos amei. Somente assim podereis ser reconhecidos como meus discípulos. Não há maior Amor do que doar a própria Vida pelos seus amigos.*
>
> Jesus (João, 13:34 e 35; 15:13)

No livro *Paiva Netto e a Proclamação do Novo Mandamento de Jesus — A saga heroica de Alziro Zarur na Terra*, escrevi: A visão que a Sabedoria imanente do Mandamento Novo do Cristo Ecumênico, o Divino Estadista, nos abre torna compreensível o incompreensível; suportável, o insuportável. Por esse motivo é que, no *Tratado Universal sobre a Dor* (1990), quando nos referimos à Lei do Cristo, ressaltamos que — se nela nos integrarmos — faremos com que o intolerável se torne tolerável, e até a desesperança, esperançosa.

Retomando nossa análise do texto bíblico disposto por Zarur, na 21ª Chave Bíblica da Volta Triunfal do Cristo de Deus, ao transcrever a interpretação do sonho do rei da Babilônia, Nabucodonosor, feita pelo Profeta Daniel, registrada em seu livro, 2:42 a 45, no Antigo Testamento da Bíblia Sagrada, comentamos:

Esses domínios que desabam ao **impacto da rocha, arrancada do monte**, caem pela própria fragilidade moral e espiritual. Pode ser império político, militar, religioso, econômico, científico, artístico, da beleza, esportivo, filosófico ou, ainda, a influência perniciosa da prostituição e do adultério. Tudo isso há de se desfazer diante da portentosa pedra que rola do alto de uma montanha **sem ser cortada por mão humana**. Quer dizer, **um Poder acima do poder**; uma Força **acima da força**; uma Moral **acima da moral**; um Conhecimento **acima do conhecimento**; uma Sabedoria **acima da sabedoria**.

Quem governa verdadeiramente

Ora, quem comandará esse Reino Eterno, antevisto pelo Profeta Daniel? A resposta, podemos encontrar na pregação de Alziro Zarur, quando explicava que

— ***Jesus é o Messias anunciado desde Moisés!***

Onde se acha essa Verdade bíblica? Na palavra do grande líder hebreu, em Deuteronômio, 18:15:

— *O Senhor, teu Deus, te suscitará* ***um Profeta*** *do meio de ti, de teus irmãos, semelhante a mim. A ele ouvirás.*

No nosso modesto modo de ver, o Supremo Condutor desse Reino indestrutível é Jesus, *"o Messias anunciado desde Moisés"*.

Tudo que é humano tem limite

Para cumprir Sua inigualável Missão, a **Autoridade de Jesus** tem de ser superior a qualquer outra jamais vista na Terra. Portanto, **fora do comum**, advinda de Sua Unidade com Deus. Já os reinados no mundo, por mais potentes e longevos que sejam, uma hora sempre deparam com o próprio término. Assim como surgem, desaparecem. **Montesquieu** (1689-1755) já dissera:

Montesquieu

— *Há certos limites que a Natureza impôs aos Estados para mortificar as ambições dos homens.*

Raciocínio que **Gandhi** (1869-1948) remataria com sua máxima:

Gandhi

— *Quando me desespero, lembro-me de que, em toda a História, a verdade e o amor sempre venceram. Houve tiranos e assassinos e, por um tempo, pareciam invencíveis, mas, no final, sempre caíram. Pense nisso! Sempre!*

A ambição derruba o ambicioso, nesta vida e/ou na Outra.

P.S.: Os homens e as mulheres têm tantas ambições! Todavia, a primeira, em termos verdadeiramente humanos, deveria ser amar, na maior expressão da Fraternidade. Pense também nisso.

Jesus, o Revolucionário de Deus

Em meu livro *Sociologia do Universo,* ao expor sobre a **Divina Autoridade de Jesus** e o princípio irrefutável de que **a reforma do social vem pelo espiritual**, cito o destacado espírita, jornalista e parlamentar brasileiro dr. **Freitas Nobre**[2] (1921-1990), ex-vice-prefeito de São Paulo/SP. Ele exalta o modelo social capaz de vencer, de suplantar as armadilhas surgidas ao longo do caminho evolutivo do homem. Declarou o saudoso marido da dra. **Marlene Nobre**[3]:

[2] **Dr. Freitas Nobre [José de]** (1921-1990) — Ilustre político, jornalista e advogado brasileiro, foi o fundador da *Folha Espírita.*

[3] **Dra. Marlene Nobre** — A conceituada ginecologista é presidente da As-

— Jesus, filho de artesãos, ensinando pelo próprio nascimento a grande lição evangélica dos simples e o amor pelos pobres, foi um revolucionário por excelência, mas não se transformou num caudilho a serviço de grupos ou partidos, porque Sua missão transcendia as misérias do Império Romano e não podia, por isso mesmo, perder-se no labirinto das paixões políticas e das artimanhas da burocracia da administração.

A vida de Jesus e dos apóstolos ao lado da população cristã de Jerusalém era a demonstração prática e real dos ensinamentos que pregavam a fraternidade e a vida comunitária.

O Reino que não tem fim

No Apocalipse, 11:15 — para quem tem olhos de ver e ouvidos de ouvir[4] —, encontramos escrita, séculos depois, passagem que corrobora o Livro do Profeta Daniel, que decifrou o sonho de Nabucodonosor (2:44). Eis, portanto, no Livro das Profecias Finais, o anúncio de que

sociação Médico-Espírita do Brasil (AME-Brasil) e diretora do jornal *Folha Espírita*. Também reconhecida ativista contra o aborto, foi uma das palestrantes do Fórum Mundial Espírito e Ciência (FMEC), edição de 2004, realizado pelo Parlamento Mundial da Fraternidade Ecumênica, o ParlaMundi da LBV.

[4] **Olhos de ver e ouvidos de ouvir** — Encontramos esta citação no Corão Sagrado, 32ª Surata ("As Sajda"):12: *"(...) Ó Senhor nosso, agora temos **olhos de ver e ouvidos de ouvir** (...)"*. Também no versículo 8 do capítulo 8 do Evangelho de Jesus, segundo Lucas, podemos ler: *"(...) Quem tem ouvidos de ouvir ouça"*.

> — *O Sétimo Anjo tocou a trombeta, e se ouviram no Céu grandes vozes, dizendo: O reino do mundo se tornou de nosso Deus* ***e do Seu Cristo, e Ele reinará pelos séculos dos séculos****.*

Cabe aqui lembrar lição de Alziro Zarur em sua comovente *Prece do Copo d'Água*, na década de 1960:

> — *(...) Senhor, quando nos deste o* Pai-Nosso, *estavas ensinando que qualquer pessoa pode falar diretamente com Deus a qualquer momento, sem precisar de ninguém para marcar audiência, porque Deus está ao mesmo tempo em toda a parte, e todo o tempo pertence a Deus. Mas a maldade ou a ignorância dos homens inventou uma lenda de que Deus estava longe;* [de que] *Tu mesmo estavas longe porque disseste:* ***Meu Reino não é deste mundo. Mas quiseste dizer: vossa ignorância é tão grande que não podeis entender as coisas do Reino de Deus.*** *Como é que irias dizer que este não é o Teu Reino se formaste este planeta, se a responsabilidade é Tua da direção deste planeta? (...)* ***Meu Reino não é deste mundo****, isto é, vós ainda sois tão atrasados que não podeis entender meu Evangelho, à luz do Novo Mandamento:* "Amai-vos como Eu vos amei". *E essa é a tarefa da LBV, mostrando que estás presente ao mesmo tempo em toda parte. (...)*

O Supremo Governante do Reino Eterno

Então, quem supervisionará esse misericordioso Governo Imortal? Jesus, o Cristo de Deus, o Cristo Ecumênico, logo, universal, o Supremo Comandante da Política Divina, que não corrompe, não se vende, não destrói nem mata!

Da Criação do mundo ao Fim dos Tempos

A respeito de Jesus, escreveu **Pedro Apóstolo**, em sua Primeira Epístola, 1:19 a 25, que

Pedro

19 [fostes salvos] *pelo precioso sangue, como de um cordeiro sem defeito e sem mácula, o sangue de Cristo,*

20 conhecido, com efeito, ***antes da fundação do mundo, porém manifestado no Fim dos Tempos, por Amor de vós;***

21 que, por meio Dele, ***tendes fé no Pai****, o qual ressuscitou Jesus dentre os mortos e Lhe deu glória,* ***de sorte que a vossa fé e esperança estejam*** **[constantemente]** ***em Deus.***

A santidade do Amor

22 Tendo purificado a vossa alma, pela vossa obediência à Verdade, tendo em vista o Amor Fraternal

***não fingido**, amai-vos, de coração, uns aos outros ardentemente,*
*23 **pois fostes regenerados**, não de semente corruptível, mas de incorruptível, **mediante a Palavra de Deus, a qual vive e é permanente**.*
24 Pois toda a carne é como a relva, e toda a sua glória, como a flor da relva; seca-se a relva, e caiu a sua flor;
*25 **a Palavra do Senhor**, porém, **permanece eternamente. Ora, esta é a palavra que vos foi evangelizada.***

Louvado seja Nosso Senhor Jesus Cristo! Para sempre seja louvado!

O Eterno Governo de Jesus

Para cumprir Sua inigualável Missão, a Autoridade de Jesus tem de ser superior a qualquer outra jamais vista na Terra. Portanto, fora do comum, advinda de Sua Unidade com Deus. Já os reinados no mundo, por mais potentes e longevos que sejam, uma hora sempre deparam com o próprio término. Assim como surgem, desaparecem. Montesquieu (1689-1755) já dissera: *"Há certos limites que a Natureza impôs aos Estados para mortificar as ambições dos homens"*.

"A cura do cego Bartimeu", obra de Carl Bloch (1834-1890). Salt Lake City Gallery, Utah, EUA.

CAPÍTULO 10

O Poder que nasce do sacrifício

Durante uma reunião do Centro Espiritual Universalista, o CEU da Religião de Deus, do Cristo e do Espírito Santo, ocorrida em 16 de novembro de 2013, mantive um colóquio fraterno com o Irmão Flexa Dourada, no qual teci alguns comentários sobre o sentido de Poder e Autoridade que o Mestre dos mestres nos ensina. Então, comentei: um dos grandes empecilhos da marcha dos discípulos de Jesus, nesses dois milênios, **tem sido a convivência histórica com o poder**. Em decorrência disso, que todos aprendamos o que é **espiritualmente** o verdadeiro Poder: aquele nascido da Dor, do aprendizado do Divino Bem. É o que encontramos em Jesus, que, pelo seu inenarrável suplício, recebeu de Deus, o Pai Excelso, a Autoridade e o Poder que Ele tem sobre a Terra, firmados na dignidade e na honra celestiais.

> — *O Pai me ama, pois Eu dou a minha vida para a reassumir. Ninguém me tira minha vida de mim, pelo contrário. Eu espontaneamente a ofereço.* ***E tenho Autoridade*** *para a entregar e também para reavê-la.* ***E este MANDATO recebi de meu Pai*** (Evangelho de Jesus, segundo João, 10:17 e 18).

Observaram o que anunciou o Divino Mestre?

Quem possui tamanha **Autoridade** para tal afirmativa de desprendimento é Jesus. Aquele que corporifica a noção exata da genuína Autoridade. Esta estabelece o verdadeiro Poder, ou seja, o estado perfeito, moral e espiritual **de não se apegar a ele, mas, sim, o Poder de dominar as tentações do poder**. E, por exercê-lo com Amor e Justiça irmanados, o Cristo reassumiu a **própria** vida (Evangelho, segundo João, 10:17).

Jesus, pela evolução espiritual conquistada de *per si*, não necessita dele — **do modo como em geral é conhecido e erroneamente vivido pelas criaturas humanas** —, posto que **em pessoa** encarna o Poder Divino. **Ele é o Santo e Verdadeiro Poder em Si mesmo!**

> — *Ao Anjo da Igreja em Filadélfia escreve: Estas coisas diz o* ***Santo, o Verdadeiro, Aquele que tem a chave de Davi, e que abre e ninguém fecha e que fecha e ninguém abre*** (Apocalipse, 3:7 — Carta de Jesus à Igreja em Filadélfia).

Quereremos maior demonstração de Autoridade e de Poder do que essa?

Jesus é Aquele que **abrange tudo**; Quem, por força do Espírito, se libertou da ignorância, uma vez que descobriu e aceitou a **Verdade de Deus** (João, 8:32) e por ela se tornou livre. Porém, **não me refiro ao deus criado à imagem e semelhança do ser humano**, com seus erros e defeitos. A visão antropomórfica do Criador infelizmente predomina em diferentes campos da sociedade, pois esse ainda é o alcance do pensamento de muitos que os compõem. Todavia, reverencio o Deus recitado por Zarur no "Poema do Deus Divino", do qual transcrevo a seguinte estrofe:

> *"Mas esse Deus, que é o meu eterno alento,*
> *Deus de Amor, de Justiça e de Bondade,*

Eu, que O não vejo, eu O sinto de verdade,
Como à eletricidade, como ao vento".

E Jesus nos instruiu a buscar justamente esse Deus, Criador do Celeste Reino, e a Sua Justiça para merecer que as coisas materiais (o poder terreno, entre elas) nos sejam acrescentadas (Boa Nova, conforme Mateus, 6:33).

Alziro Zarur denominou essa passagem evangélica como Fórmula **Urgentíssima**[1]. Publiquei seus comentários no primeiro volume da coleção *Diretrizes Espirituais da Religião de Deus, do Cristo e do Espírito Santo* (1987):

> — *Somente o estadista que souber* ***Apocalipse*** *saberá prever para prover, governando com acerto, evitando que sua pátria seja esmagada pelo próximo e último Armagedom (Apocalipse, 16:16).* ***A Fórmula Perfeita*** *para resolver os grandes problemas dos chefes de Estado, na ciência do governo dos povos,* ***é a de Jesus:*** **"Buscai primeiramente o Reino de Deus e Sua Justiça, e todas as coisas materiais vos serão acrescentadas"** *(Evangelho, segundo Mateus, 6:33). Quer dizer: não*

[1] **A Fórmula Urgentíssima** — *"Buscai primeiramente o Reino de Deus e Sua Justiça, e todas as coisas materiais vos serão acrescentadas"* (Evangelho de Jesus, segundo Mateus, 6:33). Leia os comentários de Paiva Netto sobre esse importantíssimo versículo em *Reflexões da Alma* (p. 88), *best-seller* que já atingiu a expressiva marca de mais de 400 mil exemplares vendidos.

haverá soluções perfeitas fora das ***Leis Eternas****, que regem a Terra. O contrário é combater* ***efeitos****, enquanto as* ***causas*** *permanecem.* (Os destaques são nossos.)

Jesus, o Divino Ser que **transmutou a Dor em Autoridade**, com Sua Suprema Elevação Espiritual conquistada, pode realizar essa extraordinária transformação da sociedade, sob a tutela da Política de Deus.

Conhecimento profundo, convicção e atividade

A mensagem da Doutrina do Mandamento Novo do Cristo Planetário (Evangelho, segundo João, 13:34 e 35; 15:7, 8, 10 a 17 e 9), proclamada pela Religião de Deus, do Cristo e do Espírito Santo, deve ser divulgada, **por todos os meios possíveis**, aos que aguardam o Toque Divino. O ***"Ide e pregai"*** de Jesus (Evangelho, segundo Marcos, 16:15) — em Espírito e Verdade, à luz do Mandamento Novo do Cristo Ecumênico, o Estadista dos estadistas — **é inteiramente tarefa dos Cristãos do Novo Mandamento de Jesus, jovens de corpo e de Espírito.** À frente devem estar os que não se deixam consumir pela cultura dominante, no que ela tem de ruim, a qual ainda teima em manter-se longe da Fonte da Paz, que é o Sublime Senhor.

O Poder de Jesus **de a tudo iluminar** é tão infinito

José do Patrocínio

que Lhe permitiu construir, na qualidade de Cristo de Deus, um planeta: **a Terra**.

O destacado abolicionista brasileiro **José do Patrocínio** (1853-1905), que foi jornalista, farmacêutico, escritor e orador, asseverou:

— *O cristianismo é o combate permanente ao egoísmo, a lição contínua de abnegação, de fraternidade.*

Por não ser egoísta, Jesus, **o Misericordioso**, respondeu aos que O queriam apedrejar, inspirado em Salmos, 82:6[2]:

— *Não está escrito em vossa lei: "Eu disse: sois deuses"?* (Evangelho, segundo João, 10:34).

E, prosseguindo:

— *E, como tal, podereis realizar mais do que Eu, porquanto permanecereis neste mundo, e Eu volto para o Pai* (Evangelho, consoante João, 14:12).

Que responsabilidade espiritual Jesus, o Cristo Ecumênico, o Governante Sublime, depositou em nossas Almas! Uma Divina Faísca da Autoridade do

---

[2] **Salmos, 82:6** — *"Eu disse: sois deuses, sois todos filhos do Altíssimo".*

Seu Poder, conquistado, por Ele mesmo, no Seu infinito apostolado no **Caminho Estreito** (Evangelho, segundo Mateus, 7:7 a 14):

Jesus incentiva a orar

7 Pedi, e Deus vos dará; buscai, e achareis [o Bem]*;*
batei, e a porta vos será aberta.
8 Porque todo aquele que pede recebe de Deus; e o
que busca encontra [o Bem]*; e, ao que bate, a porta*
lhe é aberta.
9 E qual dentre vós é o homem que, seu filho pe-
dindo-lhe pão, lhe dará uma pedra?
10 E, pedindo-lhe peixe, lhe dará uma serpente?
11 Ora, se vós, sendo maus, sabeis dar boas coisas
aos vossos filhos, o que é que não dará o vosso Pai,
que está nos Céus, aos que Lhe pedirem?
12 Portanto, tudo o que quereis que os homens vos
façam, fazei-o vós também a eles, ***porque esta é a***
Lei e os Profetas*.*

As duas estradas

13 Entrai pela porta estreita; porque larga é a por-
ta, e espaçoso, o caminho que leva à perdição, e são
muitos os que entram por ela,
14 porque estreita é a porta, e ***estreito, o cami-***
nho que conduz à Vida Eterna*, e são poucos os*
que acertam com ela.

Ora, fica evidente que, se o ser humano deseja o mal, este acabará por vir-lhe ao encontro, porque é da Lei que a cada um seja dado segundo as obras de cada um (Evangelho de Jesus, segundo Mateus, 16:27) ou, tantas vezes, por meio de ardorosos pedidos. Não significa dizer que estes sejam dirigidos a Deus.

A condução do pensamento: asas ou algemas?

A tradição popular ensina que *"pensamento é força"*. Logo, caros amigos que me leem com atenção: mentalizemos a todo instante o melhor possível, isto é, **o Bem** para os outros e para nós. As benéficas consequências, se tivermos sempre bom ânimo, serão patentes, na medida em que nos sentiremos fortalecidos pela Divina Autoridade de Jesus, que jamais esmoreceu diante das provações e nos inspira a vencê-las com Ele.

Em *Nos Domínios da Mediunidade*, o Espírito **André Luiz** registra valioso esclarecimento de um mentor espiritual a respeito da importância de educarmos nossa mente em conformidade com a senda correta do Amor de Deus:

> *Vigiemos o pensamento, purificando-o no trabalho incessante do bem, para que arrojemos de nós a grilheta capaz de acorrentar-nos a obscuros processos de vida inferior.*

> *É da forja viva da ideia que saem **as asas dos anjos e as algemas dos condenados**.*
>
> *(...)*
>
> *Meus amigos, crede!...*
>
> *O pensamento puro e operante é a força que nos arroja **do ódio ao amor, da dor à alegria, da Terra ao Céu**...*
>
> *Procuremos a consciência de Jesus para que a nossa consciência Lhe retrate a perfeição e a beleza!...*
>
> *Saibamos refletir-Lhe a glória e o amor, a fim de que a luz celeste se espelhe sobre as almas, como o esplendor solar se estende sobre o mundo.* (Os destaques são nossos.)

Que assim seja! Por isso, na Religião de Deus, do Cristo e do Espírito Santo, cultivamos a Sintonia Tríplice com Jesus: a do Bom Pensamento, da Boa Palavra e da Boa Ação.

O piloto e escritor francês **Antoine de Saint-Exupéry** (1900-1944) avisou a quem o quisesse escutar:

Saint-Exupéry

> — *Tu és eternamente responsável por aquilo que cativas.*

Essas palavras do autor de *O Pequeno Príncipe* são um sério alertamento aos sedutores irresponsáveis.

Diante disso, só um louco fará a sementeira do mal, de que desesperadamente se arrependerá depois.

Poder de dominar o poder

Jesus é Aquele que corporifica a noção exata da genuína Autoridade. Esta estabelece o verdadeiro Poder, ou seja, o estado perfeito, moral e espiritual de não se apegar a ele, mas, sim, o Poder de dominar as tentações do poder. E, por exercê-lo com Amor e Justiça irmanados, o Cristo reassumiu a própria vida (Evangelho, segundo João, 10:17).

CAPÍTULO 11

Jesus, a Teoria DE Tudo e a Teoria DO Tudo (I)

Albert Einstein

Desde menino, **Albert Einstein** (1879-1955) sonhava cavalgar num feixe de luz, **na frequência sentida e vista pelos seres humanos**. Faltou ao cientista genial aprender a transportar-se num raio da **Divina Luz**, que obedece a leis **além das até hoje desbravadas pela ciência terrena**. A compreensão integral dos fatos é cosmicamente superior ao entendimento fornecido pela extraordinária física contemporânea, porque existe a sua correspondência, em grau mais avançado, no Mundo Espiritual. Portanto, uma Física **além da** física. Então, se, àquela altura, já estivesse cônscio dessa realidade, o notável Albert não teria simplesmente almejado enunciar a Teoria **DE** Tudo, porém chegaria muito adiante: à Teoria **DO** Tudo. Note-se que não utilizo os termos "Teoria **de** Tudo" e "Teoria **do** Tudo" como meros sinônimos, à maneira que a mídia especializada comumente se refere hoje a essa descoberta de unificação de forças tão procurada. Ao grafar **Teoria DO Tudo**, desejo, com humildade, disparar **espiritualmente** o conceito que alude à premência imediata da aliança entre a academia da Terra e a do Espaço Celeste, isto é, **a dos Espíritos**, ainda velada aos olhos materiais (tema para a Academia Jesus, o Cristo Ecumênico, o Divino Estadista[1]). A partir do

[1] **Academia Jesus, o Cristo Ecumênico, o Divino Estadista** — Fundada por Paiva Netto, em 1º de fevereiro de 2007, que assim a definiu: *"A Academia Jesus, o Cristo Ecumênico, o Divino Estadista, é composta pelo Instituto de Estudo, Pesquisa e Vivência do Novo Mandamento de Jesus e pelo Instituto de Estudo e Pesquisa da Ciência da Alma. Por meio da produção de conhecimento universal, isto é, divino e humano, tem por objetivo dessectarizar a maneira como alguns veem o Cristo de Deus e o Cristianismo, ou seja, cabe a ela demonstrar a influência e a aplicabilidade dos ensinamentos ecumênicos e eternos do Acadêmico Celeste em todos os campos do saber espiritual-humano, apresentando-O de forma abrangente, fraterna e irrefragável à Humanidade"*.

intercâmbio entre as Duas Humanidades[2], deslindar-se-á o discernimento de todas as coisas. E que permaneça claro que essa interação científica contínua e consciente **espírito-evangélico-apocalíptica** seja, contudo, em Espírito e Verdade, sempre à luz do Mandamento Novo do Cristo de Deus, que é Amor Fraterno em essência, infenso portanto ao mau emprego, no âmbito da destruição humana, das grandes novidades que surgirão desse saber.

Luís Vaz de Camões

Por sinal, a integração em Jesus e o entendimento profundo da vitória que obteve diante da Dor, sendo isso a origem de Sua Santa Autoridade, nos levam a trilhar, mesmo que primariamente, por esses campos novos, que aguardam ser desbravados. Como escreveu o célebre poeta português **Luís Vaz de Camões** (aprox. 1524-1580), na epopeia *Os Lusíadas*,

> — *Cesse tudo o que a Musa antiga canta,/Que outro valor mais alto se alevanta.*

[2] **Intercâmbio entre as Duas Humanidades** — Aprofunde-se no tema lendo também os subtítulos "Chave Espiritual da Política Divina" e "Vivos e ativos", nos respectivos capítulos 18 e 24 desta obra e o capítulo "Quanto à Abrangência do TBV", constante da coleção *Diretrizes Espirituais da Religião de Deus, do Cristo e do Espírito Santo*, volume II (1990). Paiva Netto trata ainda do assunto em: *As Profecias sem Mistério,* no capítulo "Os Profetas e o Fim dos Tempos (I)"; *Voltamos!*; e *Somos todos Profetas*, no capítulo "Aos Políticos, a Fórmula Perfeita: A União das Duas Humanidades", em que o autor apresenta a tese de Zarur.

A decifração da transcendente mensagem do Cavaleiro do Cavalo Branco (Apocalipse, 6:1 e 2), que, além de receber o arco e a coroa (símbolos do Poder e da Autoridade), *"saiu vencendo e para vencer"*, **auxilia-nos a desvendar o ainda encoberto na Ciência**. Se até este momento navegamos por mares ignotos, isso ocorre pelo afastamento, por ora existente, entre a mentalidade humano-acadêmica e a **Verdade espiritual** que clama aos cérebros compromissados com o estupendo avanço, jamais visto no território luminoso do saber terrestre. Tudo isso quer dizer que o progresso do conhecimento **não cessa por aqui**, esta brilhante, constritora e enganadora esfera humana.

Jesus, o Senhor DO Tudo

É oportuno relembrarmos esta afirmativa do Divino Mestre no Seu Evangelho, consoante Mateus, 10:26:

> — *Não há nada oculto que não venha a ser revelado nem encoberto que não venha a ser conhecido e trazido à luz.*

Observem que o Cavaleiro assentado sobre o Cavalo Branco é o único que surge duas vezes no Apocalipse (6:2 e 19:11). Isso revela que **Ele tem muito mais a demonstrar** que os outros três cavaleiros. Estes praticamente são apenas punitivos, dentro das circunstâncias da Lei Espiritual.

Na segunda aparição,

> — *sai da Sua boca uma espada afiada de dois gumes* (Apocalipse, 19:15).

Nesta minha interpretação específica, **o gume inferior** significa a **física tradicional**; o **superior**, a **Divina**. (...)

Concluímos, portanto, que o versículo 15 do capítulo 19 do Livro da Revelação **se refere a Jesus, o Cristo de Deus**. Ele é Quem, no Evangelho e no Apocalipse, fala sobre a Verdade[3] nas múltiplas dimensões

---

[3] **Nota do autor**

Ele é Quem, no Evangelho e no Apocalipse, fala sobre a Verdade — É costumeiro ouvir-se, de quando em quando, que *"nem Jesus sabia o que era a Verdade"*. Trata-se de um triste engano, combatido por Zarur em **"Jesus sempre soube o que é a Verdade"**, no primeiro volume da coleção *Diretrizes Espirituais da Religião de Deus, do Cristo e do Espírito Santo* (1987), p. 49:

"P — Por que a LBV não diz o que é a Verdade?

Zarur — *Muita gente já fez esta pergunta, por meio de cartas, à LBV. Não estranho, portanto, que alguns a façam, ainda, com o mesmo espírito com que a formulou Pôncio Pilatos. Que é a Verdade? E, como vemos no Seu Evangelho, Jesus silenciou. Os materialistas citam essa passagem, para argumentar que nem mesmo Jesus sabia o que é a Verdade... Mas, se Jesus tivesse respondido, Pilatos entenderia? Pois não foi ele o juiz covarde, que condenou o Inocente por medo de* ***César*** *imperador? Entretanto, no mesmo Evangelho, segundo São João, na sua célebre Oração Sacerdotal, 17:17, disse Nosso Senhor:* **'Santifica-os, Pai, na Verdade. Tua Palavra é a Verdade'**. *Aí está a prova de que a Bíblia (e naquele tempo só havia o Antigo Testamento) é a Palavra de Deus. Assim fica definitivamente provado que laboram em erro todos os que negam ou vetam o Antigo Testamento, considerando-o obsoleto, superado e inútil, quando o próprio Cristo exalta a Sagrada Escritura, afirmando:* 'A Escritura não pode falhar' *(Evangelho, segundo João, 10:35). Diante de tudo isso, está claro que a Verdade é a*

do Cosmos, que, pouco a pouco, vamos descortinando; Aquele que, **desde antes da fundação do planeta**, estava integrado no Pai.

> — *Antes que houvesse mundo, Eu já existia.*
>
> Jesus (João, 8:58)

Jesus, o Mensageiro Celeste dos Planos de Deus, para a Terra e o Céu da Terra, consequentemente traz em Si todo o conhecimento que provém do Supremo Criador dos Universos. Razão por que é o Cristo Ecumênico, o Divino Estadista, o Senhor DO Tudo. De um TUDO cuja **esfera de influência** situa-se **do infinito ao finito**, quase que até agora ocultamente. Contudo, dissemina-se de forma profusa pelos espaços físicos e espirituais, em campos que nossa mente ainda nem pode apreender. Jesus é, por isso, a **Chave Maga** para a exponencial escalada da própria Teoria **DE** Tudo, que Einstein procurou enunciar. Albert, todavia, partiu infaustamente do transitório, ou seja, a ciência restrita a parâmetros materiais **(mesmo quando cuida de assuntos universais)**. Em vista disso, se forem seus fundamentos tidos apenas como materiais, **ela se torna limitada**, até perante o descomunal progresso genialmente apresentado na pequeni-

---

Palavra de Deus, a Bíblia Sagrada, com o Antigo e o Novo Testamentos, em Espírito e Verdade, à luz do Novo Mandamento do Cristo".

na, no entanto prodigiosa, Equação da Relatividade[4]: **$E=mc^2$**.

E não vai aqui nenhum desmerecimento ao esforço e à dedicação do velho e querido Albert, nas suas investigações no campo da Física, em especial a busca pela Teoria de Tudo, que é o Amor Divino, como conhecimento de todas as Suas Leis. Uma sublime Revolução a ser impulsionada por todos os valentes Jovens Militantes Ecumênicos da Ciência de Deus.

A Ciência integral nasce no Espírito, porque este é o início de tudo. Ora, Deus é justamente isto: Espírito, como ensina Jesus (João, 4:24)!

Sem ele, que é o Todo, não há nem o Tudo.

ADENDO

Em Jesus não existe solução de continuidade

É forçoso lembrar a assertiva do Divino Filósofo, no Seu Evangelho, segundo João, 14:26, quando declara que **ainda teria muito a revelar**, mas que, àquela altura, há dois mil anos, não poderia fazê-lo, por causa do nosso pequeno entendimento dos Assuntos Divinos. Em virtude disso — a fim de que

[4] **$E=mc^2$** — A famosa fórmula de Einstein mostra-nos que a energia (E) de um corpo é equivalente à sua massa (m) multiplicada pela constante da velocidade da luz (c), cerca de 300.000 km/s ao quadrado. Isso nos diz que, em determinadas circunstâncias, massa e energia podem ser convertidas mutuamente, como ocorre no caso da fissão nuclear.

não houvesse solução de continuidade ao transmitir aos povos as revelações do mais Alto —, o Cristo prometeu, mais tarde, mandar à Terra o **Paráclito**, ou seja, Emissários de Luz em todas as correntes do pensamento espiritual-moral-humano, por conseguinte, não exclusivos ao dia de Pentecostes:

> *1 Ao cumprir-se o dia de Pentecostes, estavam todos reunidos no mesmo lugar;*
>
> *2 de repente, veio do céu um som, como de um vento impetuoso, e encheu toda a casa onde estavam assentados.*
>
> *3 E apareceram, distribuídas sobre suas cabeças, línguas, como de fogo, pousando uma sobre cada um deles.*
>
> *4 Todos ficaram repletos do Espírito Santo e passaram a falar em outras línguas, segundo o Espírito lhes concedia que falassem* (Atos dos Apóstolos de Jesus, 2:1 a 4).

Tanto é verdade que não houve tão somente um Pentecostes. O compromisso do Paráclito não se encerrou naquela emocionante ocasião, quando **línguas de fogo** surgiram sobre os Apóstolos e Discípulos, inspirando-os a falar em línguas, desconhecidas por aqueles homens, à multidão ali presente. Voltamos a destacar, como reforço ao nosso argumento, que o

Cavalo Branco ressurge no capítulo 19, versículo 11, do Apocalipse para Ele próprio trazer revelações do Mundo Espiritual para o físico.

E torna-se urgente esclarecer — como demonstração de que o Espírito da Verdade não se manifestou apenas uma vez, e restritivamente ao campo religioso —, que o Paráclito, por ser de Deus, necessita fazer evoluir, na Terra, tudo o que nasceu da Mente-Coração Divinos. Por isso, manda constantemente Sua Mensagem renovadora aos demais setores da criação humana. Vemos surgir então luminares e luminares a abrir novos caminhos na academia e onde mais seja necessário.

Uma Física além da física

A compreensão integral dos fatos é cosmicamente superior ao entendimento fornecido pela extraordinária física contemporânea, porque existe a sua correspondência, em grau mais avançado, no Mundo Espiritual. Portanto, uma Física além da física. Então, se, àquela altura, já estivesse cônscio dessa realidade, o notável Albert não teria simplesmente almejado enunciar a Teoria **DE** Tudo, porém chegaria muito adiante: à Teoria **DO** Tudo.

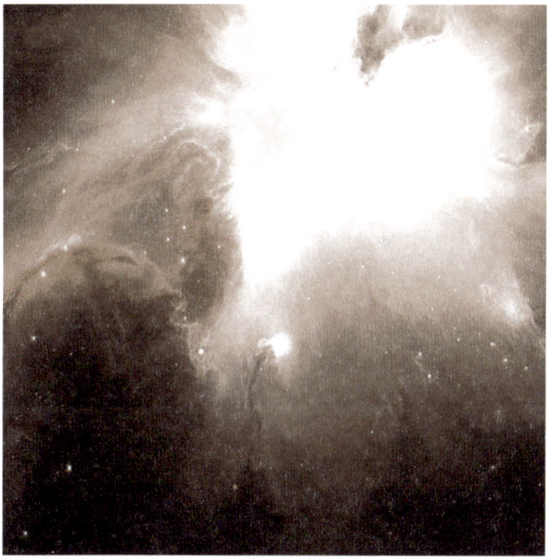

CAPÍTULO 12

Jesus, a Teoria DE Tudo e a Teoria DO Tudo (II)

A Ciência Espiritual da Física

Reiteramos que existe **uma Física além da física**. E esta, com certeza, o eminente filho de Ulm, na Alemanha, sem demora aprendeu no Mundo Espiritual, quando, falecendo em Princeton, nos Estados Unidos, sua Alma para lá subiu, em 1955.

Com seu saber ampliado — pela Física **além da física** —, preparou-se para, quando à Terra voltar, numa vida nova, expor à Humanidade, com seu espírito de modéstia, a Teoria **DO** Tudo, poetizada no Evangelho de Jesus, segundo João, 1:1 a 5:

> — *No princípio era o Verbo, e o Verbo estava com Deus, e o Verbo era Deus.* ***Ele estava no princípio com Deus.*** *Todas as coisas foram feitas por Ele, e nada do que se fez foi feito sem Ele:* ***Cristo Jesus****. A vida estava Nele, e a vida era a luz dos homens. A luz resplandece nas trevas,* ***mas as trevas não prevaleceram contra ela****.*

"No princípio era o Verbo, e o Verbo estava com Deus, e ***o Verbo era Deus****"*, isto é, **O TUDO**, que o famoso pensador judeu-alemão, com tanto denodo, tentou exprimir.

Em meu livro *Crônicas & Entrevistas* (2000), no capítulo "Deus, Equação e Amor", comento:

Deus não tem forma humana. Logo, não se trata do que, de modo tão restritivo, alguns até hoje cogitam a Seu respeito, mesmo no mundo acadêmico. O ser humano por enquanto não O vê, mas pode senti-Lo **toda vez que, em verdade, ama, e Dele se afasta quando odeia**. Deus seria, **matemática e poeticamente**, uma

Sublime Equação, cujo resultado é o Amor Infinito; portanto, **O TUDO**.

Einstein redivivo, no futuro, há de O revelar, digamos, com uma **Equação da Integridade Espírito-EspAcial-Temporal** (Espaço-Tempo de Deus), divinamente entendidos. Não mais apenas da relatividade **espEcial** ou da relatividade geral, com o que, de maneira profunda, transformou o mundo, pois terá ido **além do Além**. Nessa ocasião, enunciará uma nova fórmula, em que uma das constantes fundamentais será o Amor, *"sublime impulso do Bem, fator gerador de Vida, que está em toda parte"* e é **O TUDO**, que lhe faltou na Teoria que procurava definir. Isso talvez ainda sem que sua mente notável o percebesse, constringida pela convenção dos seus pares, temerosos de alçarem-se à Ciência **Espiritual** da Física, **que paira além da física**.

Será — pasmem! —, ao mesmo tempo, a Política com todas as letras maiúsculas. Aquela que não se restringe aos parlamentos da cultura (ou falta de cultura) unicamente terrestre, porquanto, repito-lhes com assiduidade, **o governo da Terra começa no Céu**. E, sob a diligente atenção de Jesus, cujo **sábio enfrentamento da Dor**, que Lhe **concedeu a Autoridade nascida em Deus**, nos leva ecumênica e eternamente adiante: **ao Bem, que inspira a nossa consciência universal**. Contudo, diga-se de passagem, o Divino Mestre é desservido pelo bombardeio incessante do livre-arbítrio, mal-empregado pelos seres humanos.

Diz o Profeta Muhammad — *"Que a Paz e as bênçãos de Deus estejam sobre ele"* —, no Corão Sagrado, na 2ª Surata, "Al Bácara" (A Vaca), versículo 167, referindo-se aos nossos próprios atos:

— *(...) Assim Deus lhes demonstrará que as suas ações são a causa de seus lamentos (...).*

Nada de molecagens com Deus

Alguns, em face de qualquer adversidade, dizem:

— *Deus não existe porque aconteceu algo de ruim comigo!*

Mas e o Bem que se dá com os outros a todo minuto e que outrora se deu com Você? Ou que virá a acontecer-lhe? Os queixosos esquecem-se, por vezes egoisticamente, de que, se estão sofrendo naquele momento — e que já tiveram ocasiões várias de felicidade — muitos e muitos, neste justo instante, exultam de alegria. Mesmo assim, conforme afirmei em *Sabedoria de Vida* (2001), Deus é Divina Compaixão a esclarecer os pessimistas intransigentes.

Aliás, não desejamos com esse raciocínio menoscabar as angústias de ninguém que possa estar carpindo uma vida inteira de sofrimentos. Trabalhamos, isso sim, por minorar o calvário desses queridos seres espirituais e humanos, ao apresentar-lhes o supino exemplo do Cristo, que, sendo o Filho Amantíssimo do Pai Celestial, padeceu o martírio de um mundo, até hoje, selvagem, e nele ainda mais fez brilhar **Luz**, Poder e Autoridade, não para Si próprio, porém para os Seus irmãos e irmãs, reitero.

Todavia, um gigantesco passo para a realização pessoal **é libertarmo-nos do egoísmo exacerbado**, que não nos deixa reconhecer no contentamento alheio forte impulso para a sustentação de nossa Alma.

Aconselhei em *Como Vencer o Sofrimento* (1990): Quem quiser diminuir a sua dor **ajude os que sofrem**.

E em meu artigo "Aplacar a tempestade", publicado no ano de 2013 em diversos jornais e *sites*, escrevi: Diante das mais variadas situações, em que a dor, a angústia e o desespero chegam, muitas vezes sem avisar, é **imprescindível o gesto solidário das criaturas em prestar socorro espiritual e material ao seu próximo**. E, ao lado desse apoio imediato, é **preciso alimentar a força da esperança e da Fé Realizante**, que movem o ser humano a se manter sob a proteção do Pai Celestial e o estimulam a **arregaçar as mangas** e concretizar suas mais justas súplicas.

Emily Dickinson

Bem a propósito estas belas palavras da poetisa norte-americana **Emily Dickinson** (1830-1886):

Se eu puder evitar que um coração se parta,
Eu não terei vivido em vão;
Se eu puder evitar a agonia duma vida,
Ou acalentar uma dor,
Ou assistir um desfalecido melro
A voltar a seu ninho,
Eu não terei vivido em vão.

Portanto, é hora de — com decisão — deixarmos de pôr em Deus a culpa de nossas molecagens, entre elas a de arruinar nossa residência coletiva, enquanto bizantinamente discutimos "*quantos anjos cabem na cabeça de um alfinete*".

O elemento inicial

Lembremos o que Paulo, na sua Primeira Carta aos Coríntios, 13:2, iluminado pela Ascendência sobre si do Cristo Ecumênico, o Divino Estadista, argumentou:

> — *Eu podia ter o dom da profecia; conhecer todos **os mistérios** e toda **a ciência**; ter fé capaz de transportar montanhas, **logo que eu não tivesse Caridade*** **[isto é, Amor]**[1]***, já não valia nada.***

Com base na inspirada assertiva do Apóstolo dos

[1] **Caridade [isto é, Amor]** — Segundo o *Dicionário Michaelis*, Caridade significa "Amor de Deus e do próximo".

Gentios, concluímos que, se partirmos de cálculos científicos ou planejamentos sociais e políticos, **sem que o Amor** (sinônimo de Caridade) **seja**, de forma consciente, num plano superior, **o elemento inicial e primordial, jamais alcançaremos o sentido maior da Criação e de Suas criaturas.** Assim sendo, tudo o que fizermos ficará pela metade, com resultados aquém do pretendido ou contrários ao que fora almejado.

As palavras que estão faltando

Afinal de contas, já mencionamos, a famosa passagem de João, o Evangelista e Profeta, em sua Primeira Epístola, 4:8, **define o Pai Celestial como Amor**. E vai mais adiante, na mesma Epístola, 4:20:

> — *Se alguém disser: Amo a Deus, e odiar a seu irmão, **é mentiroso**; pois aquele que não ama a seu irmão, a quem vê, não pode amar a Deus, a Quem não vê.*

Essas palavras deveriam assectariamente fazer parte, por motivação óbvia, dos estatutos dos parlamentos do mundo e dos lugares onde se decidem os destinos dos seres da Terra e do Céu da Terra. **E, dessa maneira iluminar os debates, o convívio e a vigência das leis nascidas nessas novas e melhores condições morais e espirituais.**

"(...) e as trevas não prevaleceram contra ela"

Ora, a notável constatação do Evangelista-Profeta (Boa Nova de Jesus, segundo João, 1:1 a 5) — que se encontra, à espera de ser descoberta, na **Teoria DO Tudo**, ainda a ser exposta pelo cientista que há de assimilar que **existe uma Física além da física** — será levada adiante, até a vitória total, **pelos pioneiros da Política e da Ciência de Deus**. Tal empreitada pode durar quanto tempo for necessário, pois, de acordo com **Leibniz** (1646-1716), filósofo, matemático, cientista, diplomata e bibliotecário,

Leibniz

— *Natura non facit saltus*[2] [A Natureza não dá saltos].

Pedro Apóstolo e a Relatividade do Tempo

Notem que há milênios, antes mesmo das teorias relativísticas propostas tanto por **Galileu** (1564-1642) quanto por Einstein, cerca de 400 anos depois, já es-

[2] ***Natura non facit saltus*** — O pensamento de Leibniz também é encontrado da seguinte forma: *Natura non facit saltum*. A variação de ortografia (*saltus* e *saltum*) exibe uma mera diferença numeral, porque, em latim, o substantivo ***saltus*** — que significa "salto" — pertence à quarta declinação. Assim, seu singular acusativo é ***saltum*** (salto), enquanto seu plural é ***saltus*** (saltos).

Galileu

tava em pauta a discussão da relatividade do tempo humano diante do Referencial Divino. Leiam o que diz o Apóstolo Pedro, no Novo Testamento, e, anteriormente, o Salmo 90, na Antiga Escritura, "A eternidade de Deus e a transitoriedade do homem":

Oração de Moisés, homem de Deus

1 Senhor, Tu tens sido o nosso refúgio, de geração em geração.
2 Antes que os montes nascessem, ou que Tu formasses a terra e o mundo, sim, de eternidade a eternidade, Tu és Deus.
3 Tu reduzes o homem ao pó e dizes: Tornai, filhos dos homens.
4 Pois ***mil anos, aos Teus olhos, são como o dia de ontem que se foi*** *e como a vigília da noite.*

E, agora, Pedro, em sua Segunda Epístola, 3:8, combatendo os que, já àquela altura, consideravam que Jesus tardava a voltar, conforme prometera, explicava:

— *Mas existe uma coisa, caríssimos, que não deveis ignorar:* ***um dia diante do Senhor é como mil anos, e mil anos, como o dia que já passou.***

Para **espiritualmente** se chegar à Teoria **DO** Tudo, convém ainda levar em consideração estas palavras do Apóstolo Pedro, também em sua Segunda Epístola, capítulo 1, versículos de 5 a 9:

> *5 Esforçai-vos, quanto possível, por unir à vossa fé a virtude,* ***à virtude a ciência,***
> *6* ***à ciência a temperança,*** *à temperança a paciência, à paciência a piedade,*
> *7 à piedade o amor fraterno, e ao amor fraterno a caridade.*
> *8 Se estas virtudes* [ciência] *se acharem em plenitude em vós, elas não vos deixarão inativos nem estéreis* ***no conhecimento de Nosso Senhor Jesus Cristo*** [pura ciência também, e mais, a Ciência além da ciência].
> *9 Pois aquele em quem não há estas coisas é cego,* ***nada vendo ao longe,*** *esquecendo-se de que foi purificado dos antigos erros.*

Um dia não mais existirá ignorância em torno desses pontos de iniciação espiritual-científica, e as trevas aceitarão integralmente a Luz, deixando de ser sombra. Para isso, aí está a Mídia da Boa Vontade[3],

[3] **Mídia da Boa Vontade** — Formada pela Boa Vontade TV, pela Super Rede Boa Vontade de Rádio, pelo Portal Boa Vontade (www.boavontade.com) e pelas revistas BOA VONTADE e JESUS ESTÁ CHEGANDO!, além de diversas publicações informativas e doutrinárias.

cujo lema é **Jesus Dessectarizado**[4], isto é, **em toda a Sua grandeza e amplitude**. E há pelo mundo igualmente tantos outros que, à sua própria feição, batalham pelo triunfo da Solidariedade, capaz de manter os seres terrestres, pelo menos para começar, razoavelmente unidos.

Jesus, com clareza, a todos advertiu:

> — ***Uma casa dividida não reina*** (Evangelho, segundo Marcos, 3:25).

Assim poderemos entender a Palavra do Divino Educador: uma Humanidade teimosamente beligerante — distraída pelas discussões perenes por motivos até mesmo triviais, enquanto coisas piores acontecem — pode esquecer-se de que o solo sob os seus pés dá sinais de alta perturbação, **a solicitar o cuidado de todos**, antes que o ar se torne irrespirável e a água falte para multidões, **que não serão eternamente contidas**.

ADENDO

Nevoeiro mortal

Nesse sentido, observemos os dados alarmantes divulgados pela Organização Mundial da Saúde

[4] **Jesus Dessectarizado** — *Vide* o capítulo 25, "Dessectarização do Cristianismo".

"Grande Nevoeiro de 1952", na cidade de Londres, Inglaterra — considerado o pior impacto ambiental da história do Reino Unido.

(OMS), em 24 de março de 2014, acerca do crescimento do índice de fatalidade provocada pela poluição atmosférica em 2012. Sobre aquele ano, o relatório registra:

> — *Globalmente, mais de 7 milhões de mortes são em virtude dos efeitos da contaminação do ar exterior e doméstico, e as regiões da Ásia e do Pacífico são as mais afetadas.*

Devemos, como sociedade mundial, engajar-nos para reverter esse quadro catastrófico. Não queremos ver repetir-se, por exemplo, em nenhuma parte do orbe, eventos como o "Grande Nevoeiro de 1952", que encobriu, entre 5 e 9 de dezembro, a cidade de Londres, na Inglaterra — considerado o pior impacto ambiental da história do Reino Unido. À época, um intenso frio, elevada pressão atmosférica e poucos ventos tomaram conta da região. Esses fatores naturais se combinaram à queima excessiva de combustíveis fósseis nas residências, na indústria e nos transportes, formando uma densa névoa, que prejudicou a vida dos londrinos, contabilizando um total de 12 mil mortes e deixando outros 100 mil enfermos. Isso mobilizou o país a desenvolver ampla pesquisa sobre o meio ambiente, a implantar regulação governamental de gases poluidores e a fomentar a consciência pública a respeito da relação entre a saúde e a qualidade do ar, promovendo mudanças significativas no comportamento da população.

Equação da Integridade Espírito-EspAcial-Temporal

Deus seria, matemática e poeticamente, uma Sublime Equação, cujo resultado é o Amor Infinito; portanto, O TUDO. Einstein redivivo, no futuro, há de O revelar, digamos, com uma Equação da Integridade Espírito-EspAcial-Temporal (Espaço-Tempo de Deus), divinamente entendidos. Não mais apenas da relatividade espEcial ou da relatividade geral, com o que, de maneira profunda, transformou o mundo, pois terá ido **além do Além**.

"O Bom Pastor", obra de Bernhard Plockrost (1825-1907).

CAPÍTULO 13

Jesus, o Bom Pastor

Minhas Irmãs e meus Amigos, minhas Amigas e meus Irmãos da Terra e do Mundo Espiritual — **porque os mortos não morrem!** — que me honram com a sua audiência: o Evangelho e o Apocalipse de Jesus **são riqueza pura.** Nessa análise fraterna sobre a Suprema Autoridade do Senhor DO Tudo, vamos à narrativa do Evangelista-Profeta, João, 10:1 a 21.

Disse o Cristo, no Evangelho:

> *1 Em verdade, em verdade vos digo que aquele que não entra pela porta no abrigo das ovelhas, mas sobe por outra parte, é ladrão e salteador.*
>
> *2 Aquele, porém, que entra pela porta é o pastor das ovelhas.*
>
> *3 A este o porteiro abre, e as ovelhas escutam a sua voz, e ele as chama pelo nome, e as conduz para fora.*
>
> *4 E, quando as traz para fora, vai adiante delas, e as ovelhas o seguem, porque conhecem a sua voz.*

Notem que há um grande significado em Jesus levar para fora as ovelhas do curral. Esse **ato libertador** por si só representa bastante coisa. Voltemos ao texto de João.

> *5 Mas, de modo algum, seguirão o estranho; antes, fugirão dele, porque não reconhecem a voz dos estranhos.*
>
> *6 Jesus contou-lhes esta parábola, mas eles não entenderam o que era que lhes dizia.*
>
> *7 Tornou, pois, Jesus a ensinar-lhes: Em verdade, em verdade vos digo que* ***Eu sou a porta das ovelhas****.*
>
> *8 Todos quantos vieram antes de mim são ladrões e salteadores, mas as ovelhas não os ouviram.*
>
> *9* ***Eu sou a porta****; se alguém entrar por meu intermédio, será salvo, e ingressará, e sairá, e encontrará pastagens.*

10 O ladrão não vem senão para roubar, e matar,
e destruir; Eu vim para que as ovelhas tenham vida
e a tenham sobejamente.
11 ***Eu sou o Bom Pastor. O Bom Pastor dá a***
sua vida pelas ovelhas.
12 Mas o mercenário, que não é pastor, de quem
não são as ovelhas, vê vir o lobo, e as abandona, e
foge; e o lobo, então, as arrebata e dispersa.
13 Ora, o mercenário foge, porque é mercenário e
não tem preocupação com as ovelhas.
14 ***Eu sou o Bom Pastor, e conheço as minhas***
ovelhas, e por elas sou conhecido.
15 Assim como o Pai me conhece a mim, também
Eu conheço o Pai ***e dou a minha própria vida***
pelas ovelhas*.*
16 Ainda tenho outras ovelhas que não são deste
aprisco [rebanho]*; a mim me convém conduzi-las,* ***e***
elas ouvirão a minha voz; então, haverá um só
rebanho para um só Pastor*.*
17 Por isso, o Pai me ama, porque Eu dou a mi-
nha vida pelas minhas ovelhas e posso tornar a to-
má-la.
18 Ninguém me tira a minha vida de mim, mas
Eu de mim mesmo a doo; tenho poder para doá-la e
poder para reavê-la. ***E este mandato Eu recebi de***
meu Pai.
19 Tornou, então, a ocorrer divisões entre os adver-
sários por causa dessas palavras de Jesus.

20 E muitos deles comentavam: Ele tem demônio, Ele está fora de si; por que dais atenção a Ele?
21 E diziam outros: ***Não, estas palavras não são de alguém que tenha demônio. Pode, porventura, um espírito do mal abrir os olhos aos cegos?***

Jesus, o Pastor Zeloso, não abandona ninguém

O próprio João transcreve, no quinto versículo do capítulo 15, esta afirmativa do Cristo:

— *(...)* ***Sem mim nada podereis fazer.***

Quer dizer, sem essa porta que se abre para o aprisco das ovelhas, **que é a Iluminação Divina dos ensinamentos do Educador Celeste**, haverá o trabalho de ladrões e salteadores. E eles não vêm para doar de si, mas para tirar; não vêm para salvar, contudo para explorar; não vêm para instruir, desejam manter-nos na sombra; não vêm para educar, **buscam incivilizar**; não vêm para espiritualizar, pois espreitam a fim de massacrar na ignorância, na perseguição, no desrespeito à sagrada criatura humana. **O que ensinariam se nada sabem?** E, se arvoram conhecer, quando pensam elucidar, fazem-no mal.

Entretanto, Jesus, o Pastor Zeloso, cuida das ovelhas com a Sua própria vida e as educa com o **Conheci-**

mento além do conhecimento para toda a Eternidade. Na Parábola da Ovelha Perdida, constante do Seu Santo Evangelho, segundo Lucas, 15:4 a 7, o Divino Mestre ratifica Sua inestimável dedicação aos Filhos do Pai Excelso:

> *4 Qual, dentre vós, é o homem que, tendo cem ovelhas e perdendo uma delas, não deixa no deserto as noventa e nove e vai em busca da que se perdeu, até encontrá-la?*
> *5 Achando-a, põe-na sobre os ombros, cheio de júbilo.*
> *6 E, indo para casa, reúne os amigos e vizinhos, dizendo-lhes: Alegrai-vos comigo, porque já achei a minha ovelha perdida.*
> *7 Digo-vos Eu que, assim, haverá maior júbilo no Céu por um pecador que se arrepende do que por noventa e nove justos que não necessitam de arrependimento.*

Ora, essas palavras vieram-me à mente, depois de alguma meditação: não se deve desistir das pessoas que se ama; mesmo as que, por um motivo ou outro, se deixe de amar ou que nunca se amou. Na verdade, não se deve jamais desamparar a criatura humana, porque no fundo formamos a Imensa Família de Deus. Aprendamos com Jesus: Ele é o Grande Amigo que não abandona amigo no meio do caminho. Portanto, vai buscar a ovelha perdida onde quer que se encontre.

Cuidado com os salteadores invisíveis

Sobre o Rebanho de Jesus, o Bom Pastor, de que fala João nos seus relatos, ele, que conviveu com o Cristo, narra denúncia feita pelo Mestre, que flagra aqueles agressores (João, 10:1), muitas vezes ocultos, espíritos malignos que são citados pelo papa **Leão XIII** (1810-1903), em sua famosa *Oração a São Miguel Arcanjo*[1]. Já lhes preveni: são esses os **"Lobos Visíveis e Invisíveis**[2]**"**, que rondam as famílias, as escolas, os colégios, as faculdades, porquanto as mentes, bem como os celeiros de nossas casas, empresas, bairros, cidades, países. Devemos, portanto, manter **incansável oração e vigilância** a fim de afastar esse risco ainda imperceptível ao nosso campo visório, mas real e perigoso.

A Porta das ovelhas

Disse Jesus (João, 10:1):

> — ***Em verdade, em verdade vos digo que aquele que não entra pela porta no abrigo das ovelhas, mas sobe por outra parte, é ladrão e salteador.***

[1] ***Oração a São Miguel Arcanjo*** — *Vide* capítulo 27, "O amplo significado do Sexto Flagelo (I)".

[2] **Lobos Visíveis e Invisíveis** — A obra *A Missão dos Setenta e a Lição do Lobo Invisível* encontra-se no prelo e é um dos próximos trabalhos do escritor Paiva Netto.

Que porta é essa que dá entrada perfeita ao abrigo das ovelhas? É a **Doutrina do Excelso Pegureiro**, com todo o seu corpo místico, da mais avançada elevação espiritual. E esse aprisco das ovelhas não é meramente constituído por ovelhas humanas. Se Você não abrilhanta com a Luz do Espírito o seu pensamento e se diz cristão — **e Jesus paira acima do cristianismo dos homens** —, Você vive na escuridão, e o seu raciocínio será sombrio. Por conseguinte, o Rebanho de Jesus empolga principalmente aquilo que nasce da consciência das criaturas esclarecidas. Não é apenas ao corpo que Ele quer dirigir-se, mas ao Espírito, à Alma, que comanda nossa parte perecível.

Apocalipse: o Evangelho Moderno

É emocionante o capítulo 10 do Evangelho do Mestre, segundo João, Evangelista e Profeta. Aliás, foi ele, o Vidente de Patmos, que igualmente recebeu o Apocalipse, **o Evangelho Moderno**, no dizer do saudoso Alziro Zarur. O último Livro da Bíblia Sagrada é profecia pura, não ameaça. Trata-se de **Revelação** para o combate à ignorância espiritual das criaturas; portanto, **não enigma indecifrável**.

E esse Divino Preceito, já o vimos nos versículos iniciais (Apocalipse, 1:1), **veio de Deus** por **intermédio do Cristo e do Espírito Santo**, este que é um conjunto de Almas Benditas que auxiliam na administração do planeta, do qual Jesus selecionou um Anjo para trazer a João a Sua **fraterna advertência às nações**. Por isso, deve ser levado à altura da seriedade que possui, e não tido como piada, novelinha, conto de terror. **Tudo o que nele está descrito sucederá em sua totalidade.**

> *25 Porque Eu, o Senhor, falarei, e a palavra que Eu falar se cumprirá e não será retardada; porque, em vossos dias, ó casa rebelde, falarei a palavra e a cumprirei, diz o Senhor Deus.*
>
> *28 Portanto, fala-lhes: Assim diz o Senhor Deus: Não será retardada nenhuma das minhas palavras;* ***e a palavra que falei se cumprirá*** (Ezequiel, 12:25 e 28).

A mensagem contida no último Livro da Bíblia Sagrada foi transmitida por Aquele a quem o Pai Celeste confiou o Poder e a Autoridade Espirituais, porque venceu a Dor, para revelar as Profecias **e revelar-se aos povos**. Ou seja, mostrar **a Autoridade que alcançou pelo sacrifício de Si mesmo**, aos seres terrestres.

Intelecto e sentimento

É aquilo que, parafraseando Kardec, reitero sempre: o amigo que tem uma visão melhor, está num ponto mais elevado, divisa o vale, os rios mais distantes, os lagos, o tráfego nas estradas, e observa as cidades, onde chove, em que parte o sol cintila, com a sua luminosidade, o trecho em que há neblina. Ele chega e avisa:

> — *Ó meu prezado, vá por este caminho aqui e por aquele lá longe... Está vendo? Aquele! Vá lá! Siga por ali. Não há neblina, não há buraco na estrada, não há precipício próximo. Tranquilas estão essas rotas.*

Mas aí o espertalhão opta por uma senda perigosa e se machuca, e se quebra todo... E ainda fica contra o amigo que o avisou?! Ora, assim não dá!

É o que alguns — os distraídos, é claro! — **fazem com o Apocalipse**. Muitas vezes, sem a mínima reflexão, repetem o que alguém manifestou contra o Livro das Profecias Finais; ou porque tem renome, estudou, nem sabemos se o fez bem, isso e aquilo, disse aquilo e isso... É um direito que a pessoa possui. Todavia, esse alguém pode ser grande na razão e pequeno no **sentimento, ou diminuto na razão e desmedido no fascínio**. É preciso buscar **o equilíbrio** das coisas. Não se pode ser "mais realista que o rei".

(Acontece também que aquele que tenha aberto as páginas do Apocalipse pouco reflita a respeito dele ou nem ao menos o tenha lido. Por isso, seria prudente reconhecermos, com humildade, nossas próprias limitações e não nos pronunciar acerca do último Livro da Bíblia Sagrada, como quem trata de assunto trivial.

Senão, poderemos atrair surpresas desagradáveis, nesta vida ou na Outra.)

A imprescindível intuição

Entretanto, faço aqui um pequeno comentário no campo dos assuntos divinos. Os temas de natureza espiritual devem ser primeiro pressentidos. Porquanto, **falam ao coração diretamente**, vencendo obstáculos, com maior desenvoltura, **se houver bom ânimo e simplicidade de alma**. E por nossa parte eterna, quando **vigilante e boa**, ouve-se a mensagem de Deus com maior clareza. Com frequência **se alcança pelo sentimento** (na acepção em que é entendido pelos poetas) **o que demora a vir pela mente**. Despertá-lo é abrir a Alma para o Criador. **A intuição é a inteligência de Deus em nós.**

O próprio Einstein conta que muitas vezes pensava, pensava, pensava a respeito de um assunto da física, da matemática, da razão, do raciocínio e não conseguia obter resultado qualquer. Ia dormir e, em sonho, como ele mesmo relatou, descortinava-se, diante de si, o monumento do Universo, e, lá, a famosa Equação da Relatividade, **$E=mc^2$**, pairando no espaço.[3]

[3] **Equação da Relatividade, $E=mc^2$, pairando no espaço** — No terceiro volume da coleção *Diretrizes Espirituais da Religião de Deus, do Cristo e do Espírito Santo* (1991), p. 56, no subtítulo "Einstein e Intuição", Paiva Netto recorda narrativa do professor **Sylvio Brito Soares** sobre o assunto, que se encontra registrado em *Grandes Vultos da Humanidade e o Espiritismo*, p. 21.

— Há mais coisas entre o céu e a terra, Horácio, do que sonha a vossa filosofia.

Shakespeare

Pôs **Shakespeare** (1564-1616) estas palavras na boca de Hamlet, que segurava a caveira do amigo: *"To be or not to be, that is the question"* (*"Ser ou não ser, eis a questão"*.)

Aqui, uma curiosidade sobre essa frase, constante da peça do brilhante dramaturgo inglês. No Ato 1, Cena 5, lemos: *"There are more things in Heaven and Earth, Horatio, than are dreamt of in your philosophy" ("Há mais coisas entre o céu e a terra, Horácio, do que sonha a vossa filosofia")*. No original inglês, **não existe o adjetivo "vã"**, como geralmente é acrescentado em algumas versões para o idioma português.

Falar ao Espírito

O Rebanho de Jesus empolga principalmente aquilo que nasce da consciência das criaturas esclarecidas. Não é apenas ao corpo que Ele quer dirigir-se, mas ao Espírito, à Alma, que comanda nossa parte perecível.

"São Pedro consagra Estêvão como diácono" (detalhe), obra de Fra Angelico (1395-1435). Capela Niccolina, Palácio Apostólico, Vaticano.

CAPÍTULO 14

Os políticos e as curas sociais de Jesus

O exemplo de Jesus na conquista de Sua Suprema Autoridade, nascida da Dor, deve inspirar todos os campos do saber. Pensando nisso e na grave missão dos políticos (governantes, parlamentares, agentes públicos, empreendedores, pensadores e ideólogos) na condução dos destinos das multidões, em minha obra *O Capi-*

tal de Deus discorro sobre uma passagem dos Atos dos Apóstolos, 6:1 a 7, que muito tem a ver com o dramático compromisso daqueles que governam. Trata-se da "instituição dos diáconos".

O episódio começa quando, entre os discípulos de Jesus, houve uma queixa dos helenistas, em favor de suas viúvas, contra os hebreus que estariam recebendo mais benefícios na distribuição diária de alimentos. Diante do problema, os Apóstolos do Cristo decidiram organizar-se melhor, **instituindo os diáconos**, para cuidar do caso, pois não podiam pregar e ao mesmo tempo preocupar-se em atender diretamente às privações materiais das pessoas.

> *1 Ora, naqueles dias, multiplicando-se o número de discípulos, houve uma murmuração dos helenistas contra os hebreus, porque as viúvas deles* [dos helenistas] *estavam sendo esquecidas na distribuição diária.*

Os cristãos helenistas eram aqueles que falavam grego, tinham raízes judaicas, contudo viviam fora da terra de Israel, e os cristãos hebraicos eram aqueles criados na terra de Israel e falavam aramaico. Mas prossigamos.

> *2 Então, os doze Apóstolos convocaram a comunidade dos discípulos e disseram: "Não é razoável*

que abandonemos a Palavra de Deus para servir às mesas.

3 Mas, Irmãos, então, escolhei dentre vós sete homens de boa reputação, cheios do Espírito e de sabedoria, aos quais encarregaremos desse serviço.

4 E, quanto a nós, nos consagraremos à oração e ao ministério da Palavra".

5 O parecer agradou a toda a comunidade cristã, e elegeram ***Estêvão****, homem cheio de fé e do Espírito Santo,* ***Filipe****,* ***Prócoro****,* ***Nicanor****,* ***Timão****,* ***Pármenas*** *e* ***Nicolau****, prosélito de Antioquia.*

6 Apresentaram-nos perante os Apóstolos, e estes, orando, lhes impuseram as mãos.

7 Crescia a Palavra de Deus, e, em Jerusalém, se multiplicava o número dos discípulos; também muitíssimos sacerdotes passaram a obedecer à fé (Atos dos Apóstolos, 6:1 a 7).

Como já afirmei e escrevi, na década de 1960, a Política é, acima de tudo, um sacerdócio, um respeito religioso ao cidadão, quer dizer, consideração elevadíssima, porque é assim que entendo Religião e Política.

Em meus comentários sobre essa passagem de Atos dos Apóstolos, destaco que, no decurso do terceiro milênio, **os políticos deverão cultivar, em si mesmos, não só a vocação dos diáconos, mas também a espiritualidade dos Apóstolos**. Razão por que é fundamental aos políticos ouvir a boa intuição, a Intuição

Santa, que, conforme dissemos antes, é **a Inteligência de Deus em nós**. Antecipando o que estudaremos no capítulo 16, "Jesus alerta contra a hipocrisia", ressaltamos que é essencial que **desenvolvam o senso de justiça e o equilíbrio**, ensinados pelo velho Confúcio num conto do escritor e matemático **Malba Tahan**[1] (1895-1974), que fez várias conferências na Legião da Boa Vontade. Ele e Zarur foram bons amigos.

Milagres socioespirituais de Jesus

Jesus, sendo o Supremo Governante do planeta Terra, em Sua **primeira** vinda visível a este orbe, realizou **também** verdadeiros milagres socioespirituais. E ampliou o nosso olhar sobre a Religião, que, **além do forte acolhimento espiritual**, igualmente é, por isso mesmo, todo o tempo que for necessário, **Altruísmo, Solidariedade, Generosidade**: *"socorrer as viúvas"*, provendo-as de proteção social; *"amparar os órfãos"*,

[1] **Malba Tahan** (1895-1974) — Escritor e matemático brasileiro, seu nome verdadeiro era Júlio César de Melo e Sousa. Professor catedrático do Colégio Pedro II, foi um dos maiores divulgadores da matemática no Brasil. Tornou-se célebre, no país e no exterior, por seus livros de recreação matemática e lendas passadas no Oriente, muitos deles publicados sob o heterônimo de Malba Tahan, entre os quais *O homem que calculava*. Seu personagem ficou tão famoso que o então presidente **Getúlio Vargas** (1882-1954) concedeu permissão para que o heterônimo aparecesse estampado na carteira de identidade do autor. Júlio César foi um enérgico militante pela causa dos hansenianos. Por mais de dez anos editou a revista *Damião*, que combatia o preconceito e apoiava a humanização do tratamento e a reincorporação dos ex-enfermos à vida social.

garantindo-lhes educação e desenvolvimento social, de forma que lhes assegure um futuro ético e consequentemente digno; *"vestir os nus e alimentar os famintos"*, proporcionando-lhes trabalho honesto, para a obtenção de seu sustento; *"curar os enfermos"*, dando-lhes acesso a hospitais de qualidade e médicos preparados, não apenas na técnica, como também no sentimento; *"visitar os presos"*, oferecendo-lhes a atenção precisa, de modo que tenham a chance de renovação, reequilíbrio e reintegração com autonomia na sociedade; *"expulsar os demônios (os obsessores ou espíritos ignorantes)"*; e, além das providências espirituais, abrir novas perspectivas **adiante** da matéria, para as ciências que cuidam da mente humana (Evangelho, segundo Mateus, 10:8 e 25:35 a 36; Marcos, 1:21 a 28; Lucas, 8:26 a 35; e Epístola de **Tiago Apóstolo**, 1:27).

A que podemos chamar isso, senão de **Política Espiritual Solidária**? Trata-se de uma política de verdadeira Paz. É a autêntica Política de Deus, do Cristo e do Espírito Santo: para a Essência Eterna do ser humano, com as melhores consequências para os povos, quando libertos dos ódios religiosos e ideológicos.

No Cristo reside, pois, a Chave, porque Ele nos ensinou a amar, e **o Amor é a mais inteligente expressão da nossa Alma**, a fim de promover **a cura social das nações**. Contudo, a citada chave, *"para os que têm olhos de ver e ouvidos de ouvir"*, **inicia-se pelo Espírito**, já que tudo parte de Deus, compreendido como Amor, ou Caridade. O Pai Celestial é justamente Espírito, conforme explicado por Jesus à samaritana, junto ao Poço de Jacó (Evangelho, segundo João, 4:24).

Entretanto, é forçoso nunca se esquecer de que **a reforma do social vem pelo espiritual**. Daí estudarmos a consequência das curas espirituais de Jesus sobre o campo social ativo. A compreensão disso, ó jovens de corpo e de Espírito, é uma intensa revolução, que se descortina no horizonte do mundo.

Jamais menoscabem essa dica. **A prática dessa consciência sublime e divina emoção, aliadas à verdadeira Justiça**, não aos justiçamentos, **constitui-se na Política mais eficaz que o ser humano pode exercer**. O tempo mostrará aos pessimistas.

Jesus e Seu amparo universal

É imprescindível salientar que os milagres socioespirituais promovidos por Jesus desde a fundação do mundo, passando por Sua convivência visível no planeta, até os dias atuais e para todo o sempre não se restringem a nenhuma tradição espiritual terrena. **O Amigo Celeste**, sempre inspirado por Deus, **paira acima de todas as diferenças religiosas**. Nada O impediu de praticar a Caridade, nem mesmo as convenções culturais em Sua passagem pela Terra, demonstrando, por exemplo, que era lícito fazer o bem no dia de sábado (Evangelho, segundo Mateus, 12:12). Basta lembrar o que declarou Pedro Apóstolo na visita que fez ao centurião **Cornélio**:

> *34 Então, falou Pedro, dizendo: Reconheço, por verdade, que* ***Deus não faz distinção de pessoas****;*
> *35 pelo contrário, em qualquer nação, aquele que O teme* ***e faz o que é justo Lhe é aceitável****.*
> *36 Esta é a palavra que Deus enviou aos filhos de Israel, anunciando-lhes o Evangelho da Paz, por intermédio de Jesus Cristo. Este é o Senhor de todos* (Atos dos Apóstolos, 10:34 a 36).

Sendo Jesus o modelo exaltado da Fraternidade Ecumênica, isto é, universal, possui sintonia com todas as crenças do mundo.

Ora, as diferentes Religiões não são opostas, **mas complementares. O mesmo ocorre relativamente à Ciência, à Filosofia, à Política, à Arte, ao Esporte etc. entre si.**

ADENDO

Pedro Apóstolo e o centurião Cornélio

Cornélio é considerado o primeiro gentio, ou seja, não judeu a se converter ao Cristianismo. Era oficial do Império Romano, centurião da coorte chamada Italiana.

Numa visão, um Anjo (Espírito ou Alma) apareceu-lhe, dando instruções para enviar mensageiros a Jope, a fim de trazer Simão Pedro a Cesareia. No dia seguinte, Pedro subiu ao terraço, com o intuito de orar, quando lhe sobreveio uma revelação espiritual (Atos dos Apóstolos, 10:11 a 16). O céu abriu-se, e desceu um objeto como um grande lençol, baixando sobre a terra pelas quatro pontas, contendo toda sorte de quadrúpedes, répteis e aves do céu. Surgiu, então, uma voz que ordenou a Pedro, por três vezes, que matasse e comesse aquelas criaturas. Ao recusar fazê-lo, por jamais comer coisa impura ou profana, recebeu esta advertência (versículo 15):

— *Ao que Deus purificou, Pedro, não consideres profano.*

Enquanto meditava sobre o significado da visão, os emissários de Cornélio chegaram à casa do Apóstolo do Cristo. Ele os recebeu e os hospedou. No dia seguinte, foram a Cesareia, e, chegando lá, Cornélio, reunido com os seus, já os esperava (Atos dos Apóstolos, 10:25 a 28):

25 Aconteceu que, entrando Pedro, lhe saiu Cornélio ao encontro e, prostrando-se a seus pés, o adorou.

"São Pedro batiza o centurião Cornélio" obra de Francesco Trevisani (1656-1746).

26 Mas Pedro o ergueu, dizendo: Levanta-te, que eu também sou apenas um homem.
27 Falando com ele, entrou, encontrando muitos reunidos ali,
28 a quem se dirigiu, dizendo: Vós bem sabeis que é proibido a um judeu ajuntar-se ou mesmo aproximar-se de estrangeiros, mas Deus me demonstrou que a nenhum homem considerasse comum ou imundo.

No instante em que o Príncipe dos Apóstolos, levando a Palavra de Deus, pregava que o Criador não faz distinção de pessoas, **o Espírito Santo desceu sobre os gentios que o ouviam, fazendo com que passassem a falar outras línguas. Todos foram batizados pelo humilde pescador, que disse não poder negar o batismo da água a quem já havia recebido o do Espírito Santo.**

Jesus e Seus milagres socioespirituais

Jesus, sendo o Supremo Governante do planeta Terra, em Sua primeira vinda visível a este orbe, realizou também verdadeiros milagres socioespirituais. E ampliou o nosso olhar sobre a Religião, que, além do forte acolhimento espiritual, igualmente é, por isso mesmo, todo o tempo que for necessário, Altruísmo, Solidariedade, Generosidade (...).

"Jesus lavando os pés de Pedro", obra de Ford Madox Brown (1821-1893). Tate (Museu Nacional de Arte Moderna do Reino Unido, Londres, Inglaterra).

CAPÍTULO 15

Política exige sacrifício pessoal

Temos compreendido que, apesar de **possuir o Poder encarnado em Si mesmo e de constituir com o Pai uma Unidade** (*"Eu e o Pai somos Um"* — Evangelho, consoante João, 10:30), **Jesus se deixou crucificar** pela ignorância humana. Sendo o Bom Pastor, única e exclusivamente desejava, deseja e desejará a salvação das ovelhas que o Pai Celestial Lhe confiou.

> — *Quando Eu estava com eles, Pai, sempre os protegi, e nenhum deles se perdeu, exceto o filho da perdição, para que se cumprisse a Escritura.*
>
> Jesus (João, 17:12)

Do sacrifício pessoal, do devotamento completo **nasce**, pois, **a Autoridade de Jesus** (Apocalipse, 1:5). Bem diverso do que, no passado e hoje em geral, ocorre entre os seres humanos, que lastimavelmente se alinham cada vez mais à indiferença e ao individualismo.

> — *E da parte de Jesus Cristo, a Fiel Testemunha, o Primogênito dos mortos* ***e o Soberano dos reis da Terra****. Àquele que nos ama,* ***e pelo Seu sangue*** *nos libertou dos nossos pecados* (Apocalipse, 1:5).

A extrema dedicação de Jesus aos Seus tutelados é um ponto sobre o qual todo fiel e valente Militante da **Política de Deus** — Política para o Espírito Imortal e consequentemente para o ser humano — deve **meditar** e **manter a decisão de seguir**.

Não foi sem sentido que Ele ensinou que devemos procurar primeiramente o Reino de Deus (Espírito) e Sua Justiça, para que todas as coisas (materiais) nos sejam, por mérito, acrescentadas.

As dificuldades têm jeito, sim, e a solução está no Evangelho-Apocalipse de Jesus, em Espírito e Verdade, à luz do Novo Mandamento do Cristo Estadista, **a quem tiver olhos de ver e ouvidos de ouvir**.

Vanguardeiros e baluartes

Os discípulos da Política de Deus, do Cristo e do Espírito Santo são **vanguardeiros e baluartes** de uma transformação jamais vista na História: exercitar a verdadeira Política é um ato que requer sacrifício e consagração apostólica **ao povo, que, para libertar-se realmente, precisa conhecer e praticar a Doutrina da Ordem Suprema de Jesus Dessectarizado**. Portanto, uma Doutrina que seja Ele, totalmente Ele, essencialmente Ele, isto é, sem o ódio e a violência semeados pelos homens.

O Poder de Jesus e a Sua Missão, segundo Kardec

Prosseguindo em nossa reflexão acerca dos milagres socioespirituais do Soberano Governante da Terra, avancemos na análise sobre o Poder de Jesus e a Sua Autoridade, nascida do sofrimento.

Allan Kardec

Escreveu **Allan Kardec** (1804-1869), o Codificador da Terceira Revelação, em *A Gênese*, páginas 326 e 327:

— De todos os fatos que dão testemunho do ***Poder de Jesus****, os mais numerosos são, não há como contestar,* ***as curas****. Queria Ele provar dessa forma que* ***o verdadeiro Poder é o daquele que faz o Bem; que o Seu objetivo era ser útil, e não satisfazer à curiosidade dos indiferentes, por meio de coisas extraordinárias****.*

Aliviando os sofrimentos, prendia a Si as criaturas pelo coração e fazia prosélitos mais numerosos e sinceros do que se apenas os maravilhasse com espetáculos para os olhos. Daquele modo, fazia-se amado, ao passo que, se se limitasse a produzir surpreendentes fatos materiais, ***conforme os adversários reclamavam****, a maioria das pessoas não teria visto Nele senão um feiticeiro, ou um mágico hábil, que os desocupados iriam apreciar para se distrair.*

Assim, quando ***João Batista*** *manda, por Seus discípulos, perguntar-Lhe se Ele era o Cristo, a Sua resposta não foi: "Eu o sou", como qualquer impostor houvera podido dizer. Tampouco lhes fala de prodígios, nem de coisas maravilhosas; responde-lhes simplesmente: "Ide dizer a João: os cegos veem, os doentes são curados, os surdos ouvem, o Evangelho é anunciado aos pobres". O mesmo era que dizer: "Reconhecei-me pelas minhas obras; julgai da árvore pelo fruto", porquanto era* ***esse o verdadeiro caráter da Sua missão divina****.* (Os destaques são nossos.)

Ora, é **sobre o Poder de Jesus** — exercido com humildade corajosa, aquela que sobrevive aos acicates da Dor — e a Sua Divina Autoridade de que tratamos neste livro.

Billy Graham e o pragmatismo do Cristo

Temos visto, em nosso estudo, que o Divino Mestre, sendo o Ungido de Deus, não possuía interesse em esbanjar *status* pessoal, senão apenas socorrer verdadeiramente os sofredores, sem jamais fugir dos dramas alheios ou negar abrigo ao desafortunado povo. Essa é uma marca da dinâmica do Governo do Cristo.

Inspirado Nele, grafei em minha obra *Como Vencer o Sofrimento* que, **se não suplantarmos o difícil hoje, poderemos ser esmagados pelo "impossível" amanhã**. Portanto, mãos à obra, enquanto há tempo!

Dia desses, li uma passagem elucidativa na trajetória do famoso pastor norte-americano **Billy Graham**. Ele foi interrogado por um estudante universitário sobre qual teria sido para ele a maior surpresa a respeito da vida. O pregador batista respondeu: *"Sua brevidade"*. E completou:

> — *O tempo caminha rápido e, independentemente de quem somos ou do que fazemos, chegará o dia de partirmos deste mundo. Jesus disse: "É necessário que façamos as obras daquele que me enviou, en-*

quanto é dia; a noite vem, quando ninguém pode trabalhar" (João, 9:4).

O bom uso do tempo

Nos meus bate-papos com os jovens da Religião do Amor Universal, alerto para o fato de que **o tempo vai passar de qualquer jeito. Por isso, façamos bom uso dele na vivência diária do Amor Solidário, que nos coloca sob o amparo de Deus Todo-Poderoso, fonte da verdadeira solução para os desafios particulares e coletivos**, se houver realmente em nós a indispensável **humildade** para senti-Lo e compreendê-Lo.

Sempre haverá saída para os problemas, por piores que sejam, desde que o ser humano respeite o ser humano. Ele não vai apenas pensar com o cérebro, usará também o coração. À vista disso, é imprescindível educarmos nossos sentimentos no Bem, pois, quando a criatura tem seu interior poluído, tudo à sua volta é contaminado.

Mente, coração, generosidade

Falar em mente e coração dá-se pela necessidade de evidenciarmos um simbolismo essencial à clareza do que lhes apresento, de modo que estejam nitidamente expressas duas das condições mais importantes da Alma: **pensar e sentir**, ou, na ordem moral mais perfeita, **sentir e pensar**. Eu poderia expor que, sendo a mente o contato principal do Espírito com o corpo, nela estaria o centro do pensar e do sentir (amar). Contudo, procuro uma forma mais simples de me comunicar com Vocês, porque aqui estão pessoas de mais idade e temos crianças também.

Ora, o grande objetivo da Autoridade do Poder de Jesus, na Política de Deus, **é que os seres humanos se façam melhores**. Sob a ótica da Legislação além da legislação — portanto, a que tem origem em Deus e em Suas Leis Eternas —, somos levados a indagar: se não houver igualmente esse sentido de Solidariedade, de Generosidade, de Altruísmo, de Confiança na efetiva transformação de um indivíduo, para que ele se torne ético, quem cumprirá as leis humanas?

Em meu livro *Reflexões e Pensamentos — Dialética da Boa Vontade* (1987), registrei: Quantas leis sejam feitas, tantas maneiras o ser humano encontrará de fraudá-las, enquanto não entender que temos solidários compromissos uns para com os outros, sem os quais não pode existir genuína vida em sociedade. **Isso é exercer a cidadania, que começa no Espírito.** É fortalecer as comunidades. Não há departamentos estanques no mundo, principalmente agora, na era da rapidez das comunicações e da constante ameaça nuclear, entre outras, talvez piores.

Não basta desenvolver o intelecto, como muitos pensam relativamente à Educação. Por isso, criei a Pedagogia do Afeto[1], para iluminar os corações dos pequeninos, porquanto uma civilização exige que haja um refinamento dos costumes. Como realizá-lo, senão cultivando o que de bom existe no íntimo de cada criatura? É preciso desarmar os corações humanos desde a infância, como explico no meu livro *É Urgente Reeducar!*. Nele digo que **a estabilidade do mundo começa no coração da criança**.

Tal ponto de vista — o da necessidade de desarmar os corações humanos desde os pequeninos — não nos impede de prepará-los para sobreviver aos piores desafios da vida.

Torna-se mais que urgente que nos empenhemos no

[1] **Pedagogia do Afeto** — Em sua obra *É Urgente Reeducar!* (2010), Paiva Netto expõe sua proposta pedagógica, que apresenta um modelo novo de aprendizado, tendo por base a Boa Vontade, aliando Coração e Intelecto. Essa linha educacional possui fundamentalmente dois segmentos: a **Pedagogia do Afeto** e a **Pedagogia do Cidadão Ecumênico**. É aplicada com sucesso na rede de ensino e nos programas socioeducacionais desenvolvidos pela Legião da Boa Vontade (LBV). *"Fundamenta-se nos valores oriundos do Amor Fraterno, trazido à Terra por diversos luminares, destacadamente Jesus, o Cristo Ecumênico, portanto, universal, o Divino Estadista"*, como ressalta o criador da proposta, o educador Paiva Netto. Na Pedagogia do Afeto, o enfoque é sobre as crianças de até 10 anos de idade, unindo sentimento ao desenvolvimento cognitivo delas, para que carinho e afeto façam parte de todo o conhecimento e dos ambientes de sua vida, inclusive o escolar. O diretor-presidente da LBV costuma afirmar: *"A estabilidade do mundo começa no coração da criança"*. Na continuidade do processo de aprendizagem, a Pedagogia do Cidadão Ecumênico é direcionada à educação de adolescentes e adultos, dispondo o indivíduo a viver a Cidadania Ecumênica, firmada no exercício pleno da Solidariedade Planetária. Leia mais a respeito em *É Urgente Reeducar!*. Para adquirir a obra, ligue para 0300 10 07 940 ou, se preferir, acesse o *site* www.clubeculturadepaz.com.br.

estudo das Leis Divinas. Como?! Investigando as Sagradas Escrituras e purificando nosso interior com a Bondade e a Justiça de Deus.

Pensem nisso. **Governar é educar o sentimento para o Bem.**

Zarur ressaltava que

> — *Governar é ensinar cada um a governar a si mesmo.*

A bravura, a estratégia e a obstinação de Pedro e de Paulo

É fundamental, pois, que os pioneiros da Política Divina se compenetrem de tudo o que foi abordado no capítulo **"Política exige sacrifício pessoal"**, para que ***"não venham a cair em tentação"*** (Evangelho, segundo Lucas, 22:46).

Pergunta o Cristo Ecumênico, o Divino Estadista, na Boa Nova, consoante as anotações de Marcos, 8:36:

> — *De que adianta ao homem conquistar o mundo inteiro* ***e perder a sua Alma****?*

Quem quiser sobreviver neste orbe, honrando o compromisso com Deus e fazendo frente às astúcias do mal, tem de **se revestir da bravura, da estratégia e da obstinação de um Pedro e de um Paulo**; porém, igualmente, **das indispensáveis espiritualidade, sabedoria, cordura e varonilidade do Cristo na Alma**. Somente assim poderá exercer a **Política Celeste**, aquela nascida do seio do Supremo Governante do planeta Terra.

O Espírito antes de tudo

Conforme declarei em 31 de dezembro de 1967, ao me referir à missão do Partido da Boa Vontade, **essa Sublime Política surgiu para atender a uma exigência espiritual do povo brasileiro**. Vejam bem: exigência **espiritual**, porque **o Espírito vem antes de tudo**, consoante tantas vezes lhes tenho dito. A Política de Deus foi talhada para o **Espírito Eterno** do ser humano.

Ensinou Jesus:

> — *Tomai sobre vós o meu jugo e aprendei de mim, que sou simples e humilde de coração, e encontrareis descanso para as vossas Almas.* ***Porque o meu jugo é suave, e o meu fardo é leve*** (Evangelho, segundo Mateus, 11:29 e 30).

E o Pedagogo Celeste não restringe a Sua palavra a termos unicamente humanos, terrestres, porque Seus ensinamentos provêm da Eternidade.

Uma Política de oposição ao desamor e à crueldade

Essa palavra do Senhor de nossas vidas **é política de oposição à cultura do desamor e da crueza, da corrupção, da conivência com o mal e da impunidade**, atitudes asquerosas, que levam multidões à ignorância, *ipso facto*, **à servidão, à fome, à doença e à morte**. Essa nefasta cultura é antítese da Paz, geradora das guerras.

O ilustre recifense **Josué de Castro** (1908-1973), médico, professor, cientista social, político e ativista brasileiro, que escreveu os respeitáveis *Geografia da Fome* e *Geopolítica da Fome* e dedicou a sua vida ao combate à miséria, certa vez afirmou:

> — ***Os ingredientes da Paz são o Pão e o Amor.***

Existem muitas formas de assegurá-la sem o milenar crime do derramamento de sangue, para o que há de se unir o coletivo de vontades poderosas, da Terra e do Céu da Terra, porque, se o Mundo Espiritual **ainda** é invisível aos nossos **pobres** olhos materiais, não sinaliza que não exista. É de um irmão ateu esta assertiva luminosa:

> — *A ausência da evidência não significa evidência da ausência.*

E esse irmão ateu foi o brilhante cientista, astrônomo, astrofísico, cosmólogo e escritor norte-americano **Carl Sagan** (1934-1996).

Cumprir as lições de Deus em benefício dos desamparados e dos desiludidos é vibrar nesta exclamação de Paulo, na Segunda Carta aos Coríntios, 6:11:

> — *(...) o nosso coração ampliou-se para vós; há um amplo espaço nele!*

Consagração apostólica na Política

Os discípulos da Política de Deus, do Cristo e do Espírito Santo são vanguardeiros e baluartes de uma transformação jamais vista na História: exercitar a verdadeira Política é um ato que requer sacrifício e consagração apostólica ao povo, que, para libertar-se realmente, precisa conhecer e praticar a Doutrina da Ordem Suprema de Jesus Dessectarizado. Portanto, uma Doutrina que seja Ele, totalmente Ele, essencialmente Ele, isto é, sem o ódio e a violência semeados pelos homens.

"Cristo e a Pecadora (Quem não tem pecado?)", obra de Vasily Polenov (1844-1927). Museu Estatal Russo, São Petersburgo, Rússia.

CAPÍTULO 16

Jesus alerta contra a hipocrisia

Onde verdadeiramente impera, em sua inteireza, o Poder, ensinado e vivido por Jesus, não pode subsistir a hipocrisia.

Os estudiosos do Cânone Sagrado observam que o Sublime Amigo sempre falava e agia com toda a Sua sinceridade de Espírito. Quem consegue conviver com uma pessoa dissimulada? Por isso, o Taumaturgo Celeste advertiu no Evangelho, consoante Lucas, 12:1:

— *Livrai-vos do fermento da hipocrisia.*

Ele igualmente nos deu o exemplo do Amor e do respeito. Não condenou **Madalena**, que, de acordo com Marcos, 16:9, sofria o império de sete demônios, mas a conduziu, porque ela realmente queria redimir-se e trilhar o caminho do Bem. O Amigo Celeste alimentava-se com publicanos e pecadores (Boa Nova, segundo Mateus, 9:11), isto é, com a chamada "gentinha", ou "rebotalho", da sociedade. E por esse motivo era perseguido pelos cínicos daquele tempo. O Educador Supremo não tolerava a impostura. Nem nós. Nem Confúcio, que disse:

— *O homem de bem ajuda os outros a atingir o Bem. Não ajuda os outros a atingir o vício. O homem mesquinho atua ao contrário* (*Analectos*, XII:16).

Um conto de Malba Tahan

Esse valioso ensinamento do notável pensador oriental me faz lembrar da história narrada por Malba Tahan intitulada "A porcelana do rei", em seu livro *Lendas do deserto*. Considero oportuno reproduzi-la a seguir:

Achava-se, certa vez, Confúcio, o grande filósofo, na sala do trono.

Em dado momento, o rei, afastando-se por alguns instantes dos ricos mandarins que o rodeavam, dirigiu-se ao sábio chinês e perguntou-lhe:

— Dize-me, ó honrado Confúcio, como deve agir um magistrado? Com extrema severidade, a fim de corrigir e dominar os maus, ou com absoluta benevolência, a fim de não sacrificar os bons?

Ao ouvir as palavras do soberano, o ilustre filósofo conservou-se em silêncio; passados alguns minutos de profunda reflexão, chamou um servo, que se achava perto, e pediu-lhe que trouxesse dois baldes — sendo um com água fervente e outro com água gelada.

Ora, havia na sala, adornando a escada que conduzia ao trono, dois lindos vasos dourados de porcelana. Eram peças preciosas, quase sagradas, que o rei muito apreciava.

Preparava-se o servo obediente para despejar, como lhe fora ordenado, a água fervente num dos vasos e a água gelada no outro, quando o rei, emergindo de sua estupefação, interveio no caso com incontida energia:

— Que loucura é essa, ó venerável Confúcio?! Queres destruir essas obras maravilhosas?! A água fervente fará, certamente, arrebentar o vaso em que for colocada; a água gelada fará partir-se o outro!

Confúcio tomou então de um dos baldes, misturou a água fervente com a água gelada e, com a mistura assim obtida, encheu os dois vasos, sem perigo algum.

O poderoso monarca e os venerandos mandarins observavam atônitos a atitude singular do filósofo.

Este, porém, indiferente ao assombro que causava, aproximou-se do soberano e assim falou:

— A alma do povo, ó rei, é como um vaso de porcelana, e a justiça do rei é como a água. A água fervente da severidade ou a gelada da excessiva benevolência são igualmente desastrosas para a delicada porcelana; manda, pois, a sabedoria e ensina a prudência que haja um ***perfeito equilíbrio*** *entre a severidade, com que se pode castigar o mau, e a longanimidade, com que se deve educar e corrigir o bom.* (O destaque é nosso.)

A meta suprema

Minhas Amigas e meus Irmãos, minhas Irmãs e meus Amigos, muito a propósito, após a leitura dessa formosa narrativa chinesa — **uma lição aos políticos do mundo e sobre o comportamento dos que militam na Política de Deus** —, todos nós devemos meditar acerca de um soneto de Alziro Zarur, que tem o título "Para a frente e para o Alto". No seu *Poemas da Era Atômica*, é a sugestiva composição com que encerra o livro, tamanha a sua importância. Desejo apenas chamar-lhes a atenção para um fato: os primeiros quatro versos estão entre aspas. São, pois, uma referência que Zarur faz à preocupação comum de muitas mentes. Depois disso, ele apresenta, poetizando, a sua sábia e poderosa explicação.

Para a frente e para o Alto

"Quem pode resolver esse grande problema?
Quem é que está errado e quem é que está certo?
Quem é escravo, afinal, e quem é o liberto,
Nas mil contradições do Cármico Sistema?"

É a voz da treva, Irmão. Avance e nada tema:
Adiante vai o Cristo, e você já está perto.
Prossiga de alma forte e coração aberto:
Atingir o Equilíbrio é a meta suprema!

Não se deixe enredar nas dúvidas hostis
Dessa estrada cruel, de tentações sutis,
Que o podem conduzir ao Absinto Final.

Renovar ou morrer *é o lema libertário*
Que afirma, alto e bom som, a cada Legionário:
— O Bem nunca será vencido pelo mal!

Derrota da hipocrisia

Onde verdadeiramente impera, em sua inteireza, o Poder, ensinado e vivido por Jesus, não pode subsistir a hipocrisia. Os estudiosos do Cânone Sagrado observam que o Sublime Amigo sempre falava e agia com toda a Sua sinceridade de Espírito. Quem consegue conviver com uma pessoa dissimulada? Por isso, o Taumaturgo Celeste advertiu no Evangelho, consoante Lucas, 12:1: *"Livrai-vos do fermento da hipocrisia"*.

CAPÍTULO 17

A Cruz e o Rei

Jesus, o Cristo Ecumênico, portanto, universal, o Divino Estadista — condição a que fez jus em virtude do **extremo sacrifício a que se submeteu pelo esclarecimento de todos**, como temos compreendido nesta análise —, **é o Sol que não se apaga nem cria sombras**. É, por isso mesmo, muito mais inspirador que vivamos sob o Seu Excelso Luzeiro e a **Sua indiscutível Autoridade**. Quando O entronizaram na

Cruz, Ele se tornou flagrantemente Rei. Já O era e assim **então** se constituiu, **à vista de todos**, acima dos olhos ainda embaçados da Humanidade. Pelo modelo de resistência à Dor moral e espiritual, de que foi e é paradigma, alçou-se como exemplo que todos devemos seguir.

Promessa do reino messiânico a Davi

Deus falou a **Davi**, na Sua promessa do reino messiânico, em Salmos, 89:4 e 36:

Davi

— *(...) Firmarei o teu trono de geração em geração. (...) A tua posteridade durará para sempre, e o teu trono será como o sol perante mim.*

E mais: no versículo 9 do capítulo 5 do Apocalipse de Jesus, segundo São João, comprovadamente se encontra, conforme vimos estudando, **o grau de Pastor Celeste**, na qualidade de **Cristo Ecumênico e Sacratíssimo Estadista.** Com **o sangue Dele**, Jesus, por nós vertido, o Pai divinamente Lhe concede inconteste Autoridade.

— *Digno és, Senhor, de tomar o livro* [o Apocalipse] *e de desatar-lhe os selos, porque foste morto e com o Teu sangue* ***comprasté para Deus os que***

procedem de toda tribo, e língua, e povo, e nação.

Com Sua Autoridade Política, Jesus vai congregar e pastorear *"os que procedem de toda tribo, e língua, e povo, e nação"*, pois os *"comprou"* com o Seu sacrifício, quer dizer, com o suor de Sua própria abnegação — e Jesus derramou sangue por nós —, conquistou-lhes a confiança e provou ser o Bom Pastor.

Palavras que, no seu cerne, **anunciam o Ecumenismo Divino**. Que pensamento ou atitude restritiva pode impedir a realização da **Sua Estratégia**?

A poderosa influência do Mundo Espiritual Superior

Eis por que a Política de Deus traz a Cultura da Sabedoria Espiritual. Ela é o Poder e a Autoridade, que nascem das entranhas do **Cristo, o Santo Condutor do Império Jesus**[1], que disse, no Seu Evangelho, segundo Lucas, 22:27:

[1] **Império Jesus** — Pesquisando o acervo da palavra do Presidente-Pregador da Religião de Deus, do Cristo e do Espírito Santo, José de Paiva Netto, encontramos a grafia desta expressão no discurso dele em 31 de dezembro de 1992. Dias mais tarde, já em 5 de janeiro de 1993, ele o incluiu na página que dedicou aos Militantes Ecumênicos da Política de Deus intitulada "Código de Ética Legionário", item III.

— *Eu, porém, entre vós,* ***sou como aquele que serve.***

Reiteramos que essa, por certo, deve ser a lídima vocação do verdadeiro político que realmente ama o seu povo: **servi-lo**, sem nunca reclamar de incompreensões e perseguições, que sempre vêm sobre os inovadores.

Disse o Gandhi:

— *Primeiro eles o ignoram, depois o ridicularizam, em seguida o combatem, e por fim você vence.*

Retomo o que afirmei na passagem de 31 de dezembro de 1967 para 1º de janeiro de 1968: **o PBV surgiu para atender a uma exigência ESPIRITUAL do povo.**

Tudo parte originalmente do **Espírito, a nossa procedência legítima**. Quem — cidadão comum ou governante, civil, religioso ou militar — isso não compreender, **evidentemente livre de ódios e radicalismos**, estará, na condução da vida individual e coletiva, como que pegando um foguete em disparada, desgovernado, praticando e sofrendo tremendos desastres, **para si e sua população**. Jamais ignoremos, pois, **a pujante influência exercida pelo Plano Espiritual Superior** sobre o comando do mundo físico. **O governo da Terra**, não me canso de afirmar, **começa no Céu (espiritual)**, cuja existência afeta diretamente os destinos dos povos, conforme a observação do já citado filósofo chinês Confúcio, que, do alto de sua sabedoria, declarou (*Analectos*, livro VII):

— *O Céu é o autor da virtude que há em mim (...).*

Para os que perguntam "então, por que tanta confusão neste mundo se há uma orientação superior?", replico: porque existe também a **Lei da Responsabilidade Pessoal**, em que entra o livre-arbítrio, que todo ser humano faz muita questão de ter. Por isso, é sempre bom destacar este pensamento de Alziro Zarur:

— *A Lei Divina, julgando o passado de homens, povos e nações, determina-lhes o futuro.*

A Autoridade de Jesus

Ora, nesse contexto é digno relembrar um fato: após suportar a ignorância dos contemporâneos e tornar-se o **Testemunho Vivo de Deus**, o instrumento de Sua Força, pôde Jesus revelar:

— ***Eu sou o Pão Vivo que desceu do Céu;*** *se alguém dele comer, viverá eternamente;* ***e o Pão que Eu darei pela vida do mundo é a minha própria carne*** (Evangelho, segundo João, 6:51).

"A minha própria carne", isto é, o Seu incomensurável esforço, a Sua lição ímpar, a Sua vitória sobre a Dor, da qual nasceu, desde a fundação do mundo ou antes dele, a legitimidade do Seu incorruptível Poder.

Jesus, envergadura cósmica do Apocalipse

A Autoridade do Mestre dos mestres proporciona ao Apocalipse uma envergadura humano-cósmico-espiritual que nenhum outro autor, por maior que seja, poderia conceder a esse Livro, tão importante para a nossa sobrevivência. Aprendemos na Religião de Deus, do Cristo e do Espírito Santo que **seguros estamos na Divina Segurança das seguras mãos de Jesus**.

Carta à Igreja em Sardes

Ainda sobre a hipocrisia, que discutimos no capítulo 16 deste livro, vale transcrever a mensagem do Tático Divino à **Igreja em Sardes** (Apocalipse, 3:1 a 6):

> *1 Ao Anjo da Igreja em Sardes escreve:*
> *Estas coisas diz Aquele que tem os Sete Espíritos de Deus e as Sete Estrelas:*
> *Conheço as tuas obras: **tens a reputação de que estás vivo; entretanto, estás morto**.*
> *2 **Sê vigilante** e consolida o restante que estava*

para morrer, porque ***não tenho achado íntegras as tuas obras na presença do meu Deus.***
3 ***Lembra-te****, pois, do que* ***recebeste e ouviste, guarda-o bem e faze penitência****. Porquanto,* ***se não vigiares****, virei como ladrão, e não conhecerás de modo algum* ***em que hora me levantarei contra ti.***
4 Tens, contudo, em Sardes, umas poucas pessoas que não contaminaram as suas vestiduras e ***andarão de branco junto comigo, pois são dignas disto.***
5 ***O vencedor será assim vestido com roupas brancas, e de modo algum apagarei o seu nome do Livro da Vida Eterna; pelo contrário, confessarei o seu nome diante de meu Pai e diante dos Seus Anjos.***
6 Quem tem ouvidos de ouvir ouça o que o Espírito diz às igrejas do Senhor.

Realmente, Jesus pode desmascarar os hipócritas, pois, como Ele próprio revela, conhece, por força do Seu Poder, as obras de todos os seres da Terra e do Céu da Terra. Graças a Deus!

George Eliot e o galo presunçoso

Em outra oportunidade, analisarei em minúcias essa correspondência (Carta à Igreja em Sardes)[2] do Supre-

[2] **Nota do autor**
Em breve, lançarei um livro especialmente dedicado às Cartas de Jesus às Igrejas do Apocalipse.

Mary Ann Evans

mo Governante do planeta Terra. Quero, por ora, enfatizar o seguinte: a turma de Sardes cresceu tanto, achou-se tão famosa, **que, à exceção de alguns, pensou que "era a maior"**. Jocosamente, a escritora inglesa **Mary Ann Evans** (1819-1880), mais conhecida pelo pseudônimo George Eliot, uma vez concebeu frase curiosa, que, sabendo ela ou não, enquadra a igreja de que tratamos agora:

— *Era como o galo que está certo de que o sol nasce para ouvi-lo cantar.*

Aquele grupo religioso começou a **se esquecer do Divino Mestre**, o generoso Fundador da igreja sardense, porquanto Paulo Apóstolo fora apenas um emissário Dele, tocando o sentimento dos integrantes que viriam a formar a congregação. Jesus, o admirável Taumaturgo, é Quem dá a oportunidade de redenção a todos os membros das Sete Assembleias da Ásia[3].

E mais: apesar de *"umas poucas pessoas que não contaminaram as suas vestiduras"* (Apocalipse, 3:4), a comunidade de Sardes vivia de aparências, estando praticamente morta em ideal. Por isso, o sublime ob-

[3] **Sete Assembleias da Ásia** — Como também são conhecidas as Sete Igrejas da Ásia, descritas no Apocalipse: Éfeso, Esmirma, Pérgamo, Tiatira, Sardes, Filadélfia e Laodiceia.

jetivo da Religião do Terceiro Milênio é Jesus, livre de quaisquer algemas que ainda Lhe queiram impor, mesmo que bem-intencionados, alguns de Seus adoradores.

Jesus é o Sol que não se apaga

Jesus, o Cristo Ecumênico, portanto, universal, o Divino Estadista — condição a que fez jus em virtude do **extremo sacrifício a que se submeteu pelo esclarecimento de todos**, como temos compreendido nesta análise —, **é o Sol que não se apaga nem cria sombras**. É, por isso mesmo, muito mais inspirador que vivamos sob o Seu Excelso Luzeiro e a **Sua indiscutível Autoridade**. Quando O entronizaram na Cruz, Ele se tornou flagrantemente Rei. Já O era e assim **então** se constituiu, **à vista de todos**, acima dos olhos ainda embaçados da Humanidade. Pelo modelo de resistência à Dor moral e espiritual, de que foi e é paradigma, alçou-se como exemplo que todos devemos seguir.

"Jesus pregando o Sermão da Montanha", obra de Gustave Doré (1832-1883).

CAPÍTULO 18

Política de Deus e Divina Autoridade de Jesus (I)

Como estamos tratando de Jesus, da Dor e da origem de Sua Autoridade, apresento a seguir algumas definições minhas que têm a ver com o **Divino Mando** e a **eficiente** ação do Governo Espiritual.

A Política de Deus, do Cristo e do Espírito Santo está aí. Mas não é o que comumente se concebe na feição de política partidária. É semelhante ao ar, que as pessoas respiram e sem o que todas perecem. Tem que ser tal qual um **Fluido Divino**, que entra pelos poros, revigorando — espiritual, moral e materialmente — o corpo das nações. É **o Carisma de Deus, o Magnetismo do Cristo e a Ação do Espírito Santo**.

Política de Deus é isso: **soerguer de dentro do homem material o Homem Espiritual**. Este saberá o que fazer, ao estudar e vivenciar o Evangelho-Apocalipse de Jesus e a Antiga Escritura Sagrada, em Espírito e Verdade, à luz do Mandamento Novo do Cristo.

Um complemento se faz importante: o partidarismo é necessário num regime democrático. Todavia, não reduzo a atividade política a ele. Conforme tenho discorrido nestas páginas e em minhas preleções, desde a década de 1960, há algo espiritual muito acima da política humana. Daí a razão de **nos integrarmos na Política além da política**.

E vejam que, quando nos referimos à Política de Deus, absolutamente não nos colocamos como únicos detentores dela.

Quem vanguardeiramente a exerceu no mundo foi Jesus, o Político Excelso, ao dar testemunho de extremada renúncia por todas as criaturas terrenas. Por isso mesmo, **montado no Cavalo Branco** (Apocalipse, 19:11), **recebeu de Deus a Magnífica Insíg-**

nia[1]**:** ***"Rei dos reis e Senhor dos senhores"*** (Apocalipse, 19:16).

Jesus veio a este orbe anunciar a vinda do Reino Divino e **aplicar os conhecimentos do Governo Celeste à existência humana**. E prossegue fazendo isso até que seja a hora de o Céu de Luz empolgar a Terra e transformá-la no Império do Cristo Ecumênico, por conseguinte, universal, o Divino Estadista. Ele próprio o proclama, por intermédio do Anjo da Sétima Trombeta, **para honra nossa**. Façamos parte, pois, da concretização do **Seu Domínio Espiritual Extraordinário**, em decorrência do **nosso devotado esforço pela Causa da Política de Deus**:

> — *E, ao toque da Sétima Trombeta, o reino do mundo* ***tornou-se de Deus e do Seu Cristo****, e Ele reinará pelos séculos dos séculos* (Apocalipse, 11:15).

Os Anjos entoam a melodia que devemos **anotar e cantar na nossa vida**, por força do nosso próprio mérito.

Por isso, repetidamente lhes tenho dito que servir a Deus, ao Cristo e ao Espírito Santo não é sacrifício. É **privilégio**!

[1] **Magnífica Insígnia** — Leia mais sobre o assunto no capítulo 31, "Roteiro Espiritual para a Vitória", no qual Paiva Netto tece comentários acerca do versículo 16 do capítulo 19 do Apocalipse.

Chave Espiritual da Política Divina

No **9º Congresso da Independência Espiritual**, realizado em São Paulo/SP, no dia 7 de setembro de 1992, relembrei à Juventude Ecumênica Militante da Religião de Deus, do Cristo e do Espírito Santo que o saudoso Alziro Zarur nos falou do advento da **União das Duas Humanidades**: a da Terra com a do Céu, dentro da Revolução Mundial dos Espíritos da Luz Celeste, na Quarta Revelação, como um dos fundamentos da Política Divina:

> — *A essência (do segredo do governo dos povos) é justamente a vitória do Novo Mandamento de Jesus com a União da Humanidade da Terra com a Humanidade do Céu*[2].

E qual a importância dessa profecia para a consolidação da Política de Deus em nosso planeta?

Os povos têm caminhado em busca de respostas para seus dramas e suas necessidades pessoais e socioeconômicas. Contudo, muito em breve, estarão profundamente frustrados e desiludidos com as claudicantes soluções humanas, que os afligem, e quererão mais e mais, em virtude da ampliação gradativa de seu

[2] Leia mais sobre o tema "**A União das Duas Humanidades**" no subtítulo "A Fórmula de Jesus para o Brasil", no capítulo 24, "O bem viver em sociedade".

esclarecimento, não apenas material, mas, sobretudo, espiritual.

Nas *Diretrizes Espirituais da Religião de Deus, do Cristo e do Espírito Santo*, vol. I (1987), expresso o que defendo desde a década de 1960: se os governos do mundo inteiro, num ato milagroso, resolvessem todos os problemas sociais de seus povos, as massas continuariam insatisfeitas, porque não somos apenas cérebro, estômago, sexo; todavia, algo mais: muito mais, somos Espírito! E este tem aspirações situadas além das do corpo. Somos também sentimento refinado, vontade de descobrir novos campos, novas eras, novas dimensões. Somos Almas livres em Deus e não admitimos algemas. Amamos a liberdade e com certeza a conquistaremos à medida que a respeitarmos, contribuindo para o bem de nossos semelhantes com a construção de uma Sociedade realmente Solidária Altruística Ecumênica.

* * *

Em recado espiritual transmitido em Berna, na Suíça, a 28 de maio de 1992, quinta-feira, por intermédio do sensitivo cristão do Novo Mandamento Chico Periotto, nosso Irmão Flexa Dourada (Espírito) asseverou:

> — *Os problemas estão na Terra, mas as soluções, no Céu.*

Ora, quando o povo tomar consciência da natureza dessa chave (a União das Duas Humanidades), **soará, então**, a hora da Política de Deus. Contudo, teremos igualmente, entre outros fatos de tremenda importância para o despertamento das gentes, **a Grande Tribulação**, predita **pelo próprio Jesus** (Evangelho, consoante Mateus, 24:21), a qual abordaremos mais adiante nesta obra.

Os Quatro Pilares do Ecumenismo

Em minha obra *Sabedoria de Vida*, afirmo que o **Ecumenismo é a Vontade Universal de viver em Paz.** Sem esse conhecimento não pode haver Política, muito menos a de Deus, do Cristo e do Espírito Santo.

Eis os Quatro Pilares do Ecumenismo, preconizados pela Religião do Terceiro Milênio:

1) Ecumenismo Irrestrito (Alziro Zarur);
2) Ecumenismo Total (Alziro Zarur);
3) Ecumenismo dos Corações (Paiva Netto);
4) Ecumenismo Divino (Paiva Netto).

Os pilares ecumênicos da Política de Deus

A Política de Deus, já o dissemos, encontra-se **espiritualmente** aí, mas irá se consolidar no coração dos seres do Mundo ainda Invisível, que vivem no astral próximo à Terra, e, por consequência, no dos humanos. É sobre aquilo que escrevi e que o dr. Bezerra de Menezes (Espírito) lhes tem aconselhado a estudar bastante: **a Abrangência do Templo da Boa Vontade**[3]. Assim nos fortaleceremos sobre **o último dos Quatro Pilares do Ecumenismo**[4]. Estaremos diante da sublime conceituação da Religião do Terceiro Milênio sobre **o Ecumenismo Divino, ou seja, o contato socioespiritual entre a criatura e seu Criador**, visto que estamos abordando a Política sob o Critério do Cristo nos Universos, físicos e espirituais. (...) Portanto, a universalização do ser humano, que se integra na sua Origem Divina, tornando-se o Homem-Vertical, quer dizer, o Homem-Espiritual (de que falou Emmanuel, no livro *Pão Nosso*), ou, mais, **o Homem-Espírito**!

A propósito, até poderíamos chamar esses pilares do Ecumenismo, acerca dos quais tenho tratado com Vocês, também de "**Os Quatro Pilares da Política de Deus**". Reparem que o terceiro deles, o **Ecumenismo dos Corações, traz a sua contribuição social**, para que, esquecendo as diferenças separatistas e tantas vezes cruéis — porque sabemos que o único juiz autorizado a nos medir espiritualmente é Deus —,

---

[3] **A Abrangência do Templo da Boa Vontade** — Leia sobre o assunto no segundo volume da coleção *Diretrizes Espirituais da Religião de Deus, do Cristo e do Espírito Santo*, no capítulo "Quanto à Abrangência do Templo da Boa Vontade", p. 277.

[4] **Os Quatro Pilares do Ecumenismo** — Tese publicada no livro *Reflexões da Alma*, de Paiva Netto.

nos preocupemos com o socorro às criaturas terrestres. Dessa forma, lutaremos pela implantação de uma **Sociedade verdadeiramente Solidária Altruística Ecumênica.**

O **Ecumenismo dos Corações** é aquele que nos convence a não perder tempo com ódios e contendas estéreis, **mas a estender a mão aos caídos, pois se comove com a dor**; tira a camisa para vestir o nu; contribui para o bálsamo curativo do que se encontra enfermo; protege os órfãos e as viúvas, como ensina Jesus, no Evangelho, segundo Mateus, 10:8. Quem compreende o alto sentido do Ecumenismo dos Corações sabe que a Educação com Espiritualidade Ecumênica tornar-se-á cada vez mais fundamental para o progresso dos povos, porque **Ecumenismo é Educação aberta à Paz**; para o fortalecimento de uma nação (não para que domine as outras); portanto, o abrigo de um país e a sobrevivência do orbe que nos agasalha como filhos nem sempre bem-comportados.

O **Ecumenismo Irrestrito**, que é também de Jesus, de Seu Poder e de Sua Autoridade, prega o perfeito relacionamento entre todas as criaturas da Terra. Ou seja, o Divino Modelo de Sociedade, pelo qual batalha a Política de Deus: Sociedade Solidária Altruística Ecumênica, base da Economia no futuro, a verdadeiramente solidária. Lembrem-se de que, tantas vezes, lhes disse que a Economia é a mais espiritual das Ciências ou Arte. Pode parecer curioso a alguns; no entanto, o ser humano de coração bem formado, por princípio, será incapaz de fazer da Economia o caminho para a miséria de multidões.

E o segundo pilar, o **Ecumenismo Total**, que preconiza a fraterna aliança da Humanidade da Terra com a do Mundo Espiritual Superior e com qualquer civilização que possa haver no Espaço Sideral, também faz parte da União das Duas Humanidades, proposta por Zarur como *"a chave do segredo do governo dos povos"*.

Política Divina

A Política de Deus, do Cristo e do Espírito Santo está aí. Mas não é o que comumente se concebe na feição de política partidária. É semelhante ao ar, que as pessoas respiram e sem o que todas perecem. Tem que ser tal qual um Fluido Divino, que entra pelos poros, revigorando — espiritual, moral e materialmente — o corpo das nações. É o Carisma de Deus, o Magnetismo do Cristo e a Ação do Espírito Santo.

"Jesus no Templo", obra de Heinrich Hofmann (1824-1911). Galerie Neue Meister, Dresden, Alemanha. Uma cópia em parte feita por Hofmann e em outra supervisionada por ele encontra-se na congregação Riverside Church, Nova York, EUA.

CAPÍTULO 19

Política de Deus e Divina Autoridade de Jesus (II)

Pregação do Governo Espiritual do Cristo

Se a Política de Deus não viesse acrescentar algo de grande envergadura espiritual ao conhecimento político, econômico, social, religioso, científico, filosófico, artístico, esportivo, doméstico e público da Humanidade, não necessitaria ser pregada. E esse é um meritório serviço celeste que a Religião de Deus, do Cristo e do Espírito Santo vem prestando ao mundo — quando ele ingressa no terceiro milênio[1], que, repito, tem mil anos —, para nossa evolução espiritual. **Por conseguinte, essa mudança, a não ser por Intervenção Divina, longe de ser instantânea, será edificada passo a passo, tijolo a tijolo.** Não estou propondo repentinos milagres. São coisas que demandam tempo. Por isso mesmo é que não devem ser deixadas para depois, depois e depois... Logo, precisamos pregar com insistência a Solidariedade Espiritual e Humana juntamente à Econômica. A Religião do Novo Mandamento de Jesus prossegue fraternalmente contribuindo para a consolidação na Terra do **Reino de Deus e de Sua Justiça**, como nos ensinou o Mestre, ao pedir em Sua Prece Ecumênica:

> — *Pai Nosso, que estais no Céu (...). Venha a nós o **Vosso Reino*** (Evangelho, segundo Mateus, 6:9 e 10).

Da mesma forma o Divino Pedagogo lecionou no Evangelho, consoante Mateus, 6:33, e Lucas, 12:31, excelsa mensagem, a que Alziro Zarur chamou de **Fórmula Urgentíssima de Jesus**:

[1] Esta pregação é de 1991.

— *Buscai primeiramente* ***o Reino de Deus e Sua Justiça****, e todas as coisas materiais vos serão acrescentadas.*

Sobre esse amparo absoluto — afiançado pelo Supremo Comandante deste planeta e garantido a todos os que cumprirem, com Fé Realizante e denodo, seus deveres e direitos, que começam no Espírito —, encontramos no Evangelho, segundo João, 15:16:

— *Não fostes vós que me escolhestes; pelo contrário,* ***fui Eu que vos escolhi e vos designei para que vades e deis bons frutos****, de modo que o vosso fruto permaneça, a fim de que,* ***tudo quanto pedirdes ao Pai em meu nome, Ele vos conceda****.*

Versículo **que merece a atenção de todos os governantes e administradores da Terra**.

ADENDO

Jesus, o Provedor Celeste

O Divino Amigo da Humanidade, ao nos escolher para atuar em Sua santa seara do Bem, oferta-nos Seu amparo e bênção eternos, a fim de que tenhamos plenas condições espirituais e materiais para cumprir na Terra nosso feliz, mas árduo, **desiderato traçado no Céu**. Por isso, retomo trecho de circular que enderecei aos Cristãos do Novo Mandamento de Jesus do Brasil e do mundo, escrita em 24 de janeiro de 1989, terça-feira. Publiquei a íntegra dessa página no meu livro *O Brasil e o Apocalipse*, vol. III (1996). O saudoso Legionário da Boa Vontade de Deus **Victorino Baccari Sobrinho** (1928-1992) generosamente batizou a série de missivas que produzi como Epístolas. Na sequência, transcrevo o item 9º do referido texto, para o fortalecimento da Fé Realizante em nosso Mestre e Senhor:

Victorino Baccari

IX — Ainda sobre as palavras do Cristo, no Seu Evangelho, segundo Lucas, 22:35 e 36, entendei o Seu recado:

As duas espadas

35 — A seguir, Jesus lhes perguntou: Quando vos mandei sem bolsa, sem alforje e sem sandálias, faltou-vos porventura alguma coisa? Nada, disseram eles.

36 — Então, o Cristo lhes disse: Agora, porém, quem tem bolsa, tome-a, como também o alforje; e o que não tem espada, venda a sua capa e compre uma.

Jesus não nos deixa faltar nada

a) Jesus tem permitido faltar alguma coisa à vossa sobrevivência e de vossos entes queridos?

Respondei alto, bem alto, com a força da vossa consciência esclarecida, de forma que Ele, lá nas Alturas, ouça o vosso brado de gratidão.

A espada de Jesus não fere

b) Quanto a venderdes tudo, significa que deveis vos libertar daquilo que no interior de vosso Espírito vos subjuga à densa ignorância do mundo e ao seu hediondo escravismo, de modo que possais comprar as **vossas espadas**, que são toda a luminosidade espiritual que, nesta decisiva existência de fins do Fim dos Tempos, podeis alcançar, o que não sucede à maior parte dos seres humanos, desinteressada das coisas espirituais. Fortalecei agora vosso Espírito. Compreendei a importância dessas reuniões. O alimento que aqui recebeis é a **vossa espada que não fere ninguém**; pelo contrário, **pois destrói o mal instalado nos corações**. Vossa espada é a vossa Fé no Cristo de Deus, ao anunciar a Sua Volta Triunfal; **vossa espada** é a vossa palavra, esclarecendo dúvidas, destruindo a maledicência, levantando os caídos, construindo dentro das criaturas o Novo Mundo do Novo Mandamento; **vossa espada** é a vossa corajosa ação em favor de Cristo Jesus, transformando os povos; **vossa espada** é a vossa dedicação consciente, livre de sectarismos e fanatismos que prejudicam as Almas, que foram criadas pelo Amor e para o Amor, porquanto *"Deus é Amor"*, força que move os mundos.

Abrangência da Política de Deus

Percebam que essa mensagem da Política de Deus **não é só Política**; é Religião, Ciência, Filosofia, Economia, Arte, Esporte etc., **pois tudo isso é Política, no seu mais elevado conceito**. Em termos dinâmicos, a Política de Deus é ação espiritual. E o que temos aqui abordado age influenciando as criaturas humanas desde a Alma na qual, de forma efetiva, tudo tem início. Naturalmente, refiro-me à POLÍTICA com todas as letras maiúsculas.

Como ressaltava o saudoso Irmão Alziro Zarur,

> — *Religião, Filosofia, Ciência e Política são quatro aspectos da mesma Verdade, que é Deus.*

Infelizmente, certos homens, pelos séculos, têm andado convencidos de que Política é simples partidarismo — para dizer o mínimo. Isso é uma irrisão diante da elevada diretriz que governa todas as gentes na Terra e no Céu da Terra, segundo o Governo Espiritual do Cristo.

Claro que há exceções louváveis nessa questão do entendimento do papel da Política. Não quero ofender ninguém, mas é fundamental chamar a atenção para **a**

envergadura da Política que vem descendo de Deus para os homens, no Brasil e do Brasil para o mundo. Todavia, o mais lastimoso é que alguns pensem que fazer Política é aproveitar-se. Estes podem escapar das leis humanas, que são falhas, por ser humanas, mas da Lei de Deus é impossível esquivar-se.

Por isso e por muito mais, não foi à toa que **Pietro Ubaldi** (1886-1972), filósofo e sociólogo italiano, correspondente de Albert Einstein, declarou que

> — *A Legião da Boa Vontade, LBV, é um movimento novo na História da Humanidade. Colocará o Brasil na vanguarda do mundo.*

Quanto à nudez moral

Reitero: a acepção completa de Política deve considerar que o grande segredo da Vida é, **amando a Vida**, saber preparar-se para a morte, ou Vida Eterna.

A vida é um fio inextinguível que não se parte. A morte não encerra nada. Ela dá continuidade à existência infinita. Sempre estaremos **vivos e ativos**.

Lembro-me de uma palestra que proferi na capital de São Paulo, num proveitoso 4 de janeiro de 1991, uma sexta-feira. Falando aos que me honravam com a sua presença, discorri: Nada permanecerá impune! Seremos julgados — homens, povos e nações — por um Tribunal Incorruptível, tendo por base os nossos atos na Terra.

E prossegui:

A existência espiritual é uma realidade. Somos Espírito vestido com a carne, que, um dia, ficará gasta, e teremos de sair dela, chegar ao Outro Lado, **nus sob o aspecto moral**. Não significa aparecerem as partes pudicas de ninguém. Não! É o caráter que será claramente exposto. Quem vigia (e permanece assim devidamente vestido), conforme Jesus determina, são aqueles que cumprem os Seus ensinamentos universais e aí se dão bem. Sobre isso, o Apocalipse do Cristo, 16:15, adverte-nos:

> — *(Eis que venho como vem o ladrão. Bem-aventurado aquele que vigia e guarda as suas vestes, para* ***não andar nu*** *e não se veja a sua vergonha.)*

O que reveste o nosso caráter? **As nossas boas ações.** O que nos despe diante da Humanidade? **Os nossos maus atos.** Daí a importância de o Militante Ecumênico da Política de Deus agir corretamente, como cidadão (ou cidadã) de uma Sociedade Solidária Altruística Ecumênica. Ou seja, não igual a uma pessoa egoísta, que gira unicamente em torno dos seus interesses pessoais. Esta vai acabar muito tonta, vomitar e sujar a própria roupa.

Que tal nos comportarmos bem na Terra, para chegar à Dimensão Invisível capazes de defrontar a própria consciência? Porque seremos — como dizia Zarur — *"advogados de defesa, de acusação e juízes de nós mesmos"*, naquela hora em que não adiantará assinarmos procuração para que alguém nos represente.

A Divina Lei está em pleno vigor. Se a infringirmos, já sabemos o que acontecerá.

* * *

Não é Deus Quem pune. Somos nós mesmos que nos castigamos ao transgredir — e com que reincidência! — a Sua Lei. Não queiramos reprisar, nos Assuntos Eternos, o velho hábito da impunidade humana. Esse péssimo vício provoca consequências terríveis, pois é um grande incentivo ao crime. Ou Vocês ignoram isso? Sabem-no muito bem e o lamentam.

Algum pessimista poderia cogitar:

> — *Ah, sempre foi assim! É errado, mas todo mundo faz.*

Ora, meu pensamento é aquele que constantemente enfatizava no *Programa Boa Vontade*[2]: se a onda não é a que vá construir *"um Brasil melhor e uma Humanidade mais feliz"*, então iremos contra a onda. **Aliás, a nossa onda é Jesus. E essa não morre na praia.**

[2] ***Programa Boa Vontade*, PBV** — Sob o comando de José de Paiva Netto na Rede Bandeirantes de Televisão, teve início em 1º de junho de 1983.

E o Apóstolo Paulo acertadamente exclamou:

— *E não sede conformados com este mundo, mas sede transformados pela renovação do vosso entendimento, para que experimenteis qual seja a boa, agradável e perfeita vontade de Deus!* (Epístola aos Romanos, 12:2).

Fé e Boas Obras

A respeito de Boas Obras aliadas à Fé, a qual defini como Fé Realizante, destaco-lhes o que afirmei em uma palestra radiofônica, proferida numa quarta-feira, 30 de dezembro de 1992: a Fé somente não pode satisfazer (de modo pleno) a Lei Divina, pois tem de produzir resultados benéficos para a Humanidade. Por exemplo, a consequência da Fé deve ser o bom relacionamento entre as criaturas. Assim, independentemente da tradição religiosa que professamos ou não, construiremos juntos, por meio de Boas Obras, um mundo melhor para todos. E isso, sem dúvida, é aprovado por Deus, que é Amor. Portanto, espera que Seus filhos se amem.

Ainda sobre esse assunto, vale reproduzir a página 34 do meu livro *Reflexões da Alma* (versão *pocket*):

Um dos maiores questionamentos de boa parte daqueles que desejam a salvação espiritual é *"O que mais agrada a Deus?"*. O grande reformador **Martinho**

Martinho Lutero

Lutero (1483-1546) tem a resposta, citada pelo professor **Leônidas Boutin**:

> — *(...) ter Fé verdadeira e inabalável na Palavra de Deus, que está contida nas Sagradas Escrituras. E quem tem verdadeiramente Fé há de praticar Boas Obras, isto é, amará ao próximo, pois é impossível ter Fé sem praticar Boas Obras, que são, assim, decorrências naturais e inevitáveis dela*[3].

Não sem motivo, deixei claro, nas minhas pregações durante anos, que *orar e vigiar* são dois atos da Política de Deus, do Cristo e do Espírito Santo.

Aproveitar-se do povo é suicídio moral

Há décadas pergunto: Poder?! **Onde está o poder dos poderosos?**

Ninguém tem poder neste mundo, mas, sim, desfruta instantes de poder, dos quais prestará severas contas ao Verdadeiro Poder e à Perfeita Autoridade, que são de Deus, do Cristo e do Espírito Santo. Aproveitar-se do povo, **isso não é Política; é suicídio**

[3] Citação encontrada na abertura do livro *Da Liberdade Cristã*, de Martinho Lutero. O professor Leônidas Boutin iniciou a tradução dessa obra em 1958, com o apoio dos reverendos pastores **Heinz Soboll** e **Richard Wengan**, da Comuna Evangélica de Curitiba/PR, Brasil.

moral! E suicidas seremos, nós também, se não levarmos às Sete Igrejas da Ásia a Política Divina:

1. Éfeso,
2. Esmirna,
3. Pérgamo,
4. Tiatira,
5. Sardes,
6. Filadélfia e
7. Laodiceia,

conforme se encontram no Apocalipse de Jesus, segundo São João, 1:11, e que **representam hoje os mais variados grupamentos espirituais e humanos, pelo orbe terreno afora.**

Eis a Ordem do Político Celeste:

> — *E este Evangelho do Reino será pregado em todo o mundo, para testemunho a todas as nações.* ***Só então virá o fim.***
>
> Jesus (Mateus, 24:14)

Ora, na definição de Alziro Zarur, "***o Apocalipse é o Evangelho Moderno***". Portanto, viver em plenitude a universal mensagem de Jesus, o Cristo Ecumênico, o Divino Estadista, em Sua Admirável Política, é auxiliar a nossa pátria e as nações da Terra. Isso se refere principalmente aos políticos, que têm responsabilidades na condução dos habitantes deste mundo. A Política de Deus convida-nos a permanecer em consonância com o **Cristo Dessectarizado**; portanto, com o Seu exemplo de Amor Fraterno incondicional pelos povos.

Numa quinta-feira, no Rio de Janeiro/RJ, em 4 de abril de 1991, reunido com diversos amigos, ao expor-lhes o significado dos fatos políticos e político-guerreiros anunciados pelas Trombetas, constantes do Livro das Profecias Finais, afirmei que **Política é toda vivência espiritual e humana**, razão por que devemos profundamente respeitá-la. Não é apenas o que ocorre nas instâncias do poder constituído; todavia, em todos os momentos da existência espiritual-humana.

Todo ato tem uma correspondência: se for um bom ato, gerará um resultado satisfatório; se for um ato mau, um retorno ruim ocorrerá. É a Lei de Causa e Efeito, em sua simplicidade. Assim também se dá com a Política.

É oportuno citar esta palavra do notável político **Abraão Lincoln** (1800-1865), 16º presidente norte-americano, justamente sobre Religião:

— *Quando pratico o Bem, sinto-me bem; quando pratico o mal, sinto-me mal. Eis a minha religião.*

Gradação do relacionamento político

Então, quando afirmo que as Trombetas estão tocando — e repito que elas anunciam fatos políticos e político-guerreiros —, refiro-me igualmente até à gradação menor, ou seja, ao relacionamento entre duas simples pessoas. Este vai se ampliando **até** chegar ao convívio entre povos, nações, religiões, artes, ideologias, empresas... Enfim, **tudo isso é fato político.** Entretanto, para que o mundo se corrija e viva melhor, essa visão político-humana tem de receber o banho iluminador das palavras e atitudes de grandes benfeitores da Humanidade sem duvidosas pinturas, com que alguns equivocados teimam em cobri-las. E mais: deve estar sob a fulgurante luz das lições e dos exemplos do Evangelho-Apocalipse do Cristo, o Mestre dos mestres, sem O qual não haverá um digno terceiro milênio. Naturalmente, a Boa Nova e o último Livro da Bíblia Sagrada precisam ser compreendidos não *"ao pé da letra que mata"*, mas em Espírito e Verdade, à luz do Novo Mandamento do próprio Filho de Deus, que diz:

> — *Amai-vos como Eu vos amei. Não há maior Amor do que doar a própria Vida pelos seus amigos* (Evangelho, consoante João, 13:34 e 15:13).

A gloriosa missão da Política Divina tem vínculo direto com o que registrei no segundo volume das *Diretrizes Espirituais da Religião de Deus, do Cristo e do Espírito Santo*, página 90, no subtítulo **"Redefinir, reconceituar para reformular"**, em que transcrevo esta máxima do velho Zarur:

— *Nenhuma reforma será efetiva no mundo se antes não reformarmos o homem.*

Isso é tão crucial e tão claro, que reexplicá-lo chegaria a ser cansativo.

Paz: obra pessoal de Jesus

O lábaro da Política de Deus é este: a Amizade do Cristo, a nossa confiança Nele. Enfim, a Paz!

Escreveu também Alziro Zarur, na 20ª Chave Bíblica da Volta Triunfal do Chefe Supremo do planeta:

— *Nenhum homem, nenhum grupo forte, nenhum povo, nenhuma nação superpotência, comunista ou capitalista, poderá estabelecer a Paz na Terra.* ***Isto é obra pessoal e intransferível de Jesus.*** *Somente o Cristo tem poder — no Céu e na Terra — para realizar essa maravilha.*

Razão por que, há dois milênios, o próprio Jesus nos tranquilizou com Sua promessa:

> — *Minha Paz vos deixo, minha Paz vos dou. Eu não vos dou a paz do mundo. Eu vos dou a Paz de Deus,* ***que o mundo não vos pode dar****. Não se turbe o vosso coração nem se arreceie. Porque Eu estarei convosco, todos os dias, até o fim do mundo!* (Evangelho, segundo João, 14:27; e Mateus, 28:20).

Jesus, o Sublime Benfeitor da Humanidade, é a reforma necessária para épocas melhores. **Por isso, quanto mais próximos estivermos Dele, mais longe ficaremos dos problemas.**

Quem confia em Jesus não perde o seu tempo, porque Ele é o Grande Amigo que não abandona amigo no meio do caminho!

Envergadura espiritual da Política de Deus

Se a Política de Deus não viesse acrescentar algo de grande envergadura espiritual ao conhecimento político, econômico, social, religioso, científico, filosófico, artístico, esportivo, doméstico e público da Humanidade, não necessitaria ser pregada. E esse é um meritório serviço celeste que a Religião de Deus, do Cristo e do Espírito Santo vem prestando ao mundo — quando ele ingressa no terceiro milênio, que, repito, tem mil anos —, para nossa evolução espiritual.

"Moisés quebrando as tábuas da Lei", obra de Rembrandt. Gemäldegalerie, Berlim, Alemanha.

CAPÍTULO 20

Moisés e a Rocha (I)

Ainda quanto à **Autoridade Crística** do Divino Mestre, Jesus (Apocalipse, 1:5) — absolutamente integrada em Deus Todo-Poderoso —, que venho abordando desde o segundo capítulo, extraído do programa primeiro da série "O Apocalipse de Jesus para os Simples de Coração", novamente recorro ao Deuteronômio, de **Moisés**, 32:4, no Antigo Testamento da Bíblia Sagrada. O grande legislador hebreu, no fim da missão terrena, descreve em seu cântico:

— ***Eis a Rocha!*** *Suas obras são perfeitas, porque todos os Seus caminhos são juízo* [isto é, bom senso divino]. ***Deus é fidelidade****, e não há Nele injustiça; é reto e justo.*

Ligação umbilical

Vocês sabem que o Livro das Revelações Proféticas se une umbilicalmente às Antigas Escrituras. Zarur, bastas vezes, alertou-nos acerca disso.

Samuel

Deus é essa Rocha de que nos fala Moisés. E o segundo livro de **Samuel**, 23:1 a 4, corrobora o assunto:

1 São estas as últimas palavras de ***Davi****: Palavra de Davi, filho de* ***Jessé****, palavra do homem que foi exaltado, do ungido do Deus de* ***Jacó****, do mavioso salmista de Israel.*

2 O Espírito do Senhor fala por meu intermédio, e a Sua palavra está na minha língua.

3 Disse o ***Deus*** *de Israel,* ***a Rocha*** *de Israel a mim me falou: Aquele que domina com justiça sobre os homens, que domina no temor de Deus,*

4 ***é como a luz da manhã, quando sai o sol, como manhã sem nuvens****, cujo esplendor, depois da chuva, faz brotar da terra a grama.*

Deus! — Excelentíssimo Alicerce, sobre o qual Jesus, o Mestre dos mestres, **com a Sua Autoridade**, nos aconselha, no Novo Testamento, a construir o nosso domicílio, porque assim este resistirá aos *tsunamis*; às inundações; aos vulcões; aos terremotos espirituais, morais e físicos; enfim, a tudo, com o Verdadeiro **Poder** do Sublime Governante da Terra.

E percebam: a Administração Celeste, a Rocha Superior que sustenta e rege nossa vida, é, sobretudo, misericórdia e esperança, pois *"faz brotar da terra a grama"*, e nunca sangue. Podemos inferir que o ato de nos pautar pelos Preceitos Divinos no gerenciamento de nossas atividades diárias **jamais significou realizar crueldades em nome de Deus, que é Amor; portanto, a Fraternidade Suprema**. Cabe a nós, pelo consciente uso do livre-arbítrio, pôr em prática tal atributo basilar desse minério indestrutível, a Rocha, a fim de soerguer nosso Espírito rumo a dias melhores.

O Fundamento Divino

Leiamos esta pergunta, ao mesmo tempo uma repreensão, de Jesus e Sua esclarecedora resposta, no Evangelho, segundo Lucas, 6:46 a 49:

> *46 Mas por que me chamais, Senhor, Senhor,* ***e não fazeis o que Eu vos mando****?*

E fazer a vontade de Jesus é viver Seus ensinamentos de Amor e de Justiça, ao, por exemplo, cumprir o Seu Mandamento Novo: *"Amai-vos como Eu vos amei. Somente assim podereis ser reconhecidos como meus discípulos, se tiverdes o mesmo Amor uns pelos outros"* (Boa Nova, segundo João, 13:34 e 35).

Prosseguindo no Evangelho, segundo Lucas, 6:46 a 49:

> *47 Todo aquele que vem a mim, e ouve as minhas palavras, e as põe em prática, Eu vos mostrarei a quem é semelhante.*
>
> *48 É semelhante a um homem que edifica uma casa, à qual deu profundos alicerces* ***e pôs o fundamento sobre a rocha****; e, quando veio uma enchente, deu com ímpeto a inundação sobre aquela casa e não pôde movê-la,* ***porque estava fundada sobre rocha****.*
>
> *49* ***Mas o que ouve e não pratica as minhas palavras*** *é semelhante a um homem que constrói a sua casa* ***sobre terra movediça****, na qual bateu com violência a corrente do rio,* ***e logo caiu****; e foi grande a ruína daquela casa.*

Rocha segura, inamovível — espiritual, moral e fisicamente, **em qualquer tempo da História** — é o Cristo de Deus, que é UM com o Pai (Evangelho, segundo João, 10:30), com Seu Poder e Grande Glória

(Boa Nova, consoante Mateus, 24:30). Ele os conquistou, de modo tenaz e obediente, **mesmo diante da dor acerba**, como naquela passagem terrível do Getsêmani[1] — quando suou sangue —, da qual reiteramos quatro versículos:

> *41* [Jesus, no Monte das Oliveiras, após dizer aos Seus discípulos que orassem, para que não caíssem em tentação] *apartou-se deles cerca de um tiro de pedra, e, pondo-se de joelhos, orava,*
>
> *42 dizendo: Pai, se queres, afasta de mim este cálice;* ***todavia, não se faça a minha vontade, mas somente a Tua.***
>
> *43* ***Então, apareceu-Lhe um Anjo do Céu, que O confortava.***
>
> *44 E,* ***estando em agonia, orava mais intensamente****. E aconteceu que o Seu suor se tornou como* ***gotas de sangue*** *caindo sobre a terra* (Evangelho, consoante Lucas, 22:41 a 44).

Uma Rocha especial

Não poderia, portanto, ser essa **Rocha** — citada na passagem evangélica, conforme os relatos de Lucas (6:46 a 49), que trata acerca do **Fundamento Divino** — apenas o resultado de agregados sólidos. **Refere-se a uma Rocha, cuja origem provém dos Céus.** Por-

[1] **Getsêmani** — Leia também o capítulo 4, "O drama do Getsêmani".

que um mineral comum da Terra às vezes sucumbe aos eventos catastróficos, que também marcadamente sacudirão o Brasil, de acordo com o previsto por Alziro Zarur, em 1974, ao comentar a Segunda Chave Bíblica da Volta Triunfal de Jesus: *"Guerras, terremotos, fomes e pestes em todo o mundo"*, que transcrevi em *As Profecias sem Mistério* (1998)[2]:

> — *Vêm ocorrendo alguns terríveis terremotos, como o que atingiu a Nicarágua (1972), que quase tirou Manágua do mapa; outro no Peru (1970); um na Colômbia (1970), que deixou muitos mortos e feridos. No Brasil, diziam que não existia esse perigo, porque aqui nunca houve vulcões, por exemplo. Porém, nosso país está cheio deles. Só que adormecidos, esperando algum fator que os dispare. (...) Mas nessa hora* [no Tempo Final] *vai ocorrer* ***um terremoto sem precedentes****, que abalará a estrutura planetária.*
>
> *Todos esses sinais são apenas o começo real do Término dos Tempos. Quem o diz é Jesus:* "Mas tudo isso é apenas o princípio das dores" (Evangelho, segundo Mateus, 24:8).

[2] ***As Profecias sem Mistério*** — Para adquirir a coleção, ligue para 0300 10 07 940 ou, se preferir, acesse o *site* www.clubeculturadepaz.com.br.

Certamente, Zarur referia-se à **Grande Tribulação**, anunciada pelo Cristo Ecumênico, o Divino Estadista, no Evangelho, consoante Mateus, 24:21,

> — ***como nunca houve, desde a criação do mundo, nem jamais se repetirá.***

E mais: na Boa Nova, conforme Lucas, 21:10 e 11:

> *10 Então, Jesus lhes disse: Levantar-se-á nação contra nação, e reino contra reino;*
> *11 e haverá **grandes terremotos**, pestes e fomes em vários lugares; acontecimentos terríveis e grandes sinais do céu.*

Logo, como revela Zarur, o nosso Brasil também não ficará livre dessa catástrofe, mesmo tendo o seu território surgido na Era Primária[3].

Outras espécies de hecatombes

E esse cataclismo, "*como nunca houve*", **não pode estar restrito somente ao campo telúrico**. Encon-

[3] **Era Primária** — Também chamada de Era Paleozoica. Trata-se de uma das divisões básicas do tempo geológico que reconstituem a história longínqua do planeta Terra, compreendida aproximadamente entre 542 milhões e 245 milhões de anos. Sucedeu a Era Proterozoica e antecedeu a Era Mesozoica. Nesse período de quase 300 milhões de anos, predominaram no orbe terrestre as formas iniciais e rudimentares das vidas vegetal e animal.

tra-se relacionado a todo o leque das atividades humanas, sejam culturais, sociais, científicas, religiosas, políticas, econômicas, financeiras, artísticas, esportivas, domésticas, individuais, coletivas etc., como veremos na continuação de nossa análise acerca das Profecias de Deus. E digo **domésticas** porque as famílias em turbulência — socioeconômica, emocional e psíquica — despejam essas hecatombes sobre o planeta em eclosão.

Vigiai e orai

Concluímos convidando todos a permanecer, pois, em sintonia com os Poderes Espirituais Superiores, que legitimamente governam a vida em nosso orbe, por meio da Autoridade que lhes foi conferida por Aquele que é UM com o Pai Celestial. Isto é, **perseveremos na vigilância e na oração, duas ações basilares da Política de Deus**, exortadas pelo Divino Salvador em Sua Boa Nova, segundo Mateus, 26:41:

> — *Vigiai e orai, para que não entreis em tentação; o Espírito, na verdade, está pronto, mas a carne é fraca.*

Assim, seguros estaremos na Divina Segurança das seguras mãos de Jesus, a **Rocha firme** de nossa vida, espiritual e material!

Deus, Alicerce seguro para a Vida

Deus é Excelentíssimo Alicerce, sobre o qual Jesus, o Mestre dos mestres, **com a Sua Autoridade**, nos aconselha, no Novo Testamento, a construir o nosso domicílio, porque assim este resistirá aos *tsunamis*; às inundações; aos vulcões; aos terremotos espirituais, morais e físicos; enfim, a tudo, com o Verdadeiro **Poder** do Sublime Governante da Terra.

"Moisés", escultura de Michelangelo Buonarroti (1475-1564). Igreja de San Pietro in Vincoli, Roma, Itália.

CAPÍTULO 21

Moisés e a Rocha (II)

Magna Autoridade proclamada

Prossigamos no estudo sobre o significado espiritual da palavra "Rocha", constante do Deuteronômio, de Moisés, 32:4:

— ***Eis a Rocha!*** *Suas obras são perfeitas, porque todos os Seus caminhos são juízo* [isto é, bom senso divino]. ***Deus é fidelidade***, *e não há Nele injustiça; é reto e justo.*

Também demonstramos a total relação desse versículo do Antigo Testamento da Bíblia Sagrada com o Evangelho de Jesus, consoante Lucas, 6:46 a 49: **O Fundamento Divino**, que apresentamos na parte anterior.

Naquele tempo, visto encontrar-se Moisés ainda no plano físico, não lhe era possível saber claramente, apesar de ser um extraordinário médium, que o Messias prometido, que viria depois dele, *"Profeta semelhante a ti* [Moisés]*"* (Deuteronômio, 18:18), **se chamaria Jesus**... Mas, como esclarece o Apóstolo dos Gentios, ***"as coisas espirituais têm de ser discernidas espiritualmente"*** (Primeira Epístola de Paulo aos Coríntios, 2:14).

Cabe aqui outra explicação: Moisés, no Deuteronômio, cita essa **Rocha, que é Deus**. No entanto, aprendemos que Jesus e Deus **são UM** (Evangelho, segundo João, 10:30). Logo, o Unigênito do Pai é o Profeta Divino, anunciado pelo grande legislador hebreu.

A Autoridade Una de Jesus, **consolidada antes mesmo da criação do planeta, e a missão espiritual incomparável, que Ele cumpriu plenamente**, nos levam a concluir que o Rabi da Galileia é superior a Moisés em termos de evolução espiritual.

Tais condições estavam anunciadas no Antigo Testamento, como podemos ver, por exemplo, no já citado versículo segundo do capítulo quinto do Livro de Miqueias:

> — *E tu, Belém Efrata, pequena demais para figurar no grupo de milhares de Judá, de ti sairá Aquele que há de reinar em Israel,* ***e cujas origens são desde os dias da Eternidade***.

No também mencionado Livro de Isaías, capítulo 53, versículos 5 e de 10 a 12, encontramos prenúncio do extremo sacrifício do Amado Mestre:

> *5 Mas Ele foi crucificado pelas nossas transgressões, moído pelas nossas iniquidades. Estava sobre Ele o castigo que nos trouxe a paz; pelas Suas chagas é que fomos curados. (...)*
>
> *10 Todavia, o Senhor Deus aceitou consumi-Lo com sofrimentos; mas, quando tiver oferecido a Sua vida, para remir os pecados humanos, verá uma descendência perdurável, e a Boa Vontade de Deus florescerá nas Suas mãos.*
>
> *11 Verá o fruto do que a Sua alma trabalhou e ficará satisfeito. E diz o Senhor Deus: — Este justo, meu servo, justificará a muitos com a Sua ciência, porque as iniquidades deles levará sobre si.*

> *12 Por isso, Eu Lhe confiarei uma grande multidão de nações, e Ele distribuirá os despojos dos fortes, porque entregou Sua vida à morte e foi contado entre os malfeitores.*

O Apóstolo Paulo, em sua Epístola aos Hebreus, 3:3, igualmente percebeu esse aspecto:

> *— Jesus foi considerado digno de maior glória do que Moisés, da mesma forma que* ***o construtor*** *de uma casa* ***tem mais honra do que a própria casa.***

Vejam, pois, **a magnitude do Poder e da Autoridade do Cristo Planetário**, evidenciada no Apocalipse, 5:9, no qual Ele aparece como o **ÚNICO capaz de abrir *"o Livro selado com Sete Selos"*.** Dadas a sua beleza e a profundidade de seus ensinamentos, a seguir transcrevo o **capítulo quinto na íntegra**.

Nessa passagem, **João chora** diante da tragédia de haver um livro, à sua frente, que possui os segredos da vida, da salvação do ser humano, da sua Alma e das nações. **Contudo, não podia ser aberto**, porque não fora achado *"nem no céu, nem sobre a terra, nem debaixo da terra"* **quem se capacitasse** para tão magnífica façanha, até que surge Aquele realmente digno de lê-lo: **o Cordeiro de Deus**, que se imolou por nós e ao qual foi, por isso, concedido o **Poder** de descerrá-lo.

A visão do livro selado com Sete Selos e a do Cordeiro de Deus

(Apocalipse de Jesus, 5:1 a 14)

1 Vi na mão direita Daquele que estava sentado no trono um livro escrito por dentro e por fora, de todo selado com sete selos.

2 Vi também um Anjo forte, que proclamava em grande voz: ***Quem é digno de abrir o livro e de lhe desatar os selos?***

3 Ora, nem no céu, nem sobre a terra, nem debaixo da terra, ninguém podia abrir o livro, nem mesmo olhar para ele.

4 E eu chorava muito, porque ninguém fora achado digno de abrir o livro, ***nem de lê-lo e nem mesmo de olhar para ele****.*

5 Todavia, um dos anciãos me falou: Não chores! Eis que o Leão da tribo de Judá, a Raiz de Davi, ***pela Sua vitória alcançou o poder de abrir o livro e os seus sete selos*** **[Ele é o Cristo de Deus]**.

6 Então vi, no meio do trono e dos quatro seres viventes e entre os anciãos, de pé, um Cordeiro como tendo sido morto. Ele possuía sete chifres, bem como sete olhos, que são os sete Espíritos de Deus mandados por toda a Terra.

7 Veio, pois, e tomou o livro da mão direita Daquele que estava sentado no trono [Deus]*;*

8 e, quando tomou o livro, os quatro seres viventes e os vinte e quatro anciãos prostraram-se diante do Cordeiro, tendo cada um deles uma harpa e taças de ouro cheias de incenso, ***que são as orações dos Santos****.*
9 E entoavam um novo cântico, dizendo: ***Digno és, Senhor, de tomar o livro e de desatar-lhe os selos****, porque foste morto e com o Teu sangue compraste para Deus os que procedem de toda tribo, e língua, e povo, e nação,*
10 ***e para o nosso Deus os constituíste reis e sacerdotes, e reinarão sobre toda a Terra.***
11 Vi e ouvi, então, a voz de muitos Anjos ao redor do trono, dos seres viventes e dos anciãos, cujo número era de milhões de milhões e milhares de milhares,
12 proclamando em grande brado: ***Digno é o Cordeiro de Deus, que foi morto, de receber a virtude e a dignidade, e o poder, e a riqueza, e a sabedoria, e a fortaleza, e a honra, e a glória, e o louvor.***
13 Então, ouvi toda criatura que há no céu e sobre a terra, e debaixo da terra e sobre o mar, e tudo o que neles há, dizendo: ***Àquele que está sentado no trono, e ao Cordeiro de Deus, sejam o louvor, e a honra, e a glória, e o domínio pelos séculos dos séculos.***
14 E os quatro seres viventes respondiam: Amém! Também os anciãos prostraram-se e ***O adoraram****.*

A simples leitura do capítulo quinto do Apocalipse apresenta-nos profundos ensinamentos, **relativos ao**

Poder e à Autoridade de Jesus, nascidos do Seu Sagrado Comportamento perante a Dor. O Mestre enriquece-nos com lições de resignação, **Fé Realizante**, perseverança e coragem ante os desafios da existência espiritual, moral e humanamente compreendida. Destaquemos, pois, a máxima do grande cientista, médico, bacteriologista, epidemiologista e sanitarista brasileiro dr. **Oswaldo Cruz** (1872-1917) que Zarur muito citava:

Oswaldo Cruz

— *Não esmorecer para não desmerecer.*

Que todos alcancemos a dimensão do sacrifício imortalizado por Aquele que,

— *estando em agonia,* ***orava mais intensamente.*** *E aconteceu que o Seu suor se tornou como* ***gotas de sangue*** *caindo sobre a terra,*

conforme relata, comovido, o Evangelista Lucas, 22:44.

Justamente por isso, o Divino Cordeiro **foi confirmado, por Deus**, na condição de **Supremo Administrador de todas as riquezas espirituais e terrenas**[1] e

[1] **Supremo Administrador de todas as riquezas espirituais e terrenas** — Forma com que Paiva Netto se refere a Jesus, o Cristo Ecumênico, portanto, universal, o Divino Estadista. Ele exalta em Jesus a qualidade de gestor e governante maior do planeta Terra. Aos atributos de Deus, comumente descritos por

tem Sua Magna Autoridade reconhecida no Apocalipse, 5:11 e 12, pelos *"Anjos ao redor do trono, dos Seres Viventes e dos Anciãos, cujo número era de milhões de milhões e milhares de milhares (...)"*, que proclamavam ***"em grande brado"***, razão por que jamais nos podemos calar:

> — *Digno és, Senhor, de tomar o livro e de desatar-lhe os selos, porque* ***foste morto e com o Teu sangue compraste para Deus os que procedem de toda tribo, e língua, e povo, e nação*** *(...)* (Apocalipse, 5:9).

Meritocracia Celeste e Vitória do Cristo

Jesus, pela ação da Meritocracia Celeste e por Sua Infinita Humildade perante o Pai, recebeu o magnífico galardão, que só é permitido aos que vencem a Suprema Dor, de acordo com o que estamos estudando. Por firmar Sua Santa Vida em Deus, **a Rocha inquebrantável**, torna-se, com o Criador, **o Seguro Sustentáculo** sobre o qual podemos fundamentar nossa existência.

Vale concluir com um aspecto que já mencionamos: o Cristo Ecumênico, portanto, universal, o Sublime Estadista, **venceu um sofrimento cuja causa não es-**

estudiosos dos textos sagrados, filósofos e teólogos — Onisciente, Onipotente e Onipresente —, Paiva Netto acrescentou o atributo divino da Onidirigência.

tava Nele. Foi efeito do atraso moral e espiritual da Humanidade.

> *9 (...) nunca fez injustiça, nem dolo algum se encontrou em Sua vida.*
> *10 Todavia, o Senhor Deus aceitou consumi-Lo com sofrimentos; mas, quando tiver oferecido a Sua vida, para remir os pecados humanos,* ***verá uma descendência perdurável, e a Boa Vontade de Deus florescerá nas Suas mãos.***
> *11* ***Verá o fruto do que a Sua alma trabalhou e ficará satisfeito.*** *E diz o Senhor Deus: — Este justo, meu servo, justificará a muitos* ***com a Sua ciência****, porque levará sobre si as iniquidades deles* (Isaías, 53:9 a 11).

Ele suportou a pena, **por Amor a nós**, a fim de nos libertar de turva mentalidade e assombrosa conduta. Por isso, enfrentemos com determinação as provas que surgirem pelo nosso caminho, mas sem causar novos suplícios a nós nem aos outros. É como frequentemente digo: **não invente problemas; os reais sempre aparecem**. E, com Jesus, os venceremos sempre, sempre e sempre!

A Meritocracia Celeste

Jesus, pela ação da Meritocracia Celeste e por Sua Infinita Humildade perante o Pai, recebeu o magnífico galardão, que só é permitido aos que vencem a Suprema Dor, de acordo com o que estamos estudando. Por firmar Sua Santa Vida em Deus, **a Rocha inquebrantável**, torna-se, com o Criador, **o Seguro Sustentáculo** sobre o qual podemos fundamentar nossa existência.

"O aviso de Jetro a Moisés", obra de Jan Gerritsz van Bronckhorst (1603-1661). Palácio Royal de Amsterdam, Holanda.

CAPÍTULO 22

Moisés e a Rocha (Final)

Kardec e a ação da carne sobre o Espírito

Voltando ao célebre legislador hebreu e ao seu anúncio do Messias, que havia de vir — conforme vimos no capítulo "Moisés e a Rocha (II)", ressalto que ele aludia a algo que portava no inconsciente, que aprendera no Espaço Espiritual, e não no plano das formas, antes de renascer. Jamais nos esqueçamos de que **a carne** ainda obumbra, obscurece, ensombreia o nosso entendimento das Coisas Divinas.

O ilustre pedagogo francês Hippolyte Léon-Denizard Rivail, que ficou mundialmente conhecido pelo pseudônimo de Allan Kardec, elucidou bem esse natural obstáculo *in O Livro dos Espíritos*, questão 368:

> — *Pode-se comparar a ação que a matéria grosseira exerce sobre o Espírito à de um charco lodoso sobre um corpo nele mergulhado, ao qual tira a liberdade dos movimentos.*

Abrindo a mente para Deus

Não obstante os óbices que a carne interpõe à nossa existência, ela **não impede totalmente o raciocínio espiritual dos seres reencarnados**, ao longo da sua grande jornada humana em busca de conhecimento e de sabedoria divinos. **Basta, pois, para que na verdade evoluamos, juntar coração, razão e Espiritualidade Ecumênica, estudando todos os assuntos sem ideias preconcebidas**, tabus, ódios, sectarismos radicais, fanatismos e outros ismos que algemem a Alma durante a vivência terrestre ou mesmo nos territórios umbralinos[1].

> — *Julgai todas as coisas, retendo o que é bom* (Primeira Epístola de Paulo aos Tessalonicenses, 5:21).

Esse é o espírito ecumênico, isto é, universal, que difundimos, há décadas.

O Ecumenismo que pregamos

O Ecumenismo que pregamos é o dos corações fraternos[2], iluminados, desejosos de trabalhar *"por um Brasil melhor e por uma Humanidade mais feliz"*.

Já lhes expliquei que, em meus escritos, emprego o termo *ecumênico* (vem do grego *oikoumenikós*) no seu sentido etimológico: "toda a terra habitada" e "de escopo ou aplicabilidade mundial; universal". Portanto, a missão de Vocês, ó Militantes Ecumênicos da Boa Vontade, é propagar a Política de Deus a todos os cantos. Ela é para o ser humano, mas, antes de tudo, para o seu Espírito Eterno. Fraternalmente renovado o indivíduo, a partir da Alma, transformada estará a

[1] <u>**Nota do autor**</u>
Territórios umbralinos — Regiões invisíveis próximas ao planeta, são paragens espirituais que sofrem também as complexas perturbações das mentes desequilibradas de muitos habitantes terrenos.

[2] **Ecumenismo dos Corações** — Leia mais sobre o assunto no subtítulo "Os pilares ecumênicos da Política de Deus", no capítulo 18.

Humanidade. É papel das novas gerações levar adiante a Ciência de Deus; entronizar a Economia de Deus; mostrar a verdadeira função pacificadora do Esporte; apresentar a Arte com o seu extraordinário ofício de caminhar à frente de importantes modificações; iluminar as consciências com a Cultura, que não é aquela apenas nascida da mente, contudo a fortalecida pelo sentimento[3], beneficiado pela Generosidade de Deus.

Vocês, Jovens de todas as idades, da Terra e do Céu da Terra, estão, de forma integral, capacitados para realizar a grande reforma que, consciente ou inconscientemente, é esperada desde que o mundo é mundo. Necessário se faz ter Jesus Dessectarizado como objetivo e compreender, em profundidade, **o Seu desejo mais íntimo: o milagre pelo qual assimilemos o *"amai-vos como Eu vos amei"*** (Evangelho, segundo João, 13:34). **Servir a Jesus não é sacrifício. É privilégio!**

O Espírito é a realidade

Lembremo-nos de que **a realidade é o Espírito**. Os olhos de muitos já começam a inferir a fortuna que é fitar e aprender com o Plano Espiritual Superior. As promessas do idealismo puramente humano, mesmo as mais bem-intencionadas, têm sido inúmeras. Entretan-

[3] **Mente e sentimento** — Leia mais sobre o tema no subtítulo "Billy Graham e o pragmatismo do Cristo", no capítulo 15.

to, o efeito está aquém do ambicionado, visto que sempre lhes falta alguma coisa. **Somos antes Espírito do que carne.** Então, qualquer reforma tem de partir dele, o Espírito, que é razão e origem de tudo, porquanto *"Deus é Espírito"*, consoante ensinou Jesus no Evangelho, segundo João, 4:24.

Universos espirituais, paralelos ou sobrepostos

Proclamemos isso bem alto; porém, não como sonhadores iludidos, alheios ao cotidiano, à luta selvagem que ainda é a vida na Terra e no umbral. **Sejamos idealistas, mas ajamos com decisão e pragmatismo.** Exerçamos os nossos talentos. Não sejamos omissos nem covardes. Tomemos atitudes no Bem sempre! Não há quem seja condenado à pobreza de ideias, porque somos todos filhos de um Pai único, que é Deus, que criou os Universos, não apenas este, o material, que os olhos humanos conseguem observar. Ele é o Criador também dos **Universos Espirituais — paralelos ou sobrepostos.**

Disse o Gandhi:

> — *Do mesmo modo que o calor conservado se transforma em energia, assim a nossa ira* ***controlada*** *pode transformar-se em uma função capaz de mover o mundo.* (O destaque é nosso.)

Deus quer realizar a maior revolução já vista em todos os tempos: **a que tem origem no Espírito**! No entanto, é inafastável, é imprescindível, é essencial que nós igualmente a queiramos.

ADENDO

Mensagem do Amor Universal pela Paz Mundial

Durante anos, Zarur abriu o seu famoso programa *Hora da Boa Vontade*, que teve início a 4 de março de 1949, na Rádio Globo do Rio de Janeiro/RJ, às 17 horas, com estas palavras, cheias de Espírito Eterno, que registrei nas *Diretrizes Espirituais da Religião de Deus, do Cristo e do Espírito Santo*, vol. I (1987):

> — *Glória a Deus nas Alturas, Paz na Terra aos Homens da Boa Vontade de Deus* (Evangelho, segundo Lucas, 2:14).
>
> *Esta é a* ***Mensagem do Amor Universal****, a grande Mensagem que Jesus veio trazer à Humanidade. Deus, nosso Pai, sempre teve Boa Vontade para com os homens; mas agora é preciso, é urgente, é inadiável que os homens também tenham Boa Vontade para com Deus! Veja quem tem olhos de ver, ouça quem tem ouvidos de ouvir: Deus quer que todos os homens tenham Paz na Terra. Mas o*

Criador não pode revogar a sua própria Lei, que dá a cada um — homem, povo ou nação — exatamente de acordo com o seu merecimento. Como escreveu o Apóstolo Paulo, "ninguém se iluda, pois Deus não se deixa escarnecer: aquilo que o homem semear isso mesmo terá de colher". Só as pessoas de Boa Vontade conhecem a verdadeira Paz — a eterna Paz Divina — dentro do coração. E só agora, quase dois mil anos depois, a pobre Humanidade começa a compreender a Boa Vontade do Cristo: Boa Vontade que é a vontade certa, vontade firme, vontade espiritual, vontade realmente boa, capaz de discernir entre o Bem e o mal, entre a Verdade e o erro, entre o Fato e as aparências do fato. Ensina André Luiz: ***"Vencedor é aquele que vence a si mesmo".*** *E conclui Emmanuel: "Fora da Boa Vontade não há solução". Portanto, a* ***Boa Vontade de Jesus****, pregada pela LBV, não é a boa vontade dos ignorantes espirituais, farisaica, hipócrita, sectária. Porque não basta ter vontade, ou força de vontade, quase sempre empregada para o mal; é imprescindível uma Boa Vontade iluminada pelo conhecimento da Verdade de Deus, como advertiu Jesus: "Conhecereis a Verdade [de Deus], e a Verdade [de Deus] vos libertará. Seja o vosso falar sim — sim; não — não!". Quer dizer: ter Boa Vontade não é dizer sim a tudo e todos, pelo medo* *de desagradar a pessoas e instituições. Ao contrário: ter Boa Vontade é dizer* ***não*** *a tudo e todos os que transgridam a Lei de Deus. Por isso mesmo, não importa o que pensem de nós os fanáticos e sectários de todos os quadrantes;* ***o que nos interessa é o que Deus pensa de nós****. Pois Deus, que é a Bondade Perfeita e Infinita, o próprio Deus não atende à maioria das preces que Lhe dirigem as criaturas humanas, mais egoístas e orgulhosas quanto mais se proclamam espiritualizadas.*

Na verdade, quem ama a Deus ama ao próximo, seja qual for sua religião, ou irreligião. (...) Os maiores criminosos do mundo são aqueles que pregam o ódio em nome de Deus, porque Deus é Amor. Esse é o sentido da Mensagem do Amor Universal, pela Paz Mundial, cujo objetivo é o Novo Mandamento de Jesus: — "Amai-vos uns aos outros como Eu vos amei". (Os destaques são nossos.)

Sobrepujar os obstáculos

Ora, tudo é mais bem compreendido quando sob cuidadosa inspiração: ***"Deus é Amor"*** (Primeira Epístola de João, 4:8). Portanto, Sua Mensagem Nobilíssima **não pode ser analisada pelo guante da animosidade feroz**.

Prosseguindo sobre as limitações por TODOS enfrentadas na vida, no cumprimento de nossos deveres e direitos, que têm origem no Céu, lembremos o sábio francês **Léon Denis** (1846-1927), tido como "o continuador de Allan Kardec", que — na versão feita por meu saudoso professor de português e francês, no Colégio Pedro II, **José Jorge** (1921-2006) — escreveu:

Léon Denis

— *(...) Em resumo, em vez de negar ou afirmar o livre-arbítrio, segundo a escola filosófica a que se pertença, seria mais exato dizer:* ***"O homem é o obreiro de sua libertação".*** *O estado completo de liberdade atinge-o no cultivo íntimo e na valorização de suas potências ocultas. Os obstáculos acumulados em seu caminho são meramente meios de o obrigar a sair da indiferença e a utilizar suas forças latentes.* ***Todas as dificuldades materiais podem ser vencidas.*** (Os grifos são nossos.)

Acerca da função espiritual dos obstáculos que surgem em nossa existência, assim se expressou o teólogo e reformador protestante francês **João Calvino** (1509-1564):

João Calvino

— *(...) nesta vida Deus nos está, de certo modo, preparando para a glória do Reino Celeste. Pois assim ordenou o Senhor que aqueles que um dia serão coroados no Céu, antes disso enfrentem os embates na Terra, para que não celebrem o triunfo caso não se-*

jam superadas as dificuldades da guerra e alcançada a vitória.

Desafio lançado às novas gerações

É papel das novas gerações levar adiante a Ciência de Deus; entronizar a Economia de Deus; mostrar a verdadeira função pacificadora do Esporte; apresentar a Arte com o seu extraordinário ofício de caminhar à frente de importantes modificações; iluminar as consciências com a Cultura, que não é aquela apenas nascida da mente, contudo a fortalecida pelo sentimento, beneficiado pela Generosidade de Deus.

"Jesus põe à prova o jovem rico", obra de Heinrich Hofmann (1824-1911). Congregação Riverside Church, Nova York, EUA.

CAPÍTULO 23

Convocação à intrepidez

Consoante escrevi em *Como Vencer o Sofrimento*[1] (1990), o Excelso Pegureiro, com Sua Divina Au-

[1] ***Como Vencer o Sofrimento*** (1990) — Este *best-seller* do escritor Paiva Netto já chegou à marca de mais de 240 mil livros vendidos. Encontra-se também em *e-books*, pelas lojas virtuais da Amazon e da Apple, entre outras. Se preferir, ligue para 0300 10 07 940 ou acesse www.clubeculturadepaz.com.br.

toridade e consequentemente Celeste Poder, convoca-nos à intrepidez no Bem:

— *Aquele que quiser vir após mim* — disse Jesus, em Seu Evangelho, segundo Mateus, 16:24 — ***negue-se a si mesmo, tome a sua cruz e siga-me***.

No entanto, depois desse grande desafio, Ele comparece com um especial alento:

— *No mundo, tereis tribulações.* ***Tende, porém, bom ânimo****, pois Eu venci o mundo.*

Jesus (João, 16:33)

ADENDO

O desafio lançado por Jesus às Igrejas do Apocalipse e o Conforto Celeste

Quanto à questão do desafio lançado pelo Sábio dos Milênios à nossa inteligência e ao Seu subsequente incentivo, refiro-me à forma com que, após repreender as Igrejas no Apocalipse, **Ele as consola e encoraja**, como podemos ler, por exemplo, na Carta à Igreja em Esmirna (Livro da Revelação, 2:8 a 11):

8 Ao Anjo da Igreja em Esmirna escreve:
Estas coisas diz o Primeiro e o Último, que esteve morto e tornou a viver:

9 ***Conheço a tua tribulação, a tua pobreza, mas tu és rico; e que és caluniado*** *por aqueles que se dizem apóstolos, e não são, sendo antes templo de satanás.*

10 ***Não temas as coisas que tens de sofrer.*** *Eis que o diabo está para lançar em prisão alguns dentre vós, para serdes postos à prova, e tereis tribulação de dez dias.* ***Sê fiel até à morte, e Eu te darei a coroa da vida.***

11 Quem tem ouvidos de ouvir ouça o que o Espírito diz ***às Igrejas do Senhor. O vencedor de nenhum modo sofrerá o dano da segunda morte.***

Há gente muito crítica que não abre caminho para ninguém. Aponta apenas erros... Entretanto, não estende a mão, não propõe conserto algum à sociedade... Mas Jesus é diferente! Quando se dirige às Sete Igrejas da Ásia, Ele reconhece suas qualidades, mostra o que elas têm de bom, conforta, oferece um conselho, encoraja e, quando necessário, "puxa a orelha" de seus integrantes, não para derrubar quem quer que seja, contudo para convocá-los à correção do que está errado. Porque, se Você repreende por repreender ou elogia por elogiar, comete uma atrocidade moral e espiritual. Costumo dizer que **premiar quem não merece é crime**. Todavia, se adverte com o intuito de instruir — uma vez que não há quem seja perfeito neste mundo —, **aí Você é amigo**.

A Luz do Cristo a nos guiar

O discípulo fiel **percorre a trilha do Mestre, tendo Fé Realizante e exercendo Boas Obras com a força dessa mesma Fé**, e isso lhe é suficiente. A não ser que ele seja interesseiro, falso, hipócrita. Mas, se é um aluno devotado, **acompanha as pegadas** do seu Senhor, *"segue a Sua Luz, e isso lhe basta"*, como em certa ocasião declarou o inesquecível dr. **Bittencourt Sampaio** (1834-1895)[2].

Bittencourt Sampaio

E, concluindo a parte inicial de *Como Vencer o Sofrimento,* recordei-me do Apóstolo Paulo:

> — *O critério de Deus é loucura para o entendimento humano* (Primeira Epístola aos Coríntios, 2:14).

Por quê?! Observem bem o que temos propositadamente reiterado nesta obra: no atual estágio evolutivo

[2] **Bittencourt Sampaio, Francisco Leite de** (1834-1895) — Foi advogado, poeta, jornalista, político e médium brasileiro. Homem público de exaltada projeção no Segundo Reinado do Império do Brasil, foi presidente, à época, da província do Espírito Santo, além de diretor da Biblioteca Nacional. Publicou várias obras, entre elas *Jesus perante a Cristandade* e *De Jesus para a Criança (Poemas).*

dos povos, **o Pai Celestial, justo e misericordioso, eleva-nos, pela sobrevivência à Dor, à Sua glória**. Quantos seres humanos se encontram aptos a entender isso?! Contudo, a Humanidade avança na direção de Deus, **porque esse é o objetivo Dele**.

Essa é a lição da minha modesta experiência, na vida legionária da Boa Vontade e cristã do Novo Mandamento do Senhor da Paz, que passo a Vocês com prazer espiritual, porquanto nos fortalece para qualquer embate na existência terrena. Trata-se, nada mais, nada menos, do **exemplo de Jesus, que tem Poder sem corromper-se e sem corromper**. E, por isso, não perde a Sua Autoridade perante o **Supremo Arquiteto do Universo**, forma com que os Irmãos maçons se referem a Deus. Mantém-nos, assim, dispostos, bem confortados. Mesmo nos momentos mais terríveis da minha vida, descubro motivação para sorrir, porque confio Nele.

Lord Acton

A Jesus, pois, o Divino Luzeiro, e, aos que verdadeiramente O aceitam como o farol a iluminar os seus caminhos, não se aplica esta advertência de **Lord Acton** (1834-1902)[3]:

[3] **Lord Acton** (1834-1902) — John Emerich Edward Dalberg-Acton foi o primeiro Barão de Acton. Esse eminente historiador liberal inglês, dirigiu seus esforços na defesa da liberdade e grafou célebres frases de repúdio à concentração do poder, por julgá-lo adversário da liberdade e por considerar o Estado e as multidões inimigos centrais da individualidade e das minorias oprimidas.

"Destruindo junco (barco) de guerra chinês", obra de Edward Duncan (1803-1882). Museu Marítimo Nacional, Londres, Inglaterra.

— *O poder tende a corromper; o poder absoluto corrompe absolutamente.*

A própria Inglaterra de Lord Acton, no auge da sua hegemonia mundial, na era vitoriana, **forçou**, pela violência do seu poderio bélico-naval, **o povo chinês a viciar-se** sempre mais, quando desencadeou, contra a terra de Confúcio, as execráveis "Guerras do Ópio"[4].

[4] **Guerras do Ópio** — Para provocar a abertura da China ao comércio internacional, o Reino Unido buscou a força das armas e utilizou o ópio (terrível narcótico derivado da papoula) como execrável pretexto. Promoveu, então, duas guerras: uma entre 1839 e 1842 e a outra entre 1856 e 1860, esta com a ajuda da França. O ópio era um produto ilegal, que entrava de modo fraudulento no mercado chinês. Em 1839, o governo do Império do Meio destruiu uma quantidade de ópio que vinha de mercadores ingleses. A primeira guerra do ópio estava estabelecida, e houve a vitória da Grã-Bretanha. Em 1842, o governo manchu teve de assinar o Tratado de Nanquim, que determinou a entrega de Hong Kong aos ingleses, a liberação de cinco portos, a não repressão à entrada de ópio e a indenização pelos prejuízos causados. Em 1856, autoridades chinesas revistaram um navio britânico à procura de droga contrabandeada. Foi o suficiente para deflagrar a segunda guerra do ópio.

Jean-Jacques Rousseau

Cabe nessa reflexão o pensamento do filósofo iluminista **Jean-Jacques Rousseau** (1712-1778), em seu *Discurso sobre as Ciências e as Artes*:

— *Enquanto o poder estiver sozinho de um lado, as luzes e a sabedoria isoladas do outro, os sábios raramente pensarão grandes coisas, os príncipes raramente farão coisas belas, e os povos continuarão vis, corrompidos e infelizes.*

Ovelhas pacíficas, mas não passivas

A fim de não incorrer nisso, busquemos a Sapiência do Poder do Pai Celestial, que é justamente Amor, sinônimo de Caridade, razão por que Deus deseja que progridamos no rumo do Seu Coração Magnânimo. **É disso que o mundo necessita**, por mais que ainda teime o contrário, como no triste episódio envolvendo a Inglaterra e a China.

São Bernardo de Claraval

O filósofo francês e professor de História da Filosofia **Étienne Gilson** (1884-1978), ao comentar o pensamento de **São Bernardo de Claraval** (1090-1153), sintetizou:

Em 1858, assinou-se o Tratado de Tientsin, que só foi efetivamente aceito em 1860. Com isso, deu-se a abertura de onze portos, legalizou-se o uso do ópio, permitiu-se o trânsito de estrangeiros e de missionários cristãos no território chinês e estabeleceram-se representações diplomáticas em Pequim.

— Enquanto se ama Deus como Deus ama, há perfeito acordo entre a nossa vontade e a vontade divina; há, pois, perfeita semelhança entre o homem e Deus. É isso que São Bernardo chama de união a Deus.

No entanto, faz-se indispensável deixar claro o seguinte: as pessoas que amam **não devem ser passivas**, contudo **pacíficas**, operosas, enérgicas, corajosas, e não grosseiras, violentas, estúpidas. Precisam ter energia, mas não brutalidade, como realçamos anteriormente, e saber dizer

— ***sim, quando é sim; não, quando é não.***
Jesus (Mateus, 5:37)

E Ele próprio, o Cristo Ecumênico, logo, universal, o Divino Estadista, no mesmo versículo completa, admoestando-nos:

— *(...)* ***o que disso extrapolar provém do maligno.***

Portanto, deriva da ignorância espiritual, mãe de todos os males que infernizam os povos.

Não apontar apenas os erros

Há gente muito crítica que não abre caminho para ninguém. Aponta apenas erros... Entretanto, não estende a mão, não propõe conserto algum à sociedade... Mas Jesus é diferente! Quando se dirige às Sete Igrejas da Ásia, Ele reconhece suas qualidades, mostra o que elas têm de bom, conforta, oferece um conselho, encoraja e, quando necessário, "puxa a orelha" de seus integrantes, não para derrubar quem quer que seja, contudo para convocá-los à correção do que está errado.

CAPÍTULO 24

O bem viver em sociedade

Ainda quanto às ideias de vanguarda da Política de Deus, do Cristo e do Espírito Santo, em meu livro *Apocalipse sem Medo* (2000), citei um discurso que proferi, ao receber, em 1982, o Título de Cidadão Nilopolitano, na cidade de Nilópolis/RJ, Brasil, na presença do ilustre senador **Artur da Távola** (1936-2008) e do consagrado ator **Mário Lago** (1911-2002). Na oportunidade, declarei: Quando Você se levanta, bota o pé no chão... e fala com sua mulher, com seu filho, com seu pai, com sua mãe, com um parente, ou uma pessoa amiga que está na sua casa, o que está fazendo senão Política? Ela é também a simples arte de viver. E esperamos que, com o banho lustral do Evangelho e os alertamentos do Apocalipse, seja a arte do existir com correção, perfeitamente. Viver bem sem prejudicar a ninguém!

Max Weber

Karl Heinrich Marx

Émile Durkheim

Max Weber (1864-1920), historiador, economista e político alemão, que, ao lado de **Karl Heinrich Marx** (1818-1883) e **Émile Durkheim** (1858-1917), é considerado um dos fundadores da sociologia moderna, escreveu:

— *O destino de nosso tempo, que se caracteriza pela racionalização, pela intelectualização e, sobretudo, pelo "desencantamento do mundo" levou os homens a banir da vida pública os valores supremos e mais sublimes. Tais valores encontram refúgio na transcendência da vida mística ou na fraternidade das relações diretas e recíprocas entre indivíduos isolados.*

Diante desse distanciamento entre valores elevados e a vida em sociedade, há tempos defendo que o mundo físico não mais evoluirá de modo satisfatório sem o auxílio flagrante do Mundo Espiritual. Eis o grande ensinamento que as nações aprenderão no transcurso do terceiro milênio.

ADENDO

Ciência sociológica

Quanto à ciência sociológica, seria injusto esquecer o fundador do Positivismo, **Augusto Comte** (1798-1857), relacionado igualmente entre os criadores da disciplina, que, segundo **Pierre Bourdieu** (1930-2002),

Augusto Comte

— é a arte de pensar coisas fenomenicamente diferentes como semelhantes em sua estrutura e seu funcionamento e de transferir o que foi estabelecido a propósito de um objeto construído, por exemplo, o campo religioso, a toda uma série de novos objetos, o campo artístico, o campo político, e assim por diante.

"Universalidade do Amor Cristão"

Entretanto, vale esclarecer ainda mais o seguinte ponto: como bem viver em coletividade sem causar dano a ninguém? Jesus, o Cristo Estadista, o autor do Apocalipse, responde, **desafiador**, no Evangelho, consoante Mateus, 5:43 a 48:

> *43 Ouvistes que foi dito: Amarás o teu próximo e odiarás o teu inimigo.*
> *44* ***Eu, porém, vos digo: Amai os vossos inimigos e orai pelos que vos perseguem.***
> *45 Fazendo assim, vos tornareis filhos do vosso Pai que está nos Céus; porque Ele faz o sol levantar-se sobre os bons e os maus e faz cair a chuva sobre os justos e os pecadores.*
> *46 Pois,* ***se amardes os que vos amam, que recompensa tereis****? Não o fazem assim os publicanos?*
> *47 E,* ***se saudardes somente os vossos irmãos, que fazeis de extraordinário****? Não o fazem também os pagãos?*
> *48* ***Sede, pois, perfeitos, como é perfeito vosso Pai Celestial.***

Trata-se, de fato, da "universalidade do amor cristão", como titulam os Irmãos católicos esses versículos da Bíblia Sagrada, nova edição papal, traduzida das línguas originais, com uso crítico de todas as fontes antigas, pelos Missionários Capuchinhos de Lisboa, em 1974.

Saber querer, de acordo com Jesus

Jesus é o Cristo Ecumênico, o Estadista Supremo, porquanto apenas o pensamento divinamente

universalista pode propor a existência de uma sociedade em que os seres humanos se respeitem em tamanho grau de Fraternidade.

Impossível?! Jamais!

Estamos perante uma simples questão de saber **querer**, passe o tempo que for necessário. Imprescindível é que **perseveremos em Cristo Jesus**, como Ele próprio sabiamente exige no Apocalipse, segundo João, 3:10:

> — ***Porque guardaste a palavra da minha perseverança, também Eu te guardarei da hora da tormenta que há de vir sobre o mundo inteiro, para experimentar os que habitam sobre a Terra.***

A palavra de Martin Luther King Jr.

Martin Luther King Jr.

E que certos homens de bem parem de se esconder de uma vez por todas! Ainda ressoa a lástima do destemido pastor norte-americano **Martin Luther King Jr.** (1929-1968):

> — *Nossa geração haverá de lamentar não apenas as palavras e ações odiosas dos perversos,* ***mas o estarrecedor silêncio das pessoas boas.*** (O destaque é nosso.)

Exato!

Contudo, não há neste orbe quem seja perfeitamente bom ou totalmente mau. Por causa disso, há sempre a possibilidade de corrigir-se. **E que aqueles considerados bons não se tornem arrogantes na sua bondade!** No entanto, e o mundo reclama com razão, **que os bons sejam mais audazes nas suas obras**, a fim de merecer o reconhecimento dos que esperam deles a atitude devida. Jesus deplora o comportamento omisso, conforme este Seu lamento, que antes mencionamos:

— *Os filhos da Terra são mais perspicazes do que os filhos da Luz.*

Jesus (Lucas, 16:8)

Só com ação decidida e talentosa no Amor e na Justiça Divinos finalmente teremos *"um novo Céu e uma nova Terra"* — transformação que tem início no Espírito de cada um ou de cada uma —, de acordo com promessa constante do Livro das Profecias Finais, 21:1:

— *E vi* ***novo Céu e nova Terra****, porque o primeiro céu e a primeira terra* ***passaram, e o mar já não existe.***

A Fórmula de Jesus para o Brasil

Eis, em resumo, nas palavras do Apocalipse, estimados Jovens de Boa Vontade, de corpo e de Alma,

o serviço a ser completado por Vocês, por meio da Política de Deus, a Política para o Espírito Imortal dos povos, **a Ética do Espírito no cotidiano**[1], a Política do Terceiro Milênio e dos subsequentes.

Desse modo, na verdade, o seu labor concretizará o Divino Conceito expresso por Alziro Zarur na **17ª Chave Bíblica da Volta Triunfal de Jesus**, em que ele revela ***"o segredo do governo dos povos"***; logo, do bem viver em sociedade. Quanto ao complemento, o Proclamador da Religião de Deus, do Cristo e do Espírito Santo o fez numa pregação realizada na capital do Estado de São Paulo, em 1973:

> — *O Brasil tem todas as riquezas, e no devido tempo elas surgirão. Só não aparecem mais porque os governantes ainda não sabem buscar, primeiro,* ***o Reino de Deus e Sua Justiça****, pois a essência desta* ***Fórmula*** *é exatamente o Novo Mandamento de Jesus*[2]*: "Amai-vos uns aos outros como Eu vos amei".* ***É um Mandamento! Não é um preceito ou uma sugestão.*** *No final, esse Mandamento vem a ser "Amar a Deus sobre tudo e sobre todos. Não terás outros deuses diante de mim".*
>
> *Mas, se o Brasil tem outros deuses além de Deus, se tem o deus americano ou o deus russo, se tem o*

[1] **Política de Deus: a Ética do Espírito no cotidiano** — Leia importante página com esse título no livro *Crônicas & Entrevistas*, de Paiva Netto.
[2] **Novo Mandamento de Jesus** — Boa Nova do Cristo, de acordo com os relatos de João, 13:34. A transcrição na íntegra encontra-se na p. 11 desta obra.

deus dólar ou o deus rublo, ou deus de qualquer outra coisa, já não está merecendo a proteção de Deus. Já não está pondo Deus acima de tudo — Deus e Sua Justiça. Portanto, escrevam na linha pontilhada da 17ª Chave Bíblica da Volta Triunfal de Jesus: ***A essência*** *(do segredo do governo dos povos)* ***é justamente a vitória do Novo Mandamento de Jesus com a União da Humanidade da Terra com a Humanidade do Céu***[3].

Vivos e ativos

Prosseguindo no tema "A União das Duas Humanidades", realmente os habitantes do Mundo Espiritual permanecem tão **vivos e ativos** quanto nós. E, prestem bem atenção e não se esqueçam, por favor: se Zarur fala aqui em Deus, refere-se ao Deus que é Amor (Primeira Epístola de João, 4:16) **e jamais ao deus promotor da intolerância**. Este é execrável.

E é o Apocalipse que afirma, em *"O Novo Céu e a Nova Terra"*, passagem à qual já aludimos, no versículo quarto do capítulo 21, **que não existem mortos**, visto que na Nova Jerusalém ***"não haverá mais morte"***, pois nela reinarão a **Autoridade** e o

[3] **União da Humanidade da Terra com a Humanidade do Céu** — Esclarecimentos sobre o assunto podem ser lidos nos livros de Paiva Netto *As Profecias sem Mistério*, no capítulo "Os Profetas e o Fim dos Tempos (I)"; *Somos todos Profetas*, no capítulo "Aos Políticos, a Fórmula Perfeita: A União das Duas Humanidades (de Alziro Zarur)"; e *Voltamos!* (1996).

Poder do Cristo Ecumênico, portanto, universal, o Divino Estadista.

Voltarei ao assunto.

A arte do bem viver

Quando Você se levanta, bota o pé no chão... e fala com sua mulher, com seu filho, com seu pai, com sua mãe, com um parente, ou uma pessoa amiga que está na sua casa, o que está fazendo senão Política? Ela é também a simples arte de viver. E esperamos que, com o banho lustral do Evangelho e os alertamentos do Apocalipse, seja a arte do existir com correção, perfeitamente. Viver bem sem prejudicar a ninguém!

"Cristo Pantocrator do Sinai", ícone do século 6º, conservado no Monastério de Santa Catarina, no Egito.

CAPÍTULO 25

Dessectarização do Cristianismo[1]

Dessectarizar Jesus significa ampliar o entendimento do Seu Poder e da Sua Ação Esclarecedora e Pacificadora nos corações humanos.

[1] **Dessectarização do Cristianismo** — Leia em *Jesus, o Profeta Divino* (no formato impresso ou digital), da lavra de Paiva Netto, o capítulo "A dessectarização do Cristianismo". Também consulte o capítulo "Quanto à Dessectarização de Jesus, o Cristo de Deus", no segundo volume das *Diretrizes Espirituais da Religião de Deus, do Cristo e do Espírito Santo* (1990), p. 29. Ligue 0300 10 07 940 ou acesse www.clubeculturadepaz.com.br.

No conceito fraterno e solidário da Religião de Deus, do Cristo e do Espírito Santo, proclamada por Alziro Zarur, **o Cristianismo do Cristo universalmente ama a Humanidade**. A recomendação de Jesus, o Ecumênico (que quer dizer universal) por excelência, no Seu Evangelho, segundo João, 13:34 e 15:13, é muito clara:

> — *Amai-vos como Eu vos amei. (...) Não há maior Amor do que doar a própria Vida pelos seus amigos.*

Eis, portanto, um ponto pacífico de convergência de todos os rebanhos do mundo, isto é, **transcendendo a Religião**, esse divino sentimento é excelente ferramenta de diálogo entre ela e a Ciência, a Política, a Filosofia, a Economia, a Arte, o Esporte, a vida pública e a vida doméstica, enfim, entre todos os ramos das realizações terrenas. Essas expressões do saber **humano** carecem do banho lustral do Mandamento Novo do Cristo, de forma que alcancem a supina iluminação dos seus setores. **Existe algo além do Além...**

Jesus Dessectarizado

Diante dessa abrangência universalista, é nosso empenho, na Religião do Terceiro Milênio, apresentar Jesus Dessectarizado, sem arestas, para que Ele possa surgir em toda a Sua Divina Grandeza, com Poder e Autoridade, a qualquer consciência do mundo.

Em 1989, o jornalista polonês Roman Dobrzyński entrevista Paiva Netto. (Reprodução: BVTV)

Grafei esse conceito da **dessectarização do Cristo** durante entrevista que concedi, em 1989, ao produtor de documentários da TV polonesa, à época vice-presidente da Associação Universal de Esperanto, jornalista **Roman Dobrzyński**. Na ocasião, ele, ao analisar a missão do Templo da Boa Vontade (TBV), o Templo do Ecumenismo Divino, que eu inauguraria em 21 de outubro daquele ano, em Brasília/DF, arguiu-me sobre como podia pregar o Ecumenismo Irrestrito falando em Jesus. Resumindo o que há décadas tenho elucidado acerca de assunto tão fundamental da doutrina da Religião do Terceiro Milênio, respondi que uma das grandes tarefas da Religião de Deus, do Cristo e do Espírito Santo é dessectarizá-Lo, pois Jesus é o Cristo Ecumênico, portanto, universal. (...) O Divino Mestre **não é limitado**. Ele é o Ideal Celeste de Humanidade, Amor, Solidariedade, Justiça e Compaixão para todos os seres espirituais e humanos. **Jesus é uma conquista diária para os que têm sede de Saber, de Misericórdia, de Fraternidade, de Liberdade e Igualdade[2], segundo a Lei das Vidas Múltiplas. Jesus, em Si mesmo, não constitui fator de rancores e guerras.**

Faz-se necessário esclarecer que, quando Jesus asseverou, no Seu Evangelho, segundo Mateus, 10:34, que

> — *não penseis que vim trazer paz à Terra; não vim trazer paz, mas espada,*

de forma alguma estava incitando a violência. O saudoso Irmão Zarur apresentava, em suas preleções, uma equilibrada e elucidativa versão a essa famosa passagem:

> — ***Não penseis que vim trazer comodismo à Terra.***

É só observar que Jesus pregou, com o Seu Novo Mandamento, o Amor elevado à enésima potência. O que as criaturas terrenas fizeram com a Sua Mensagem é criação reducionista delas (...).

Revelar o excelso significado do Seu Evangelho e do Seu Apocalipse, sem odiosa intolerância, ou seja, em Espírito e Verdade, à luz desse Amor Fraternal,

[2] **Igualdade** — Ouça ou leia Paiva Netto para conhecer o conceito de igualdade sob o prisma do Novo Mandamento de Jesus. No fim do livro, você tem acesso a uma lista de emissoras de rádio e TV, bem como portais na internet.

Em 2003, na abertura de um dos congressos temáticos do Fórum Mundial Espírito e Ciência, no ParlaMundi da LBV, em Brasília/DF, Brasil, Paiva Netto apresenta sua mensagem aos participantes: "Questão de Morte ou de Vida?".

é um destacado serviço que a Religião de Deus, do Cristo e do Espírito Santo está prestando à sociedade do mundo (...).

Roman tornou-se admirador e divulgador desse ideal de Boa Vontade, constantemente encaminhando à Religião do Terceiro Milênio histórias e experiências vivenciadas quando de suas palestras e aulas em diferentes lugares do globo, entre estas as ministradas na Universidade de Pequim, na China.

Defender teses sem espírito de cizânia

A Elevada Doutrina de Jesus não existe para, de modo selvagem, conflitar com qualquer esfera de pensamento.

A respeito desse assunto, em minha página "Questão de Morte ou de Vida?"[3], considerando que, segun-

[3] **"Questão de Morte ou de Vida?"** — Documento dirigido por Paiva

Napoleão Bonaparte

do **Napoleão Bonaparte** (1769-1821), *"a maior figura de retórica é a repetição"*, reforcei o meu raciocínio publicado na *Folha de S.Paulo* de 31 de dezembro de 1989, para marcá-lo com máxima intensidade:

Por ser aqui o Parlamento Mundial da Fraternidade Ecumênica da Legião da Boa Vontade, o ParlaMundi da LBV, todos têm, por força das atividades dele, mais que o direito de expressar suas opiniões, mesmo que com o ardor natural à defesa das teses, todavia, sem espírito de cizânia; logo, **civilizadamente.**

Pobre da sociedade sem a discussão de ideias. Detestam-na apenas os que querem o domínio criminoso da mente humana. A História conta-nos o horror que tem sido a sua passagem pela Terra. E o homem que não aprende com o passado dificulta o seu futuro[4].

Netto aos participantes de um dos congressos temáticos do Fórum Mundial Espírito e Ciência, ocorrido de 20 a 25 de outubro de 2003, no Parlamento Mundial da Fraternidade Ecumênica, o ParlaMundi da LBV. Ao lado do Templo da Boa Vontade, forma o Conjunto Ecumênico da LBV, no Distrito Federal. Ele foi eleito pelo povo "uma das Sete Maravilhas de Brasília", recebendo anualmente mais de 1 milhão de peregrinos e turistas. Segundo dados da Secretaria de Estado de Turismo do Distrito Federal (Setur-DF) é o monumento mais visitado da capital do Brasil.

[4] Esse parágrafo faz parte da entrevista que Paiva Netto concedeu à jornalista portuguesa **Ana Serra**, em 2008, semanas antes de eclodir a crise financeira que, naquele ano, abalou todo o mundo. Você pode lê-la no *site* www.lbv.pt (sítio da LBV de Portugal) ou no portal Boa Vontade (www.boavontade.com).

Cristianismo Dessectarizado

E, com essas reflexões, consequentemente chegamos mais adiante ao propor **a dessectarização do Cristianismo**, que os seres humanos dividiram em rebanhos, de acordo com os seus diversos graus de entendimento.

Pontos de vista distintos sempre existirão[5]. A causa disso, Zarur a explicou na Proclamação do Novo Mandamento de Jesus (Campinas/SP, Brasil, 7 de setembro de 1959):

> — *Há tantas religiões quantos são os graus de entendimento espiritual das criaturas humanas, conforme a soma de suas encarnações.*

O que não deve ocorrer é essa fórmula malévola, criminosa mesmo, com que se promovem lutas fratricidas, as quais enchem de sangue os caminhos de uma história, que precisaria ser mais compassiva.

Em *Epístola Constitucional do Terceiro Milênio* (1988), escrevi: Haverá um tempo majestoso, em que o ser humano só aceitará um dogma: **o da Fraternidade sem fronteiras**.

---

[5] **Pontos de vista distintos...** — Vale mencionar que a Constituição Federal, no artigo 5º, inciso 55, garante o princípio do contraditório e da ampla defesa: *"Aos litigantes, em processo judicial ou administrativo, e aos acusados em geral são assegurados o contraditório e ampla defesa, com os meios e recursos a ela inerentes"*. Tal preceito jurídico tem em sua base a expressão latina *audiatur et altera pars* e quer dizer *"que a outra parte seja também ouvida"*.

Jesus, o Político de Deus, que, pelo Seu caráter altamente humanitário, pode ser admirado até pelos descrentes, exorta-nos à compaixão:

— *Misericórdia quero, não holocausto.*[6]
Jesus (Mateus, 9:13)

Jesus é maior do que pensamos

Costumo afirmar que **o Pai Celestial desaprova qualquer manifestação de ódio em Seu Santo Nome**. Infelizmente, por vezes, vimos irromper essa separação intolerante, cujo proveito jamais é do agrado de Deus, que é Amor (Primeira Epístola de João, 4:8). Por isso, também abordo esse assunto em minha obra *Jesus, o Profeta Divino*, no capítulo "A dessectarização do Cristianismo". É preciso esclarecer que não significa criar outro cristianismo. Na verdade, trata-se de devolver ao Cristo, justo e compassivo, o que é do Cristo, como propôs Alziro Zarur. Portanto, é dessa maneira abrangente que compreendemos o Jesus Ecumênico, logo, universal, e Seus ensinamentos redentores, isto é, acima de idiossincrasias ou atavismos grosseiros. **Um Jesus sem algemas.**

[6] ***Misericórdia quero, não holocausto*** — No Antigo Testamento da Bíblia Sagrada, afirma o profeta **Oseias**, em seu livro, 6:6: *"Pois misericórdia quero, e não sacrifício, e o conhecimento de Deus, mais do que holocaustos"*.

O Cristo liberto de preconceitos e tabus oferece Sua Divina Amizade **igualmente aos Irmãos ateus, que também de Deus são filhos**.

Jesus veio a este planeta e sacrificou-se por Amor à Humanidade. Fica aqui o nosso fraterno e cordial convite para que todos conheçamos o Cristianismo do Cristo e participemos dele.

Jesus é maior do que pensamos.

Jesus ama a Humanidade inteira

Dessectarizar Jesus significa ampliar o entendimento do Seu Poder e da Sua Ação Esclarecedora e Pacificadora nos corações humanos. No conceito fraterno e solidário da Religião de Deus, do Cristo e do Espírito Santo, proclamada por Alziro Zarur, **o Cristianismo do Cristo universalmente ama a Humanidade**. A recomendação de Jesus, o Ecumênico (que quer dizer universal) por excelência, no Seu Evangelho, segundo João, 13:34 e 15:13, é muito clara: *"Amai-vos como Eu vos amei. (...) Não há maior Amor do que doar a própria Vida pelos seus amigos"*.

"O Cristo na sinagoga", obra de Gustave Doré (1832-1883).

CAPÍTULO 26

O Político Divino

Na qualidade de Cristo Estadista, Político Divino, Governante Supremo deste planeta, Jesus inspira, por **processos espirituais** que já andamos palidamente avaliando, a Humanidade toda, **porque entregou em sacrifício a Sua vida por ela**. O Mestre espera de nós, com Autoridade primorosa, que, com pertinácia, **sigamos as Suas palavras e os Seus exemplos**.

— *O segredo do êxito é a constância de propósito.*

Benjamin Disraeli

Rainha Vitória

Lição do brilhante escritor e político britânico de ascendência judaica **Benjamin Disraeli** (1804-1881), destacado primeiro-ministro da rainha **Vitória** (1819-1901), chefe da Igreja Anglicana[1].

A verdadeira valentia

José Bonifácio

Quanto a essa questão de êxito, **é preciso saber se ele visa ao Bem ou ao mal**. Não basta apenas perseguir o sucesso. O ser humano sábio corre atrás do que é benéfico, do que é espiritualmente produtivo. Não foi sem razão que **José Bonifácio de Andrada e Silva** (1763-1838), patriarca da Independência do Brasil, afirmou:

— *A virtude e a verdadeira honra deviam governar o mundo.*

Há décadas, acreditamos, na Religião do Amor Universal, que **valentia é assumir um compromisso com**

[1] **Igreja Anglicana** — Também conhecida como Igreja da Inglaterra ou Anglicanismo, é a religião cristã oficial desse país.

o Bem e levá-lo honrosamente até o fim. E isso me faz recordar antológica revelação do velho Zarur, que sabia o que falava:

> — ***A Religião de Deus, do Cristo e do Espírito Santo é um compromisso que não cessa nem com a morte.***

Padrão Celeste do Cristo

Em 21 de outubro de 1989, inaugurei em Brasília/DF, Brasil, o Templo da Boa Vontade, o Templo do Ecumenismo Divino. Naquele dia, ao ser entrevistado por uma emissora de televisão, afirmei que o TBV é um lugar onde todas as pessoas, que tiverem necessidade de **um agasalho para o sentimento**, poderão chegar e ser bem recebidas. Inspirado por esse nobre propósito solidário e universalista, dois meses depois, realizei, naquele solo sagrado, a 30 de dezembro de 1989, a **Proclamação do Cristo Estadista**[2]. Durante a cerimônia, li e comentei página por mim redigida, no início da década de 1980, para a centenária *Gazeta de Notícias*, do Rio de Janeiro/RJ, referente à Política de Deus, intitulada "Trabalho honesto, hierarquia e competência". Por oportuno, apresento-a aqui, acrescida de alguns apontamentos:

[2] **Proclamação do Cristo Estadista** — Leia a íntegra dessa importante Proclamação no segundo volume das *Diretrizes Espirituais da Religião de Deus, do Cristo e do Espírito Santo*, na p. 31.

(Antes, porém, para consolidarem em suas mentes este pensamento, não se esqueçam de que **o Templo da Boa Vontade é o agasalho para o sentimento**):

A hierarquia que prevalece, apesar de aspectos contrários de gente que se julga muito esperta, é aquela sustentada no comportamento ético (honestidade) e na competência. Não somos palmatória do mundo, mas existe um fator básico chamado **Moral do Cristo**, que tem de ser fielmente seguido. Esse ponto de vista faz com que aqueles que procuram a Religião do Terceiro Milênio e nela permanecem se esforcem por vivê-la conforme o puro idealismo de que é constituída. Quem não carrega um bom propósito no coração desventuradamente não passa de morto-vivo, consoante denunciado pelo Apocalipse, 3:1, na Carta à Igreja em Sardes:

> — *(...) Conheço as tuas obras:* ***tens a reputação de que estás vivo; entretanto, estás morto.***

Jesus, a medicina preventiva

Alguns pensam que só nos devemos lembrar do Amigo Celeste quando enfrentamos o sofrimento. Todavia, **Jesus** é a **medicina preventiva** de que as nações necessitam. Daí O considerarmos a **Religião da Vida**, neste e no Outro Lado da existência. Afinal de contas, Ele superou a Dor, tão presente no mundo.

Do infortúnio, do qual tantos retiram derrota, **sob a inspiração de Deus construiu a Sua Autoridade e estabeleceu o Seu Poder** diante dos olhos materiais, visto que, reiteramos, já os possuía antes mesmo da criação do planeta.

> — *No princípio, era o Verbo, e o Verbo estava com Deus, e o Verbo era Deus.* ***Ele estava no princípio com Deus.*** *Todas as coisas foram feitas por Ele, e nada do que se fez foi feito sem Ele: Cristo Jesus. A vida estava Nele, e a vida era a luz dos homens. A luz resplandece nas trevas, mas as trevas não prevaleceram contra ela.*
>
> Jesus (João, 1:1 a 5)

Portanto, em vez de invocar Aquele que é UM com o Pai Celestial apenas na hora do perigo ou da agonia, **não é melhor debruçarmo-nos sobre o que Ele pregou e viver em consonância com os Seus libertários — espiritualmente falando[3] — preceitos**? Busquemos respostas no irreprochável Mentor Divino, uma vez que O aceitamos como padrão ecumênico, isto é, universal. Ele disse:

[3] *Vide* "A Fórmula Urgentíssima", explicação de Alziro Zarur, inspirada no Evangelho de Jesus, segundo Mateus, 6:33, no volume primeiro das *Diretrizes Espirituais da Religião de Deus, do Cristo e do Espírito Santo*, de autoria de Paiva Netto, na p. 184. A passagem encontra-se transcrita neste estudo de *Jesus, a Dor e a origem de Sua Autoridade*, no capítulo 10, "O Poder que nasce do sacrifício", e no capítulo 24, "O bem viver em sociedade".

— *Passará o Céu, passará a Terra,* ***mas as minhas palavras não passarão*** (Evangelho, consoante Lucas, 21:33).

Será isso brincadeira?! É evidente que não!
(...)

A medicina preventiva

Jesus é a medicina preventiva de que as nações necessitam. Daí O considerarmos a Religião da Vida, neste e no Outro Lado da existência. Afinal de contas, Ele superou a Dor, tão presente no mundo. Do infortúnio, do qual tantos retiram derrota, sob a inspiração de Deus construiu a Sua Autoridade e estabeleceu o Seu Poder.

O amplo significado do Sexto Flagelo

PARTES DE I A IV

"Arcanjo Miguel", obra de Guido Reni (1575-1642). Igreja Santa Maria della Concezione dei Cappuccini, Roma, Itália.

CAPÍTULO 27

O amplo significado do Sexto Flagelo (I)

Miguel, o dragão e a batalha no Céu

Atendendo a inúmeros pedidos do público que me honra com sua audiência, apresento parte de minha explicação durante o programa nº 211 da série radiofônica "O Apocalipse de Jesus para os Simples de Coração". Esperamos, com essa análise, ser mais conhecedores do Poder e da Autoridade singularizados em Jesus, o Chefe Supremo do planeta Terra.

Vamos, portanto, ao capítulo 16 do último Livro da Bíblia Sagrada, versículos de 12 a 16:

O Sexto Flagelo

12 E derramou o sexto Anjo a sua taça sobre o grande rio Eufrates, ***cujas águas secaram*** *para que se preparasse o caminho dos reis que vêm do lado do nascimento do sol* [o Oriente].

13 Então, vi sair da boca do dragão, da boca da besta e da boca do falso profeta três espíritos imundos semelhantes a rãs;

14 porque estes são espíritos de demônios, operadores de sinais, e se dirigem aos reis do mundo inteiro com o fim de ajuntá-los para a peleja do grande dia do Deus Todo-Poderoso.

15 (Eis que venho como vem o ladrão. Bem-aventurado aquele que vigia e guarda as suas vestes, para não andar nu, e não se veja a sua vergonha.)

16 ***Então, os ajuntaram no lugar que em hebraico se chama Armagedom.***

Há quem pense que esse **secar do rio Eufrates apenas** represente um fato literal que pode suceder. É certo que a Humanidade vai sentir falta de água, como a mídia já vem sinalizando. É também consequência da

criminosíssima poluição dos mananciais que os seres humanos usam de forma irresponsável. Daqui a pouco, **uma vida vai valer menos que um copo d'água**. Muita gente vai lutar, matar, morrer por um gole dela que seja[1]. A quanta tristeza assistiremos ainda no mundo **em virtude dessa má semeadura de nós, seres humanos**! É verdade, porém, que milhões de idealistas e **pessoas práticas** de visão esclarecida se põem em marcha, com o fito de **conter** tamanho infortúnio. O tempo, contudo, tem passado bem depressa, suplantando as tardígradas providências humanas e do governo dos povos. Outro aspecto importante a se observar é que esse **exaurir das águas do rio Eufrates** se traduz, por exemplo, na queda dos impedimentos que barravam a aproximação, pacífica ou bélica, dos poderes espirituais, religiosos, sociais, políticos, militares e artísticos do Oriente dos poderes do Ocidente; da cultura laica à religiosa.

Vejam o caso que ocorreu, em 1973 — por causa da crise do petróleo e do súbito aumento do seu preço —, em função do embargo feito pelas nações árabes da Organização dos Países Exportadores de Petróleo (Opep) aos Estados Unidos, à Europa Ocidental e ao Japão, com graves desdobramentos para a economia mundial.

---

[1] Leia mais sobre o tema nos livros de Paiva Netto *Apocalipse sem Medo*, no capítulo "A guerra pela água", e, *Jesus, o Profeta Divino*, no capítulo "A mídia e os Profetas". Ligue 0300 10 07 940 ou acesse clubeculturadepaz.com.br.

A respeito do Apocalipse, 16:12, também comentei de improviso, durante outra série radiofônica, chamada "Apocalipse e Profecias", em 9 de setembro de 1989, sábado, no Rio de Janeiro/RJ, Brasil, que, pelo esvaziamento do grande rio Eufrates, os caminhos foram facilitados, e as distâncias, consumidas pelo progresso. **Novamente, afirmo que isso representa o fato de secar tudo aquilo que servia de empecilho para a ligação entre o Oriente e o Ocidente.** O que antes era obstáculo — **um rio caudaloso** — se tornou passagem, com suas consequências boas e más.

(Cabe aqui assinalar que a situação do Eufrates esvaído significa a instituição de um intercâmbio maior de conhecimento entre Oriente e Ocidente. E que seja para o bem de todos, de forma cada vez mais harmoniosa. Se não, quem restará para contar história?)

Retomando: quer dizer, foi aberto um longo e bom percurso a ser trilhado por toda a gama de doutrinas que vêm preparando o caminho para reis vindos do lado do nascimento do sol. Quando se fala em reis, muita gente pensa em cabeças coroadas. Sim, diversas vezes tem esse significado. No entanto, isso não simboliza apenas poderes governamentais, pois se refere igualmente aos poderes de tradição social, religiosa, filosófica, científica, econômica e artística; e à propaganda, mal-intencionada ou não, que faz a cabeça de populações indefesas e de massas mantidas na ignorância (da qual, um dia, se libertarão), que ficam deslumbradas diante do desconhecido. Foi o que vimos ocorrer na Alemanha de **Hitler** (1889-1945), hipnotizada pela nefasta publicidade nazista. É bom destacar o que, um século antes desse bárbaro período da história da Humanidade, lamentara o poeta alemão **Goethe** (1749-1832):

Goethe

— *Não há nada mais terrível do que uma ignorância em atividade.*

E Zarur enriqueceu esse ensinamento do autor de *Fausto* ao asseverar:

— *A pior desgraça humana é a ignorância da Lei Divina.*

ADENDO

Mais água, menos guerra

Embora já tenha trazido, há alguns anos, em meus livros, artigos e palestras, exemplos citados pela mídia acerca dessa tragédia da guerra pela água — lutas sangrentas que se arrastam pelo globo terrestre por séculos —, é válido reproduzir o que disse o professor de Economia **Jeffrey Sachs** ao jornal *The Guardian*, em 26 de abril de 2009. No texto, intitulado *"Stemming the water wars"* (Guerras hídricas), o dire-

Mulher caminha para a distribuição de água na cidade de Tora, que está sendo feita por uma operação conjunta da Missão das Nações Unidas e da União Africana em Darfur (Unamid). A fonte de água mais próxima fica a uma hora e meia de distância.

tor do Instituto Terra, da Universidade de Columbia, relata:

> — *Muitos conflitos são provocados ou inflamados por escassez de água. Conflitos — do Chade a Darfur, ao Sudão, ao deserto Ogaden, na Etiópia, à Somália e seus piratas, bem como no Iêmen, Iraque, Paquistão e Afeganistão — acontecem em um grande arco de terras áridas onde a escassez de água está provocando colapso de colheitas, morte de rebanhos, extrema pobreza e desespero.*

O conselheiro especial do secretário-geral da ONU para os Objetivos de Desenvolvimento do Milênio faz grave advertência ao narrar que governos perdem legitimidade perante as populações ao não ser capazes de atender às necessidades mais básicas de sua gente. Ele conta que políticos, diplomatas e generais tratam dessas crises como se fossem problemas comuns no campo administrativo ou militar. No entanto, as medidas de arregimentar exércitos, organizar facções políticas, combater líderes guerreiros locais ou enfrentar extremismos religiosos não atingem o resultado de suprir as comunidades com água, alimento e meios de subsistência — que são demandas urgentes —, pois o desafio estrutural não é resolvido. O economista norte-americano ainda avisa:

> — *(...) Os problemas da água não evaporarão por si mesmos. Pelo contrário, se agravarão, a menos que nós, como comunidade mundial, implementemos uma reação. Uma série de estudos recentes mostra quão frágil é o equilíbrio hídrico para muitas regiões pobres e instáveis do mundo.*

Eis o sério alerta do professor Sachs. É mais que inadiável o empenho conjunto em torno da resolução de problemas como esse, conforme observamos ocorrer no Estado de São Paulo, Brasil. **A água é um bem básico, sem o qual não pode existir vida.** A sua justa distribuição precisa estar acima de interesses político-religiosos, econômicos e militares. Só uma mobilização internacional pode pôr fim ao drama vivido pelos nossos Irmãos em humanidade e, daqui a pouco, por nós próprios.

Convém contritamente pedirmos o auxílio de Deus, do Cristo e do Espírito Santo na tomada de decisões a fim de que, com maior eficácia, encaminhemos providências corretas, de modo que alcancemos bom desfecho para tão grave problema, que assola multidões. Com muito acerto, Zarur ensinou que

— *O segredo do governo dos povos é unir a Humanidade da Terra à Humanidade do Céu* [Espiritual Elevado][2].

Isto é, precisamos ouvir os componentes do Mundo (ainda) Invisível, por meio da prece, da invocação direta, da meditação ou da intuição[3].

A besta, o anti-Cristo e o falso profeta são enganados por satanás

Voltemos ao Sexto Flagelo, Apocalipse, 16:12:

— *E derramou o sexto Anjo a sua taça sobre o grande* ***rio Eufrates, cujas águas secaram*** *para*

[2] Leia a respeito do assunto também em *É Urgente Reeducar!*, no subtítulo "Ecumenismo — Educação aberta à Paz", e o subtítulo "O segredo do governo dos povos", em *Jesus, o Profeta Divino*, obras de Paiva Netto.

[3] Outras explicações acerca do tema estão no segundo volume de *Diretrizes Espirituais da Religião de Deus, do Cristo e do Espírito Santo*, no capítulo "Quanto à Abrangência do Templo da Boa Vontade", p. 277.

> *que **se preparasse o caminho dos reis que vêm do lado do nascimento do sol*** [o Oriente].

Prosseguindo nesse ponto, podemos inferir que o secar desse famoso rio da Antiguidade significa igualmente, como está profetizado, a metamorfose profunda de uma concepção planetária, social, humana, religiosa, política, econômica, artística, pública e particular. Há de se ter em vista que tanto o Eufrates quanto o Tigre são duas importantes torrentes que testemunharam o crescimento não apenas da civilização bíblico-judaica, esta que, por sua vez, mantém forte influência sobre o mundo até os dias atuais.

À exaustão do rio se aproximará **a extraordinária mudança de ciclo**, porque, na hora em que a Humanidade se transmuta para melhor, satanás — que está desesperado, por saber que lhe resta pouco tempo[4] — vai usar os seus escravos *"para a grande peleja"* [5]. Escravos de satanás, num sucinto comentário, são aqueles dominados pelos pensamentos maus, pelas ações perversas; que não praticam o Bem. Como explicou Alziro Zarur, **satanás**[6] **simboliza** *"a soma de todas as*

[4] Apocalipse de Jesus, 12:12.

[5] Apocalipse de Jesus, 16:14.

[6] **Satanás** — Esclarecimentos sobre o assunto podem ser lidos no artigo "Zarur: satanás é o próprio homem", constante das *Diretrizes Espirituais da Religião de Deus, do Cristo e do Espírito Santo*, volume segundo, 2ª edição, p. 161-165.

*maldades humanas. O dia em que o ser humano deixar de ser mau, **satanás deixará de existir**".*

Notem que a besta, o falso profeta e o anti-Cristo **pensam** que são muita coisa, **pensam** que mandam muito; **contudo, não passam de criados de satanás**. Isso não ocorre com os servidores de Deus. Estes **são libertos por ser "prisioneiros" do Pai Celestial**.

Observem agora que o versículo 14 do capítulo em questão desmascara a origem dos três espíritos inferiores semelhantes a rãs, mencionados, e sela-lhes o destino:

> *— porque estes são espíritos de demônios, operadores de sinais, e se dirigem aos reis do mundo inteiro com o fim de **ajuntá-los para a peleja do grande dia do Deus Todo-Poderoso**.*

A trindade do mal já foi derrotada

Nesse relato, percebemos o trabalho dos espíritos malignos a serviço da trindade do mal — satanás, anti-Cristo e falso profeta —, que se movimentam para reunir esses "poderes", que, por vezes, representam os mais diversos campos do conhecimento. Este, quando sob tal influência, se torna falso. No Fim dos Tempos, essa horda estará, em franca atividade, sob o comando do seu regente, que é satanás. Um sistema de espíritos geralmente desenvolvidos no intelecto, mas esquecidos no coração, para usar linguagem teológica. Ocorre que essas *"três criaturas imundas semelhantes a rãs"* — que João Evangelista viu sair da boca do dragão, da besta e do falso profeta — tentarão pelejar contra o **Supino do Poder, que é Deus**. Contudo, antecipadamente elas já foram derrotadas, porquanto não há espaço para dois poderes iguais nos Universos. E foram vencidas desde o princípio. Notem bem: **desde o princípio**.

> — *Vós tendes por pai ao diabo e quereis satisfazer os desejos de vosso pai. Ele foi homicida* ***desde o princípio*** *e não se firmou na verdade, porque não há verdade nele. Quando ele profere mentira, fala do que lhe é próprio, porque é mentiroso e pai da mentira.*
>
> Jesus (João, 8:44)

E no Apocalipse, satanás, além disso, é lançado do Céu por Miguel Arcanjo. Portanto, conheceu a ruína[7]. Agora, leiamos os versículos de 7 a 9 do capítulo 12.

Anjos pelejam no Céu contra o dragão. A Vitória do Cristo e do Seu povo

7 Então houve peleja no Céu: Miguel e os seus An-

[7] **Nota do autor**
Numa próxima produção literária, voltaremos ao assunto em pormenores.

jos pelejaram contra o dragão. Também pelejaram o dragão e seus anjos contra Miguel;
8 todavia, ***não prevaleceram contra ele****; nem mais se achou nos Céus o seu lugar.*
9 ***E foi expulso*** *o grande dragão, a antiga serpente que se chama diabo e satanás (...).*

Num Cosmos em que a Verdade, o Amor e a Justiça dão absoluto sustento à Vida, o diabo, homicida e mentiroso, já nasce desbaratado. Não há o que temer, **mas é preponderante precaver-se para sobrepujar suas ardis emboscadas**.

Tenhamos sempre em mente esta famosa e protetora quadrinha, imortalizada na voz do saudoso Irmão Alziro Zarur:

Jesus anda comigo.
Comigo Jesus está.
Eu tenho Jesus por mim.
Contra mim ninguém será.

Oração e Vitória

Permaneçamos, pois, ligados à já destacada força vitoriosa do Cristo de Deus, que, montado sobre o cavalo branco, *"saiu vencendo e para vencer"* (Apocalipse, 6:2).

Deixo a todos, como sugestão, para que mantenham a sintonia com os Exércitos Celestes, esta elevada prece do papa Leão XIII:

Papa Leão XIII

Oração a São Miguel Arcanjo

São Miguel Arcanjo,
Defendei-nos neste combate;
sede nosso auxílio
contra as maldades e ciladas do mal.
Instante e humildemente vos pedimos
que Deus sobre ele impere.
E vós, príncipe da Milícia Celeste,
com este Poder Divino,
precipitai no inferno a satanás
e aos outros espíritos malignos,
que vagueiam pelo mundo
para a perdição das almas.
Amém.

É preciso velocidade para a solução

A quanta tristeza assistiremos ainda no mundo em virtude dessa má semeadura de nós, seres humanos! É verdade, porém, que milhões de idealistas e pessoas práticas de visão esclarecida se põem em marcha, com o fito de conter tamanho infortúnio. O tempo, contudo, tem passado bem depressa, suplantando as tardígradas providências humanas e do governo dos povos.

"A Virgem como a Mulher do Apocalipse", obra de Peter Paul Rubens (1577-1640). The J. Paul Getty Museum, Los Angeles, EUA.

CAPÍTULO 28

O amplo significado do Sexto Flagelo (II)

"Só Jesus é Poder!"[1]

Conforme vimos no capítulo anterior, ao tratar do Sexto Flagelo (Apocalipse, 16:12 a 16), os que

---

[1] **Nota do autor**

"Só Jesus é Poder!" — Exclamação de Alziro Zarur em algumas de suas famosas pregações.

inadvertidamente servem a satanás **partem de um princípio todo errado**. Não enxergam que ele possui os seus expoentes para o mal e os manipula. Há espíritos trevosos de grande poder, **todavia com uma força restrita e período de evidência curto**, ante a extensão infinita da Eternidade, que é Divina, e não dele, o espírito da treva. Quem governa de fato a Terra é Jesus, segundo um Critério Celeste, que ainda, na maioria das vezes, foge ao até agora pequeno entendimento humano. Os indivíduos **têm instantes de poder**, dos quais terão de prestar severíssimas contas ao Dono do Poder e da Autoridade nos Universos, que é Deus.

Jesus, o Cristo, em Sua Infinita Misericórdia, quer que tenhamos a possibilidade de salvação. E Ele o faz com o Poder, nascido do Seu Divino Tirocínio, quando demonstrou saber tirar da presença da Dor acutilante, na Sua Gloriosa Missão, a Autoridade que Deus só permite aos que verdadeiramente a merecem. Não é por menos. Jesus é o Salvador do mundo.

No Céu, não há espaço para satanás

Reparem nos versículos 8 e 9 do capítulo 12 do Apocalipse:

> *8 (...) nem mais se achou nos céus o lugar deles.*
> *9* ***E foi expulso*** *o grande dragão, a antiga serpente, que se chama diabo e satanás (...).*

Satanás, pretenso sedutor de toda a Terra, **é atirado para o nosso meio**, e, com ele, os seus anjos, quer dizer, espíritos de pouca evolução no bom sentimento. Descem porque foram banidos, **expulsos do Céu**, isto é, de uma região grandemente superior ao nosso querido e pequeno planeta. Trata-se de uma coorte que forma uma corte que não tem tamanho. E esses espíritos foram **exilados** no nosso orbe. Logo, se foram precipitados aqui, **é porque não são vencedores**, não é mesmo, **Tácito**[2]?

Tácito Maciel Sampaio

Eles já chegaram à Terra subjugados, por causa da gama de erros cometidos em melhores **regiões** espirituais e cósmicas, que habitavam, de acordo com os relatos de Emmanuel em *A Caminho da Luz*:

> *Há muitos milênios, um dos orbes da* [Estrela] *Capela, que guarda muitas afinidades com o globo terrestre, atingira a culminância de um dos seus extraordinários ciclos evolutivos. (...)*

[2] **Tácito** — O autor refere-se a Tácito Maciel Sampaio, matemático e professor, que nasceu em 23 de abril de 1927, em Niterói/RJ. Veterano e fiel Legionário da Boa Vontade de Deus, era presença assídua nas aulas da popular série "O Apocalipse de Jesus para os Simples de Coração", feitas por Paiva Netto para o rádio e para a televisão, sempre cercado do povo. Foi componente do Conselho Fraterno da LBV. Dirigiu, com sua esposa, **Leda Soares Sampaio**, importante Núcleo da Legião da Boa Vontade em São Gonçalo/RJ, cidade em que a LBV mantém um Centro Comunitário de Assistência Social (Rua Coronel Moreira César, 160, bairro Zé Garoto, tel.: (21) 2605-6359). Em 12 de julho de 1992, o professor Tácito voltou à Grande Pátria Espiritual.

Alguns milhões de Espíritos rebeldes lá existiam, no caminho da evolução geral, dificultando a consolidação das penosas conquistas daqueles povos cheios de piedade e virtudes, mas uma ação de saneamento geral os alijaria daquela humanidade, que fizera jus à concórdia perpétua, para a edificação dos seus elevados trabalhos.

As grandes comunidades espirituais, diretoras do Cosmos, deliberam, então, localizar aquelas entidades, que se tornaram pertinazes no crime, aqui na Terra longínqua, onde aprenderiam a realizar, na dor e nos trabalhos penosos do seu ambiente, as grandes conquistas do coração e impulsionando, simultaneamente, o progresso dos seus irmãos inferiores.

Na década de 1950, eu já reiterava que esses "*irmãos inferiores*", citados por Emmanuel, são aqueles que, no orbe terrestre, autóctones, isto é, nativos do planeta, começavam seu caminho ascensional.

Ainda em *A Caminho da Luz*, encontramos:

Nos mapas zodiacais, que os astrônomos terrestres compulsam em seus estudos, observa-se desenhada uma grande estrela na ***Constelação do Cocheiro****, que recebeu, na Terra, o nome de* ***Cabra*** *ou* ***Capela****. Magnífico sol entre os astros que nos são mais vizinhos, ela, na sua trajetória pelo Infinito, faz-se acompanhar, igualmente, da sua família de mun-*

"A expulsão de Adão e Eva do Paraíso", obra de Benjamin West (1738-1820). National Gallery of Art, Washington, EUA.

dos, cantando as glórias divinas do Ilimitado. A sua luz gasta cerca de 40 anos para chegar à face da Terra, considerando-se, desse modo, a regular distância existente entre a Capela e o nosso planeta, já que a luz percorre o espaço com a velocidade aproximada de 300.000 quilômetros por segundo. Quase todos os mundos que lhe são dependentes já se purificaram física e moralmente, examinadas as condições de atraso moral da Terra (...).

Leiam, por favor, o que escrevi, em 1981, na página "A Humanidade do Absinto", também publicada em *O Brasil e o Apocalipse*, volume I (1984). Nela, refiro-me a essas imensas multidões de Espíritos, que a tradição religiosa chama de degredados filhos de **Eva**, expulsos do paraíso. Hoje, sabemos que são os desterrados de um dos corpos celestes que giram em torno da Estrela Capela. Quando chegaram à Terra? Como se deu sua relação com aqueles que já se encontravam nos primeiros estágios evolutivos aqui? Serão expulsos novamente deste mundo os que permanecerem na maldade? O que é o planeta Absinto? Todas as respostas para essas perguntas Vocês encontrarão no citado texto.

Orbe de Regeneração

Ainda quanto ao Apocalipse e à visão distorcida que a maioria tem dele, ressalto que, ao acusarem-no de predizer a ruína deste planeta — diante do anúncio de Kardec de que a Terra será elevada à categoria de Orbe de Regeneração —, geralmente a Humanidade se encontra enganada sobre o seu verdadeiro destino. Ela não será destruída. Ao fim de tudo, estará muito melhorada. Antes, porém, por causa da própria semeadura, terá de carpir momentos de intensa dor.

Não foi por acaso que Jesus proferiu o Seu famoso discurso conhecido como "O Sermão Profético"[3], em que se destaca *"a Grande Tribulação como nunca houve, desde a criação da Terra, nem jamais se repetirá"*. Aliás, a respeito dela, o Cristo advertiu que, *"se Deus não abreviasse tais dias, nem os escolhidos* [aqueles que assim se tornam por suas obras] *se salvariam"*.

[3] "**O Sermão Profético**" — Evangelho do Cristo, segundo Mateus, capítulos 24 e 25; consoante Marcos, capítulo 13; e de acordo com Lucas, capítulo 21.

Leiam, por favor, o que vaticina o Profeta Zacarias, em seu livro no Antigo Testamento da Bíblia Sagrada, 13:8 e 9:

> *8 Em toda a Terra, diz o Senhor, dois terços dela serão eliminados e perecerão, mas a terceira parte restará nela.*
> *9 Farei passar a terceira parte pelo fogo, e a purificarei como se purifica a prata, e a provarei como se prova o ouro; ela invocará o meu nome, e Eu a ouvirei; direi, então: é meu povo, e ela dirá: o Senhor é meu Deus!*

É uma coisa que todos devem levar em extrema consideração. O mundo não vai acabar; entretanto, mudará muito, em dimensão exponencial, conforme anuncia o Senhor Deus Todo-Poderoso no Apocalipse, 21:5:

> *— Eis que faço novas todas as coisas.*

Ora, o Poder e a Autoridade de Jesus, alcançados diante da Dor — que Ele gloriosamente venceu —, são infinitamente superiores a todas as destinações finais destruidoras, imaginadas pela insensatez humana, que faz bobagens e sempre quer botar a culpa em Deus, cuja existência ela paradoxalmente nega.

"Progressão dos mundos"

Santo Agostinho

Quanto ao fato de o planeta Terra ser alçado à categoria de Orbe de Regeneração, busquei este instrutivo texto de **Santo Agostinho** (Espírito), incluído por Kardec em *O Evangelho segundo o Espiritismo*, questão 19:

O progresso é lei da Natureza. A essa lei todos os seres da Criação, animados e inanimados, foram submetidos pela bondade de Deus, que quer que tudo se engrandeça e prospere. (...)

Ao mesmo tempo que todos os seres vivos progridem moralmente, progridem materialmente os mundos em que eles habitam. Quem pudesse acompanhar um mundo em suas diferentes fases, desde o instante em que se aglomeraram os primeiros átomos destinados e constituí-lo, vê-lo-ia a percorrer uma escala incessantemente progressiva, mas de degraus imperceptíveis para cada geração, e a oferecer aos seus habitantes uma morada cada vez mais agradável, à medida que eles próprios avançam na senda do progresso. Marcham assim, paralelamente, o progresso do homem, o dos animais, seus auxiliares, o dos vegetais e o da habitação, porquanto nada na Natureza permanece estacionário. Quão grandiosa é essa ideia e digna da majestade do Criador!

Quanto, ao contrário, é mesquinha e indigna do Seu poder a que concentra a sua solicitude e a sua providência no imperceptível grão de areia, que é a Terra, e restringe a Humanidade aos poucos homens que a habitam!

Segundo aquela lei, este mundo esteve material e moralmente num estado inferior ao em que hoje se acha e se alçará sob esse duplo aspecto a um grau mais elevado. Ele há chegado a um dos seus períodos de transformação, em que, de ***orbe expiatório****, mudar-se-á em* ***planeta de regeneração****, onde os homens serão ditosos, porque nele imperará a lei de Deus. — Santo Agostinho. (Paris, 1862.)* (Os destaques são nossos.)

Tacho do umbral

Jesus, no afã de dar oportunidades de remissão a todos, determinou que o "fundo do tacho" do astral inferior fosse raspado, mandando de volta à Terra, pelo processo do Renascimento, toda espécie de espíritos, mesmo os mais atrasados, para que sejam postos à prova, antes da anunciada expulsão para o planeta Absinto, o "caminhão do lixo", de que falava Zarur nas suas pregações. Uma figura forte, bastante ilustrativa, para que **cada um consiga, quando do Juízo Final** (Evangelho, segundo Mateus, 16:27; e Apocalipse, 20:11 a 15), **fazer a escolha acertada,**

sabendo o que realmente está decidindo: continuar na Terra ou ir para mundos pouco desenvolvidos, criando lá novas lendas de **Adão** e **Eva**, anjos expulsos de um paraíso distante, conforme demonstrado em explicação anterior.

Na mensagem do ilustre Espírito Bittencourt Sampaio, "Mostremos o Mestre em Nós" (constante do livro *Seareiros de Volta*), que publiquei no vol. III de *O Brasil e o Apocalipse*, ele revela o motivo pelo qual se veem tantos absurdos nos tempos atuais, apesar dos grandes avanços tecnológicos. Por oportuno, faço aqui um resumo:

> *(...) nos dias correntes, epílogo de um ciclo planetário,* ***vasculham-se os umbrais da Espiritualidade inferior****, reformando-se os museus de sofrimentos purgatoriais, forjados através de milênios inumeráveis...*
>
> *E que notamos, agora, no mundo, comprovando a observação?*
>
> *(...) Os delitos passionais multiplicam-se em todos os continentes.*
>
> *O quadro da criminalidade amplia-se, de ano para ano.*
>
> *Alastram-se rebeliões em toda parte. Cresce a onda de suicídios. Agrava-se o terrorismo.*
>
> *À margem das religiões surgem espetáculos de fanatismo selvagem.*

> *Nunca foram tão aperfeiçoadas e numerosas as organizações policiais e as técnicas belicistas nas guerras de morticínio e destruição.*
>
> *E a obsessão campeia, infrene, assumindo expressões e graus multiformes de loucura, como a dizer que as regiões espirituais inferiores do planeta se fazem presentes no campo da vida física.*
>
> *Tal fato, porém, não é razão para derrotismo, mas de profundo chamamento ao trabalho* [evangelizador e apocaliptizador das massas neste encerramento de ciclo]. (O destaque é nosso.)

Viram só o porquê dessa **falsa impressão** de que o mal triunfa sempre?!

Nós somos os causadores dessa situação, que alimentamos na medida direta do nosso mau comportamento. Assim o é de acordo com aquela definição do velho Zarur, já estudada neste livro, mas que convém repetir:

> — *A Lei Divina, julgando o passado de homens, povos e nações, determina-lhes o futuro.*

O mau nunca é definitivamente vitorioso neste mundo nem em qualquer outro lugar, nesta ou em outras dimensões. E ele terá sua vez ao sol **quando se corrigir e transmutar para o Bem**.

Na obra *Falando à Terra* encontramos a mensa-

Padre João de Brito

gem "O Amor", do padre **João de Brito** (1647-1693), que, ao término, conclui:

— *O ódio é o Amor fora da Lei.*

Assim sendo, quando o ódio realmente deixar de odiar, permitirá surgir o Amor que existe, mesmo que escondido, em toda a parte.

Daí precisarmos trabalhar para dispor o infeliz ódio na frequência da Lei Divina, **a fim de que passe a ser Amor Fraterno**.

Portentosa voz

No versículo 10 do capítulo 12 do Livro da Revelação, atentem para o seguinte: ao serem **os três espíritos imundos** expulsos para a Terra, **uma Grande Voz do Céu** é ouvida por João Evangelista, e ela proclama:

> *10 (...) Agora veio a salvação e o poder, e o reino do nosso Deus e a autoridade do Seu Cristo, pois* ***foi expulso o acusador de nossos irmãos****, o mesmo que os acusa de dia e de noite diante do nosso Deus.*

E a voz prossegue no versículo 11:

> *11 Eles, pois, o venceram* [a satanás e suas hostes] *por causa do sangue do Cordeiro de Deus* ***e***

> ***por causa da palavra do testemunho que deram** (...).*

Estes demonstraram **fidelidade** a Deus, ao Cristo e ao Espírito Santo até o fim e **além do fim**. Isso porque o fim não é o fim, mas o grande começo de uma era bem melhor, conforme assegura, ainda no versículo 11, a Grande Voz do Céu:

> *(...) e, mesmo em face da morte* [isto é, do desafio extremo], *não amaram a própria vida.*

Alguns poderiam indagar:

> — *Ah, quer dizer que, para seguir Jesus, eu preciso* ***morrer****?*

Nada disso! Você precisa **fazer morrer dentro de si** tudo aquilo que lhe faz mal. Do contrário, acaba em depressão, aflito... Como definiu o Irmão Zarur,

> ***— A Grande Tribulação é também a angústia dentro das almas.***

Ter alma apostolar

Vocês estão vendo por que o Legionário da Boa Vontade e Cristão do Novo Mandamento do Divino

Mestre **deve ter alma apostolar**? Somente com essa Fé invencível no Cordeiro de Deus — que, com Sua própria dor, *"lava os pecados do mundo"* (Evangelho, segundo João, 1:29) — ele será capaz de derrotar as artimanhas do dragão.

Estejam atentos ao que a Grande Voz do Céu clama após a expulsão de satanás, do diabo, que, por todos esses milênios, foi o pior capataz do mundo:

> *12 Por isso, **festejai, ó céus, e vós os que neles habitais**. Ai da terra e do mar, pois satanás desceu até vós, cheio de grande cólera, **sabendo que lhe resta pouco tempo*** (Apocalipse, 12:12).

Observem que a Grande Voz do Céu nos fala em *"festejai, **ó céus**"*, no plural, evidenciando que não há tão somente um céu, mas pelo menos dois: o que, todos os dias, vemos e o Espiritual, que não se trata de uma abstração, mesmo que ainda não o percebamos.

Embora tenhamos aqui essa comemoração nos céus, recebemos, logo em seguida, os "pêsames" da Voz, que proclama:

> *12 (...) Ai da terra e do mar, pois satanás desceu até vós, cheio de grande cólera, sabendo que lhe resta pouco tempo.*

Ora! Desesperado, satanás procurará fazer o pior possível aos habitantes da Terra e das regiões inferiores do Mundo Espiritual, os umbrais. No fim, tudo isso fará parte da grande limpeza.

> — *Quanto, porém, aos tímidos, aos covardes, aos incrédulos, aos abomináveis, aos assassinos, aos impuros, aos adúlteros, aos feiticeiros, aos que dão veneno, aos idólatras e a todos os mentirosos do mundo, a parte que lhes cabe será no lago que arde com fogo e enxofre — que é a segunda morte.*
>
> Jesus (Apocalipse, 21:8)

Aliados a Miguel e seus Anjos, podemos derrotar o dragão

Temos, portanto, de nos ligar à Humanidade de Cima, a Humanidade Espiritual Superior, para derrotar, também na Terra, satanás e seus sequazes.

Os iluminados Espíritos das Potestades Celestes, que foram capazes de subjugá-los, poderão ajudar-nos a vencê-los até mesmo no mundo físico.

Por isso, o saudoso Zarur, com muita razão, lançou o **desafio** de trabalharmos por unir a Humanidade física à Humanidade do Céu[4], **para ter o bom destino que, desde o início do mundo, é oferecido àqueles**

[4] Leia, neste livro, os subtítulos "Chave Espiritual da Política Divina", no capítulo 18, e "A Fórmula de Jesus para o Brasil", no capítulo 24.

que pelejam pelo Cristo. Se os Espíritos da Falange Bendita foram vitoriosos no Céu, **ligados a eles decididamente seremos bem-sucedidos no Plano Material ao seguir os seus passos justíssimos.**

Sintonia, sintonia, sintonia com a Humanidade Espiritual Superior!

Os homens têm apenas instantes de poder

Quem governa de fato a Terra é Jesus, segundo um Critério Celeste, que ainda, na maioria das vezes, foge ao até agora pequeno entendimento humano. Os indivíduos têm instantes de poder, dos quais terão de prestar severíssimas contas ao Dono do Poder e da Autoridade nos Universos, que é Deus.

"A mulher apocalíptica", obra de Juan Correa (1646-1716). Museu Nacional do Virreinato, Tepotzotlán, México.

CAPÍTULO 29

O amplo significado do Sexto Flagelo (III)

O sentido espiritual da Missão de Jesus

Minhas Irmãs e meus Amigos, minhas Amigas e meus Irmãos, guardem, por favor, a humilde explicação que lhes vou oferecer agora quanto ao **sentido espiritual da missão do Cristo Jesus**, neste estudo a respeito do **Seu** Divino Poder e da **Sua** Máxima Autoridade, alcançados por **Sua** Vitória sobre a Dor, bem como do Sexto Flagelo, anunciado no Apocalipse.

A todo instante nos deparamos com irrefletidas e equivocadas afirmativas acerca da sublime passagem do Mestre dos mestres entre nós:

> — *Jesus não foi o Messias. Ele veio, e continuou tudo a mesma coisa.*

Ora, os que dessa forma raciocinam ignoram que muitos, ao alcançarem determinado estágio de evolução espiritual, não descem mais ao nosso orbe físico, a não ser que seja necessário, por designação superior, para uma tarefa específica.

A questão é que Jesus trouxe, em Sua mensagem, **uma força de renovação tão vasta, tão transformadora**, que **apressou a ascensão celeste de multidões e multidões de Espíritos**. Eles, quando granjeiam certo desenvolvimento, **não voltam mais aqui**, ao plano material; **não precisam mais**! Retornam, às vezes, em missões específicas, direcionadas pelo **Governo Invisível, que comanda este planeta**. Como lhes tenho repetido, o governo da Terra começa no Céu. Essas levas de Almas permanecem no Mundo Espiritual, nos planos mais elevados, ou até mesmo migram para planetas com um grau de sublimidade maior que o nosso.

Advém do desconhecimento desse fato fundamental a **ilusória impressão** de que, desde a primeira vinda de Jesus, há mais de 2.000 anos, não houve avanço para a Humanidade física. Esse engano é de fácil explicação aos que têm *"olhos de ver e ouvidos de ouvir"*: **uma nova leva de Espíritos de pouco brilho desce a esta região que habitamos, de modo que venham a preencher, quando for o caso, a vaga deixada pelos que cessaram seu aprendizado *"neste vale de lágrimas"*. Eles vêm** para ser banhados pela luz do Evangelho e do Apocalipse do Cristo de Deus, em Espírito e Verdade (jamais *"ao pé da letra que mata"* — Segunda Epístola de Paulo aos Coríntios, 3:6), pelo prisma do Novo Mandamento de Jesus (Evangelho, consoante João, 13:34 e 35; 15:7, 8, 10 a 17 e 9).

A distorcida noção de que nada melhorou é **muito nociva**, pois acaba jogando na descrença milhões ou bilhões de seres pelo mundo afora, neste e no Outro. O fato é que mudou, sim! Para a compreensão disso, existe a Lei Universal da Reencarnação[1]. Um dia, por mais demorado que possa parecer, todos nos defrontaremos, face a face, com essa divina realidade.

Como já lhes afirmei, a Terra é curso primário[2].

---

[1] **Reencarnação** — Leia mais a respeito do assunto no capítulo "Newton e Lei de Ação e Reação", na obra *Jesus, o Profeta Divino*, de Paiva Netto. Para adquiri-la, ligue para 0300 10 07 940 ou, se preferir, acesse o *site* www.clubeculturadepaz.com.br.

[2] **A Terra é curso primário** — Subtítulo do vol. I de *Diretrizes Espirituais da Religião de Deus, do Cristo e do Espírito Santo* (1987), p. 196.

Quanto à existência de vida em outros orbes, devemos, em primeiro lugar, admitir, na qualidade de almas pesquisadoras que somos, não ser obrigatório o fato de os possíveis moradores de tais regiões terem similitude física conosco ou vibrarem na mesma dimensão.

Razão e coração unidos

No mundo de hoje, assistimos a um progresso material estupendo, **contudo muito acanhado quando se refere a avanço espiritual, moral**. Ele ainda é dominado principalmente por uma pretensa **razão**, nem sempre aliada à boa Ética. Nesse caso, intelecto **sozinho** é aridez de misericórdia. Costumo dizer, de forma bem humorada, que intelectualidade em demasia (e, o que é pior, com arrogância) também dá pileque. **Para realmente ser Razão, com inicial maiúscula, ela precisa do sentimento bom para iluminar-se e, então, espargir luminosidade em corpos e Almas**, tão carentes da Excelsa Luz em sua vida.

Por isso, tem de crescer a influência do coração **espiritualmente esclarecido** em todos os setores da atividade intelectual humana. A inteligência do cérebro deve associar-se à do coração[3], para receber o banho

[3] Quanto à mente e ao coração, leiam o que Paiva Netto apresentou no subtítulo "Mente, coração, generosidade", no capítulo "Política exige sacrifício pessoal".

lustral do Amor Divino, **cuja fonte sem mácula**, sem a poluição de tóxicos mentais e de emoções mal geridas, se encontra no Evangelho e no Apocalipse do Taumaturgo Celeste, Jesus, entendido em Espírito e Verdade, à luz do Novo Mandamento do Cristo Planetário, isto é, sob o crivo do Amor, compreendido como a mais elevada concepção da Alma humana. Jamais nos esqueçamos de que *"Deus é Amor"*. Seus ensinamentos, portanto, não podem ser governados pela destruidora influência do ódio.

A possante aliança

Reitero constantemente que a Ciência, **iluminada pelo Amor**, eleva o ser humano à conquista da Verdade. Dessa maneira, teremos **um impulsionando o outro**. E assim estará formada uma possante aliança: a Verdade, **levando à frente o Amor Fraterno**; o Amor, **carregando adiante a flâmula da Verdade e da Justiça**, na edificação do paraíso na Terra, finalmente.

> — *Os homens podem, mesmo assim de rastros,*
> *Tentar trazer o paraíso à terra.*
>
> Alziro Zarur, no "Poema da Amizade"

Mas satanás é insistente e não se corrige até então. Em geral, ele só se ajusta ao Bem por força do sofrimento. O que difere do caso de Jesus. O Santo Cordeiro, *"o Verbo de Deus que se fez carne e habitou entre nós"* (Evangelho, segundo João, 1:14), portanto expressão fidedigna da Bondade Divina, sobrepujou voluntariamente as dolorosas circunstâncias impostas pela ignorância humana, por Amor Infinito a todos os que foram confiados pelo Pai Celestial ao Cristo, a fim de que a Humanidade se libertasse do erro.

ADENDO

"Jesus, acima de tudo, é coração"

O benemérito Espírito Irmão dr. Bezerra de Menezes, em mensagem transmitida em 19 de julho de 2014, sábado, numa reunião do Centro Espiritual Universalista, o CEU da Religião de Deus, do Cristo e do Espírito Santo, trouxe, por intermédio do sensitivo legionário da Boa Vontade Chico Periotto, elucidativos comentários, extraídos de sua generosa Alma, sobre o Sublime Amor de Jesus por todos os Filhos de Deus:

> *(...) Se olharmos para o Cristo, meu Irmão Maior, o senhor, que é um especialista nos assuntos divinos, **o que vemos senão o coração**, o toque da metamorfose, usando a palavra que o senhor utilizou na sua prédica de hoje, na prece de abertura da reunião espiritual.*
>
> *Jesus transforma, e a transformação vem pri-*

meiramente pelo emocional. Jesus, acima de tudo, é coração. Depois, Ele influencia tudo, segundo a Vontade de Deus. Mas Ele é coração capaz de recuperar as mais difíceis personalidades, os mais cruéis Espíritos, dando-lhes a oportunidade da renovação em seus umbrais.

Umbrais são territórios (no Mundo Invisível) que o Cristo permite que existam como centros de recuperação; terapias que são utilizadas até que aqueles que são tratados sintam, reajam, alcancem novos degraus (na própria evolução). Mas ninguém é julgado depois de chegar a um local desse. [Já foram julgados antes por suas consciências.] *A própria tortura mental, os pensamentos claros, individuais e coletivos, são as grandes moléstias que cada um carrega nas regiões tão difíceis de sobreviver.*

Por isso, o Evangelho de Nosso Senhor Jesus Cristo e o Seu Apocalipse Supremo continuam a ser o antídoto, o remédio, a peculiar condição de melhoria de cada Espírito.

O dragão persegue a Mulher

Ainda na sequência do capítulo 12 do Apocalipse, vemos que o dragão, satanás, embora derrotado, chega aqui cheio de ódios e vai perseguir a Mulher, que está para dar à luz um filho extraordinário, vindo da parte de Deus.

Observem:

13 Quando, pois, o dragão se viu precipitado na Terra, começou a perseguir a Mulher, que dera à luz o filho varão.

Esse filho varão é o **Cristianismo do Cristo**, que o espírito do mal tenta destruir, por todos os meios e modos. Satanás costuma reclamar muito:

— Ah, Jesus, Filho de Deus, você me expulsou do Teu Reino imaterial, mandou-me para o reino material. Pois vais me pagar. Vou perseguir a Tua Doutrina na Terra e os Teus seguidores fiéis. Vou fazer também uma bagunça por todo o planeta.

E veio e fez miséria dentro das ideologias, das crenças, dos governos, das famílias, dos quartéis, das empresas, das escolas, dos ginásios esportivos, do trânsito, dos hospitais, dos laboratórios, da mídia etc.

Entretanto, não alcançou inteiramente o que sempre havia desejado, porque existe **a resistência dos Anjos e dos Filhos de Deus**, expressa no versículo 14 do mesmo capítulo 12 do Apocalipse:

*14 E foram dadas à Mulher duas asas da grande águia para que voasse até ao deserto, ao seu retiro, aí onde é **sustentada** durante um tempo, dois tempos* *e metade de um tempo fora da vista da serpente* [satanás].

O Cristo interno e o refúgio divino

Registrem bem isso: a própria Mulher, com o amparo dos Anjos de Deus, voou e protegeu-se da ira do dragão. **E nada pôde destruir a doutrina perfeita do Cristo**, pois foi abrigada pelo Criador em um retiro todo especial. Quer dizer, no sacrário do Templo do Deus Vivo, que somos nós mesmos. Não costumam ensinar os iniciados espirituais que temos o **Cristo interno**? Vocês acham que satanás pode liquidá-Lo **no interior de quem descobriu que O possui palpitante no coração**? Ou ainda profanar a intimidade daquele que respeita esse Cristo interno? **Jamais! Jamais! Jamais!**

Logo, em meio a toda essa perseguição, ficou até hoje resguardado o **Cristianismo do Cristo** na Alma dos seres que realmente o acolhem dentro de si, no íntimo daqueles que se regozijam com a feitura do Bem em qualquer campo das existências espiritual, moral e humana.

Diante dessa certeza, concluímos que o *"abominável da desolação no lugar santo"* (Evangelho, consoante Mateus, 24:15), instaurado quase que totalmente no fim do ciclo que vivemos, procura atacar **o ambiente sagrado que somos nós, nossa essência espiritual**, tentando minar o nosso vigor. Mas, afirmo e repito, **derrota só derrota derrotado**[4].

Protejam os seus corações das investidas do dragão. E lembrem-se de que **todos Vocês são muito resistentes**, porque o próprio Deus os constituiu **refúgio e fortaleza** inconspurcáveis. Neles, a Luminosidade do Cristo ficará incólume e irá, com toda a certeza, irradiar-se.

Somos aquilo que pensamos, falamos e agimos. Por isso, Zarur estava com a razão ao dizer que **a reforma tem de começar no âmago das criaturas**. Por conseguinte, transformado o ser humano, a partir de seu Espírito Imortal, **tudo estará a salvo**.

[4] **Derrota só derrota derrotado** — É uma mensagem de Paiva Netto dirigida aos Jovens Legionários da Boa Vontade de Deus e Cristãos do Novo Mandamento de Jesus de corpo e de Alma. Foi escrita na madrugada de 20 de junho de 1989 e publicada no vol. III de *Diretrizes Espirituais da Religião de Deus, do Cristo e do Espírito Santo*, p. 23.

Coração espiritualmente esclarecido

Costumo dizer, de forma bem humorada, que intelectualidade em demasia (e, o que é pior, com arrogância) também dá pileque. **Para realmente ser Razão, com inicial maiúscula, ela precisa do sentimento bom para iluminar-se e, então, espargir luminosidade em corpos e Almas**, tão carentes da Excelsa Luz em sua vida. Por isso, tem de crescer a influência do coração **espiritualmente esclarecido** em todos os setores da atividade intelectual humana.

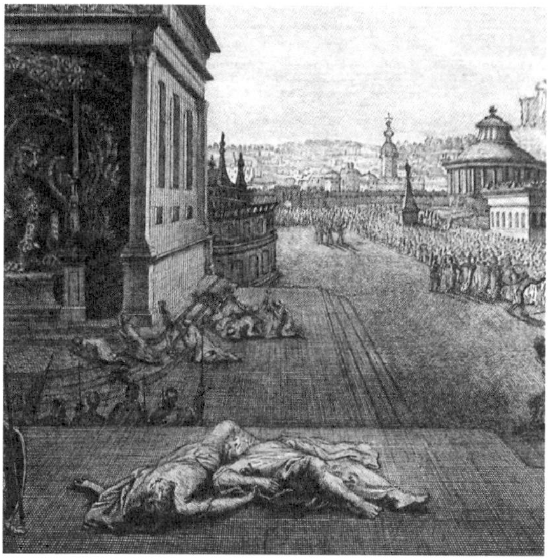

"As Duas Testemunhas do Apocalipse", obra de Phillip Medhurst.

CAPÍTULO 30

O amplo significado do Sexto Flagelo (IV)

Os missionários e o Cristianismo do Cristo

Ainda na sequência do capítulo 12 do Apocalipse, continuemos a narrativa do desenrolar desse ímpio embate de satanás, tentando vencer o Cristo, mas não o conseguindo:

15 Então, a serpente arrojou da sua boca, atrás da Mulher, água como um rio, a fim de fazer com que ela fosse arrebatada pela corrente.

Esse torrencial maligno, precipitado pela iniquidade, significa toda a distorção da palavra do Dono do planeta, que é o Cristo, provocada pelos inimigos da Verdade. Então, satanás jogou essa água, essa mixórdia contra as mentes humanas como enxurrada, para ver se o Cristianismo **do Cristo** seria arrastado nesse aluvião. Jesus, a despeito disso, manda os Seus emissários, os 144 mil, escolhidos a dedo. Ordena, assim, que essas destacadas entidades desçam à Terra, **missionários Dele em todos os campos do saber humano**, a fim de socorrer a Mulher e a sua descendência.

16 ***A terra****, porém, socorreu a Mulher, pois* ***abriu a boca e engoliu o rio*** *que o dragão tinha vomitado de si mesmo.*

(Relativamente ao que expus no fim do parágrafo anterior, para que ele possa ser entendido em sua extensão e benéficas consequências, forçoso é que o nosso leitor ou leitora reticente aprecie o que a Religião de Deus, do Cristo e do Espírito Santo ensina sobre **a necessidade de dessectarizar a figura de Jesus**. Se o Divino Mestre for visto pelo aspecto da intolerância, torna-se vítima do espírito reducionista, como vemos ali e acolá.)

Retomando o assunto, há um pensamento popular que diz:

> — *Muito mais tem Deus para dar do que o diabo para tirar.*

Por isso, o reino perverso pode verter esses "dilúvios", mas a **Terra**, sob o comando do Rei dos reis e Senhor dos exércitos[1], tragará tudo isso, imobilizando o caudal da maldade.

> *17 Irou-se o dragão contra a Mulher e foi pelejar com os restantes da sua descendência,* ***os que guardam os mandamentos de Deus e a fé em Jesus;***
> *18 e deixou-se ficar sobre a areia do mar*[2].

Estendendo aos dias de hoje essa passagem *"os que guardam os mandamentos de Deus e a fé em Jesus"*, fraternalmente convidamos também os ainda chamados não cristãos a pensar sobre ela de **forma dessectarizada**, pois o dragão se mobiliza contra os de bom sentimento em quaisquer coletividades humanas e espirituais, não

---

1 **Rei dos reis e Senhor dos exércitos** — Trata-se de Jesus.

2 Este versículo consta da Bíblia Sagrada traduzida dos originais em grego, hebraico e aramaico, mediante a versão dos Monges de Maredsous (Bélgica) pelo Centro Bíblico Católico.

apenas no campo religioso, como igualmente nos da ciência, da economia, da política, do esporte, da arte e assim por diante.

Quando me refiro a coletividades espirituais, faço-o com relação aos seres existentes no Mundo da Verdade, **vivos e ativos**, que habitam o Outro Lado da Vida, **de onde viemos e para onde retornaremos.**

Preparação para o Armagedom

Volvamos nosso olhar para a **Paz de Deus**, que Ele sempre procura transmitir às Suas criaturas, para tranquilizá-las, inclusive diante de toda essa titânica batalha que vimos estudando.

Temos um marcante exemplo dessa Divina Conduta no versículo 15 do capítulo 16 do Apocalipse, que é a preparação para o Armagedom (Livro das Profecias Finais, 16:16). **Este se dará, logo, no Sétimo Flagelo** (Apocalipse, 16:17 a 21).

Jesus, que é UM com o Pai, antes de anunciar qualquer grave acontecimento — como no caso do Armagedom, criado pela imensa insensatez humana —, conforta e fortalece a Alma dos que acreditam Nele, e, até mesmo, dos que ainda não têm Fé, mas que não fecham a porta do coração, por força do Amor, às manifestações pedagógicas da Verdade.

Leiamos, escutemos e aprendamos, com o Mestre dos mestres, de que modo devemos fraternalmente advertir as populações que irão enfrentar tais fatos, antes de participar-lhes o que de forma trágica ocorrerá. Isso é que é amar os seres espirituais e humanos, fortalecê-los para chegarem além do fim, sobretudo no Apocalipse.

> — *(Eis que venho como vem o ladrão* [de surpresa]. ***Bem-aventurado aquele que vigia e guarda as suas vestes,*** *para não andar nu e não se veja a sua vergonha.)* (Apocalipse, 16:15).

"**Bem-aventurado** *aquele que vigia e guarda as suas vestes."* Isto é, estará prevenido contra o espírito bélico, até mesmo no sentido de se defender, **vivenciando, com antecedência, a Paz de Deus**. Ela não depende de resoluções humanas, mas da observância das Leis Celestes **(as vestiduras que protegem a nossa nudez)**, que regem os Universos.

Por isso, devemos estudar e viver, com afinco, a Legislatura Divina que se encontra na Bíblia e em outras fontes espirituais fidedignamente pacificadoras.

Legislação além da legislação

Tenho persistido sempre em alertar para a questão de que há Vida antes da vida, e que, *ipso facto*, **existem Leis que precedem às humanas e sobre elas preponderam**.

A Autoridade Espiritual de Jesus, o Sublime Legislador, está expressa, por exemplo, neste relato do Apocalipse, 7:1 a 3:

> *1 Depois disto, vi quatro Anjos em pé nos quatro cantos do mundo, conservando seguros os quatro ventos, para que nenhum soprasse sobre a terra, nem sobre o mar, nem contra árvore alguma.*
>
> *2 Vi outro Anjo que subia do nascente do sol* [o Oriente], *tendo **o sinal do Deus vivo**; e clamou em alta voz aos quatro Anjos, àqueles aos quais fora dado fazer dano à terra e ao mar,*
>
> *3 dizendo: Não danifiques nem a terra, nem o mar, nem as árvores, **até que assinalemos em suas frontes os servos do nosso Deus**.*

Fica claro, então, que realmente **o governo da Terra começa no Céu**.

Desarmar os corações

Por infelicidade, os povos ainda não regularam suas lentes para enxergar que a verdadeira harmonia começa no íntimo esclarecido de cada criatura pelo **conhecimento espiritual**, que, consoante costumo afirmar, **gera fartura**. A tranquilidade que o Pai Celeste tem a oferecer em nada se assemelha às frustradas tratativas e ineficazes acordos registrados no mundo. O engenheiro e abolicionista brasileiro **André Rebouças** (1838-1898) traduziu em metáfora a inércia das perspectivas exclusivamente humanas:

André Rebouças

> — *(...) A **paz armada** está para a guerra como as moléstias crônicas para as moléstias agudas; como uma febre renitente para um tifo. Todas essas moléstias aniquilam e matam as nações; é só uma questão de tempo.* (O destaque é nosso.)

Vivenciar **a Paz desarmada** é medida inadiável para a sobrevivência dos povos. Mas, para isso, é preciso, **primeiro, desarmar os corações**, conforme afirmei à compacta massa de jovens de todas as idades que me ouviam em Jundiaí/SP, Brasil, em setembro de 1983 e publiquei na *Folha de S.Paulo*, de 30 de novembro de 1986. Até porque, como pude dizer àquela altura, o **perigo real** não está unicamente nos armamentos, mas também nos cérebros que criam as armas; e que engendram condições, locais e mundiais, para que sejam usadas, que pressionam os gatilhos e os dedos os quais apertam os botões.

Armas sozinhas nada fazem nem surgem por "geração espontânea". No entanto, são perigosas mesmo que armazenadas em paióis. Podem explodir e enferrujam, poluindo o ambiente. Elas são **efeito** da **causa** ser humano quando afastado de Deus, a ***Causa Causarum***[3], que é Amor (Primeira Epístola de João, 4:16). Nós é que, se distantes do Bem, somos as verdadeiras bombas atômicas, as armas bacteriológicas, químicas, os canhões, os fuzis, enquanto descumpridores ou descumpridoras das ordens de Fraternidade, de Solidariedade, de Generosidade e de Justiça **do Cristo, que é o Senhor Todo-Poderoso deste orbe**.

No dia em que o indivíduo não tiver mais ódio suficiente para disparar artefatos mortíferos, estes perderão todo o seu terrível significado, toda a sua má razão de ser. E não mais serão construídos.

É necessário desativar os explosivos que insistem em habitar os corações humanos. Eis a grande mensagem da Religião do Terceiro Milênio, que se inspira no Cristo, o Príncipe da Paz: **desarmar, com uma força maior que o ódio, a ira que dispara as armas. E essa energia poderosa é o Amor** — não o ainda incipiente amor dos homens —, **mas o Amor de Deus**, de que todos nós nos precisamos alimentar. Temos, nas nossas mãos, o mais potente "armamento" do mundo. Esse, sim, é que vai acabar com todas as guerras, porquanto, de início, não mata, aleija ou faz adoecer.

Os povos discutem o problema da violência no rádio, na televisão, na imprensa ou na internet e

[3] ***Causa Causarum*** — Expressão em latim que significa Causa das causas — no caso, Deus.

ficam cada vez mais perplexos por não achar **a solução** para erradicá-la, apesar de tantas e brilhantes teses. Em geral, procuram-na longe e por caminhos intrincados. Ela, porém, não se encontra distante; está pertinho, **dentro de nós: Deus!**

> — *(...) o Reino de Deus está dentro de vós.*
>
> Jesus (Lucas, 17:21)

E devemos sempre repetir que o Pai Celestial é Amor! Não o amor banalizado, mas a Força que move os Universos. Lamentavelmente, a maioria esmagadora dos chamados poderosos da Terra ainda não acredita bem nesse fato e tenta em vão desqualificá-lo. São os pretensos donos da verdade... Entretanto, *"o próximo e último Armagedom mudará a mentalidade das nações e dos seus governantes"*, afiançava Alziro Zarur. E eu peço licença a ele para acrescentar: governantes **sobreviventes**.

Conforme anunciado no austero capítulo 16, versículo 16, do Livro da Revelação,

> — *Então, os ajuntaram num lugar que em hebraico se chama* ***Armagedom****.*

(**Armagedom**, local onde reis, príncipes e governantes são agrupados para a batalha decisiva.)

Solidariedade universal

Os espíritos trevosos a serviço da trindade do mal — satanás, anti-Cristo e falso profeta — vão unir os povos, visando ao aniquilamento de tudo. Por outro lado, Jesus vai congregar os que, por mérito próprio, se tornaram Seus, os quais estão entoando o Cântico de Moisés e o Cântico do Cordeiro (Livro da Revelação, 15:2 a 4), que se encontram divinamente resumidos no Novo Mandamento Dele mesmo, Jesus[4], o *"Cordeiro de Deus, que lava os pecados do mundo!"* (Boa Nova, segundo João, 1:29). É aquela multidão, de que lhes falei no início desta obra, encabeçada pelos 144 mil, que formam os abre-alas do Cristo na Terra e no Espaço. São os operantes trabalhadores da Causa do Cristianismo sem fronteiras, que abrange, sem sectarizá-las à força, todas as criaturas terrenas, **porque não lhes fala exclusivamente à Alma, mas também à Razão**. Ademais, estamos tratando com Vocês de Jesus e de Seu Cristianismo Dessectarizados. Não me refiro aqui a certas questões religiosas, que tantas vezes separam os seres humanos e espirituais. Todavia, **àquele sentimento de Solidariedade universal, que deve alimentar o Espírito de verdadeira civilidade**, a qual, um dia, abraçará o planeta, que estará farto de ganâncias e

[4] **Novo Mandamento de Jesus** — Evangelho do Cristo de Deus, segundo João, 13:34 e 35; 15:7, 8, 10 a 17 e 9.

guerras. Os Missionários do Cristianismo **do Cristo** descem à Terra em muitas gerações. Há sempre, pelo menos, 144 mil espalhados pelo orbe. Naturalmente que se trata de **número-qualidade**, como explicitei, lembrando Alziro Zarur, no capítulo "Missionários de ponta", constante desta obra.

Quanto ao que digo sobre o fato de **Jesus congregar os que, por merecimento, se tornaram Seus**, faço-o firmado na palavra, que já apresentamos, do próprio Cristo ao revelar, em Mateus, 16:27:

> — *Porque o Filho de Deus há de vir na glória de Seu Pai, com os Seus Anjos; e, então, retribuirá a cada um conforme as suas próprias obras.*

Isaías, McLuhan e Kant

A hora vem e é chegada. Abram a Bíblia no Livro do Profeta Isaías, no capítulo 32, versículos de 18 a 20:

> *18 E o meu povo habitará em morada de paz, e em moradas bem seguras, e em lugares quietos de descanso,*
> *19 mas, descendo do bosque, cairá saraiva, e a cidade será inteiramente abatida.*
> *20 Bem-aventurados vós os que* ***semeais sobre todas as águas*** *e que dais liberdade ao pé do boi e do jumento.*

Dizer o grande Profeta Isaías *"semeais sobre todas as águas"* significa também pregar para todos os povos.

Não se afirma hoje que a Terra é uma "aldeia global"? Essa expressão foi criada pelo emérito filósofo canadense, educador e teórico da comunicação **Herbert Marshall McLuhan** (1911-1980). Logo, aquelas palavras do Quinto Evangelista[5] se aplicam ao mundo inteiro.

Immanuel Kant

Não há distâncias intransponíveis. Espaço/tempo?!

Certo estava **Immanuel Kant** (1724-1804), autor de *Fundamentação da Metafísica dos Costumes*, quando assegurou que, *mutatis mutandis*,

— *o tempo é a grande mentira dos homens.*

Estar em lugares distantes dos episódios terríveis não é esconder-se lá no meio do mato. Não haverá selva que proteja a Humanidade naquelas horas. Basta recordar a advertência de Jesus, o Cristo, quanto à *"Grande Tribulação,* ***como nunca houve, desde a criação do mundo, nem jamais se repetirá****"* (Evangelho, segundo Mateus, 24:21, e Marcos, 13:19).

[5] **O Quinto Evangelista** — Referência a Isaías, tamanho o acerto com que profetizou a respeito da vinda e da existência sacrificial do Messias, Jesus, o Cristo de Deus.

Para nos mantermos a salvo desses acontecimentos, precisaremos encontrar-nos, espiritual, moral e fisicamente, fortalecidos. Portanto, distantes, assim, sim, de todos os ódios, de todos os sectarismos radicais, de todos os egoísmos, de todos os gozos materiais debilitantes... É fundamental desviarmo-nos disso! Contudo, permaneçamos próximos do Cristo, pois estaremos protegidos, fortemente blindados contra qualquer investida do mal.

Daí o nosso brado a todo momento:

Quanto mais perto de Jesus, mais longe dos problemas!

Benditos sejam os que, na Terra e no Céu da Terra, lutam dia e noite pelo Bem!

A Mulher, o dragão, os 144 mil e a ação bendita do Cristo

Esse torrencial maligno, precipitado pela iniquidade, significa toda a distorção da palavra do Dono do planeta, que é o Cristo, provocada pelos inimigos da Verdade. Então, satanás jogou essa água, essa mixórdia contra as mentes humanas como enxurrada, para ver se o Cristianismo **do Cristo** seria arrastado nesse aluvião. Jesus, a despeito disso, manda os Seus emissários, os 144 mil, escolhidos a dedo. Ordena, assim, que essas destacadas entidades desçam à Terra, **missionários Dele em todos os campos do saber humano**, a fim de socorrer a Mulher e a sua descendência.

Roteiro Espiritual para a Vitória

(DO PLANO CELESTE, CHEGA-NOS HISTÓRICA MENSAGEM SOBRE A ARTE DE VENCER COM JESUS.)

"A conquista", obra de Sátyro Marques. Acervo da Galeria de Arte do Templo da Boa Vontade, Brasília/DF, Brasil.

CAPÍTULO 31

Roteiro Espiritual para a Vitória

(Do Plano Celeste, em 2014, chega-nos histórica mensagem sobre a arte de vencer com Jesus.)

Preâmbulo à Mensagem Espiritual

2014 — século 21, terceiro milênio, do qual sempre aguardamos muitas mudanças, e realmente **os**

Tempos chegaram! Mas não nos podemos esquecer de que ele possui mil anos. Não se pode ficar na eterna expectativa de um repentino milagre para que as coisas tomem rumo, para que se cumpra tudo aquilo que se espera desta época promissora, com a velocidade de um relâmpago. E o milênio terceiro começou muito feroz, diga-se de passagem... Por isso, devemos pregar insistentemente a Solidariedade Espiritual e Humana.

Como um raio será a volta de Jesus!

> — *Pois assim como o relâmpago irrompe do oriente e fuzila até o ocidente, iluminando todo o céu de uma extremidade à outra, assim será o dia da vinda do Filho de Deus* (Evangelho de Jesus, segundo Mateus, 24:27, e Lucas, 17:24[1]).

Consequentemente, uma mudança rápida e milagrosa dos Tempos só ocorrerá por efeito do Poder e da Autoridade Dele. Assim, tudo será possível.

Então, sejamos rigorosos no respeito às Profecias. Tenho-lhes dito que, ao nos integrarmos no Dia do Senhor[2] (Apocalipse, 1:10), ou seja, no Espaço-Tempo

---

[1] **Evangelho de Jesus, segundo Mateus, 24:27, e Lucas, 17:24** — Aqui, as versões dos Evangelistas para a referida passagem são apresentadas na forma em que foram conciliadas pelo sacerdote católico **Léo Persch** em seu trabalho *Um Só Evangelho ou Harmonia dos Evangelhos*.

[2] **Dia do Senhor** — Para saber mais a respeito do tema, consulte o capítulo "A questão do Dia do Senhor", constante da obra *Somos todos Profetas*, de

Divinos, **somos nós a própria Profecia**. Por conseguinte, temos a capacidade de acelerá-la. Vejamos o que disse o Apóstolo Pedro em sua Segunda Epístola, 3:11 e 12, ao se referir ao Retorno Triunfal de Jesus ao planeta Terra:

— *(...) Vivei em santo procedimento (...), esperando e* ***apressando*** *a vinda desse Dia do Senhor (...).*

O despertar do Espírito

Aliás, oportuno é reproduzir o improviso que proferi no programa *Vamos Falar com Deus* de 15 de abril de 2000, sábado:

O despertar do Espírito igualmente faz parte das Profecias. Anotemos a elucidativa palavra de Paulo, o Apóstolo dos Gentios, em sua Epístola aos Romanos, 13:11 e 12:

> *11 E digo isto a vós outros que conheceis o tempo: que já é hora de vos despertardes do sono* [o torpor espiritual é uma doença terrível. Resulta na falta do vigor físico, na desatenção, na inércia, na invigilância etc.], *porque* ***a nossa salvação está, agora, mais perto do que quando no princípio cremos.***

autoria de Paiva Netto. Ligue para o Clube Cultura de Paz (0300 10 07 940 — custo de ligação local mais impostos) ou acesse www.clubeculturadepaz.com.br.

> *12* ***Vai alta a noite, e vem chegando o dia.*** *Deixemos, pois, as obras das trevas* ***e nos revistamos das armas da luz.***

E no Apocalipse, 20:13, deparamo-nos com esta ilustrativa revelação:

> — *E o mar deu os mortos que estavam nele. A morte e o além entregaram os mortos que neles havia. E foram julgados, um por um,* ***segundo as suas obras.***

Ao comentar essa passagem do Apocalipse durante a entrevista que concedi ao jornalista **Alcione Giacomitti**, enfatizei que esse *"E o mar deu os mortos que estavam nele"* não significa dizer que assistiremos a uma devolução de cadáveres putrefatos, mas ao ressurgimento de todos aqueles que, **na forma espiritual, habitam as regiões invisíveis que nos cercam**.

Imaginemos o fruto moral desse fenômeno, que se dará em abundância, porque **a correlação entre mundo físico e Mundo Espiritual sempre existiu**. É só lembrar, por exemplo, a narrativa do Antigo Testamento na qual **Saul** fala com o Espírito Profeta Samuel, por força da mediunidade da vidente de Endor, que lhe anuncia a morte na batalha contra os filisteus (Primeiro Livro de Samuel, capítulo 28 na íntegra). Curioso é que o malfadado rei havia proibido o exercício dos dons espirituais.

"Saul e a vidente de Endor", obra de Matthias Stom (1600-1652). Coleção particular.

Ora, o ser humano não pode vetar aquilo sobre o qual não tem autoridade; por consequência, nem domínio.

Agentes do nosso futuro ou para o entendimento correto da Profecia

Urge demonstrar que Profecia não é forçosamente sinônimo de flagelo, **mas a exposição das correlações entre causa e efeito**. Ela é somatório daquilo que antes realizamos de bom ou de mau. **Faz-se necessário que aprendamos isso a fim de torná-la elemento para o progresso consciente, de modo que nos transformemos, em completo juízo, em agentes do nosso futuro, na Terra e no Céu.**

Não é vão o comentário do escritor francês **Joseph Joubert** (1754-1824):

Joseph Joubert

— Quando de um erro nosso surge uma infelicidade, injuriamos o destino.

E olhem que fazemos isso com o Apocalipse, como se ele fosse culpado de todos aqueles dramas que ali se encontram. Não! Os flagelos nele contidos só ferem aqueles que agridem a Lei Divina. Trata-se de simples processo de causa e efeito.

Por isso, chamo a atenção de todos para um aspecto fundamental da origem profética: a Trindade Divina acompanha o nosso comportamento, dele tirando antecipadamente as conclusões, resultantes dos nossos atos bons ou maus.

Dois e dois são quatro, na aritmética mais simples. De igual modo, os Espíritos de Luz, observando a Matemática Celeste, projetam os efeitos da nossa semeadura no mundo. A isso se dá o nome de **Profecia**.

Vocês sabem que, se puserem a mão no fogo, vão queimá-la. Se caírem na água, podem morrer afogados ou afogadas caso não saibam nadar, ou até mesmo o sabendo.

Além disso, o Apocalipse tem suas consequências espirituais, morais; portanto, sociais, humanas, políticas, filosóficas, científicas, econômicas, esportivas, artísticas e religiosas mais do que nunca. Digo sempre que é na esfera da Religião que tudo começa, porque se refere ao sentimento das criaturas, ainda que ateias. Parece um paradoxo, mas não é. Pensem, por favor, nisso.

Alziro Zarur asseverava que

— *É no campo religioso que se encontram as soluções de todos os problemas humanos e sociais.*

O último Livro da Bíblia Sagrada é **carta de alertamento de um Amigo — no caso, Deus —, enviada a nós por intermédio do Cristo e do Espírito Santo, escrita com Amor Fraterno para as Suas criaturas**.

ADENDO 1º

Iluminar as estradas da nossa vida

No meu livro *Jesus, o Profeta Divino*, pergunto se, por acaso, são as folhas de papel nas quais estão impressas as profecias bíblicas que provocam essas catástrofes (que cultivamos pelo planeta) ou nossa estupidez militante e ganância sem termo? **É simplesmente a Lei de Causa e Efeito em plena ação!** Não foi o Apocalipse que se valeu da era atômica com o intuito de matar populações inteiras.

Na mesma obra, afirmo que o Apocalipse não foi feito para apavorar com os caminhos obscuros do mistério, **mas para iluminar as estradas da nossa vida, porque Apocalipse significa Revelação**. E, como é Revelação, mostra-nos o que estava oculto. E, se descobrimos o que estava encoberto, **perdemos o temor das coisas. O desconhecimento é o pai e a mãe da ignorância, a geradora do medo.**

O segredo de Deus

Nestes tempos tão procelosos como os que vivemos, precisamos alcançar o **Mistério de Deus** para a condução dos povos. E já lhes declarei que **o governo da Terra começa no Céu**. Muita gente gostou bastante e está meditando sobre isso.

Em 1973, nosso saudoso Irmão Zarur deu-nos a chave do bem governar:

> — *O segredo para o governo dos povos, nesta transição apocalíptica, é a integração da Humanidade da Terra com a Humanidade do Céu, evidentemente que sob o critério do* ***Mandamento Novo do Cristo****, que se encontra no Evangelho, segundo João, 13:34:* "Amai-vos como Eu vos amei".

O Mistério de Deus revelado

Reparem nesta filigrana que também nos descortina o Livro das Profecias Finais, 10:7:

> — *Mas nos dias da voz do sétimo Anjo, quando ele estiver para tocar a trombeta, cumprir-se-á então o* ***Mistério de Deus****, conforme Ele anunciou aos Seus servos, os profetas.*

Qual é o Mistério de Deus **por Jesus Cristo revelado**?

É o **Mandamento Novo do Divino Mestre**[3]**, a Sua Suprema Ordem** (Evangelho, segundo João, 13:34 e 35; 15:7, 8, 10 a 17 e 9). E o Novo Mandamento do Cristo é tão divinamente autêntico, **que apenas pode ser entendido e vivido à luz dele próprio**, isto é, o Amor supinamente elevado.

Esse é o roteiro seguro para nossas vidas: o Amor do Cristo, que apresento em minha composição "O Novo Mandamento de Jesus", do Oratório *O Mistério de Deus Revelado*[4]. O arranjo é do maestro **Vanderlei Alves Pereira.**

Será que pelo menos os cristãos cumprem essa Lei do Cristo? Talvez esta venha a ser **a maior vitória do terceiro milênio**. Porque **o grande milagre** que Deus

---

[3] **Novo Mandamento do Divino Mestre** — Leia mais sobre o assunto no livro *Paiva Netto e a Proclamação do Novo Mandamento de Jesus — A saga heroica de Alziro Zarur (1914-1979) na Terra*. Esta obra é a primeira publicação da Academia Jesus, o Cristo Ecumênico, o Divino Estadista, fundada por Paiva Netto em 1º de fevereiro de 2007.

[4] **Oratório *O Mistério de Deus Revelado*** — É uma das obras mais aplaudidas do compositor Paiva Netto. O título nasceu de uma proposta do Espírito **Villa-Lobos** (1887-1959), em Portugal, por intermédio do sensitivo legionário Chico Periotto, em 6 de maio de 1992. O famoso músico sugerira inicialmente "O Mistério de Deus", ao que Paiva Netto acrescentou "Revelado". Gravado pelo National Philharmonic Choir "Svetoslav Obretenov", da Bulgária, sob a regência do maestro **Ricardo Averbach**, o Oratório superou a marca de 500 mil cópias vendidas, conquistando Disco de Platina Duplo. Em 9 de abril de 2006, teve a primeira audição mundial em inglês na Convent Avenue Baptist Church, em Nova York, Estados Unidos, no Concerto da Semana Santa, sob a regência do maestro e pastor **Gregory Hopkins** e com a participação do Sanctuary Choir, composto de afro-americanos.

Sob a regência do maestro Ricardo Averbach, o Coro Filarmônico Nacional "Svetoslav Obretenov", da Bulgária, acompanhado pela Orquestra Sinfônica de Sófia, Bulgária, executa a obra "O Mistério de Deus Revelado", do compositor Paiva Netto.

espera dos seres humanos (e espirituais) é que **aprendam a amar-se**.

Todo esse preâmbulo, que fiz, foi necessário para que possamos alcançar a profundidade do significado do Roteiro Espiritual para a Vitória. Trata-se da manifestação, de Cima para baixo, isto é, do Céu para a Terra, **da Política de Deus**. Ela vem baixando sobre a Humanidade. É aquilo que escrevi em 31 de dezembro de 1967 ao me referir à missão do Partido da Boa Vontade: **essa Sublime Política surgiu para atender a uma exigência espiritual do povo brasileiro**. E hoje dizemos: também das nações de todo o planeta, saibam ou não saibam.

Roteiro Divino

O raiar de cada ano é época em que naturalmente as pessoas renovam a esperança em uma vida melhor.

Ano-novo! Ano bom?! Depende de nós!, já lhes disse há tanto tempo.

O Irmão dr. Bezerra de Menezes (Espírito) sugeriu-me que fizesse leitura e estudo, com Vocês, de três importantes passagens bíblicas. São elas:

I) **Carta à Igreja em Laodiceia**, Apocalipse de Jesus, 3:20;

II) **A armadura de Deus**, Epístola de Paulo aos Efésios, 6:10 a 20; e,

III) **O Cristo, o vencedor da besta e do falso profeta**, Livro das Profecias Finais, 19:11 a 21.

Essa feliz instrução nos foi transmitida pelo Irmão Flexa Dourada (Espírito) durante reunião do Centro Espiritual Universalista (o CEU da Religião de Deus, do Cristo e do Espírito Santo) em 14 de dezembro de 2013, sábado, por intermédio do sensitivo legionário Chico Periotto.

Com satisfação, atendo a esse fraterno pedido, já que se trata de um excelente **convite para que firmemos sempre nossas vidas no Amor e na Justiça Divinos**, revestindo-nos da **Armadura de Deus**. Dessa maneira, **abriremos a porta de nosso coração a Jesus** a fim de que verdadeiramente possamos vivenciar novos anos repletos de vitórias. Conquistas essas que estão intrinsecamente ligadas ao nosso esforço, à nossa perseverança e à Fé Realizante na causa do Bem. Vocês verão que **extraordinária sequência** o nobre dr. Bezerra foi buscar na Palavra de Deus para nós!

Vamos aos trechos do referido colóquio, naquele memorável encontro espiritual, com comentários que fiz ao apresentá-los na Super Rede Boa Vontade de Comunicação (rádio, TV e internet).

Conversa com o Irmão Flexa Dourada

Transcreverei o diálogo que mantive com o Irmão Flexa Dourada, destacado aqui nas caixas de texto. Trarei também o encadeamento proposto das mensagens bíblicas e tecerei alguns esclarecimentos.

Flexa Dourada (FD) — *Doutor Bezerra pediu, Irmão de Paiva, para dizer o seguinte: ele passou aqueles apontamentos do Apocalipse, capítulo 3, versículo 20. Não foi isso?*

Depois de duas ou três semanas, todos leram, fizeram até folhetos e falaram sobre o tema. Agora, ele vai passar por meu intermédio o ***complemento*** *do Roteiro para 2014 e adiante.*

Primeiro *ponto é este: Apocalipse de Jesus, 3:20, que todos já sabem.*

Segundo*: Efésios, 6:10 a 20; e*

Terceiro*: Apocalipse, 19:11 a 21.*

Entraremos desde já no assunto, porque, para os Espíritos, 2014 já começou. Já estamos nele. Não esperamos virar o ano, porque nos renovamos já para a frente.

O Exército de Deus é grandioso

Paiva Netto (PN) — Por isso, tomei a providência para que os diretores, os assistentes, os embaixadores, os chefes de setor, entre outros, das Instituições da Boa Vontade, logo recebessem esses ensinamentos evangélicos e apocalípticos, de forma que iniciassem o ano-novo sob essa proteção.

FD — *São esses três pontos de grande importância. Se estivermos integrados em todos esses capítulos e versículos da Bíblia Sagrada, citados pelo dr. Bezerra, nada, nada, nada deterá quem estiver nesse caminho do Bem.* ***Seremos ainda mais fortes no Cristo de Deus.***

E, quando abrirem as reuniões, leiam o Apocalipse, 3:20; leiam Paulo aos Efésios, 6:10 a 20; e concluam com o Apocalipse, 19:11 a 21.

Esse é o roteiro que os Irmãos Espirituais vão cumprir desde já em 2014 e sugerem que os Irmãos na Terra sintonizem isso, estendendo para os anos seguintes.

Todos sentirão ***uma força inesgotável*** *que vem das mais Altas Esferas de Luminosidade, a partir do coração do Nosso Cristo Jesus, nosso Pai.*

É preciso entender que estamos no mundo que ainda pratica o mal e vive na treva, ***e temos que transformar este mundo no Reino de Deus.***

PN — E isso se dá ao toque da Sétima Trombeta (Apocalipse de Jesus, 11:15), quando

— *o reino do mundo* ***se tornou de nosso Deus e do Seu Cristo, e Ele reinará pelos séculos dos séculos.***

FD — *E, para isso, precisamos dessa* ***integração de todos****, porque este mundo se tornará de Nosso Senhor Jesus Cristo,* ***que o tomará de volta daqueles que deixaram o mundo chegar à situação em que se encontra.***

O que falamos há algumas semanas com os nossos Irmãos aqui... Dr. Bezerra escreveu: "Das lutas não podemos livrá-los. Mas vitórias, poderemos fazê-las". ***E assim faremos, e assim conseguiremos, e assim venceremos!***

Precisamos é dessa eterna colaboração dos que se encontram na Terra ***ao nos buscar*** *por pensamentos, por palavras, por ações.*

O Exército de Deus é grandioso!

PN — ***"Se Deus é por nós, quem será contra nós?"***, pergunta Paulo Apóstolo em sua Epístola aos Romanos, 8:31. E respondemos, com todo o ardor de nosso coração: Ninguém! Jamais!

Aos 18 anos, escrevi: Fora do meu vocabulário a vil palavra desânimo.

FD — *Os perturbadores acabam desanimados, mas os que estão com o Cristo* ***são eternamente entusiasmados pelas obras, pelas Causas do Cristo****. A esses, nós damos as mãos para que subam, cresçam, falem!*

Se o Irmão de Paiva puder ler esse roteiro para todos, ficaríamos muito felizes.

(**PN** — O Irmão Flexa Dourada pediu que eu as lesse naquele instante, ali, porque o ambiente estava pleno de Espíritos do Bem, os Anjos da Guarda, Almas Benditas, **que oravam conosco**. Não se espantem. Já lhes disse, repetidas vezes, que **o Mundo Espiritual não é uma abstração**. Ele **ainda** é invisível, **mas existe**. E, assim, logo dei início à leitura e explicações das páginas sugeridas pelo nobre dr. Bezerra de Menezes.)

FD — *Estes são os Lanceiros de Deus, convocados para ajudar as nossas Equipes a chegar nesse ponto aí.*

É um roteiro traçado pelo próprio dr. Bezerra, como Político Celeste que é.

PN — Visto que esses Espíritos de Deus falaram que nos querem ajudar sempre, lembrei-me de uma frase do dr. **Osmar Carvalho e Silva** (1912-1975), grande Legionário da Boa Vontade. E o nosso Chico Periotto, médium da Boa Vontade de Deus, recebeu esta assertiva do saudoso Osmar em Figueira da Foz, Portugal, no dia 6 de junho de 1992:

— *Nosso trabalho depende da dedicação de vocês, mas o sucesso de vocês depende do nosso apoio.*

ADENDO 2º

Apoio aos Anjos Guardiães, Espíritos Luminosos, Almas Benditas

Aliás, antes de entrar no Roteiro Espiritual, nossos Amigos do Espaço, ao longo dessas últimas semanas, nos apresentaram mensagens espirituais maravilhosas, que publicamos na revista JESUS ESTÁ CHEGANDO! (edição 117). O próprio dr. Bezerra de Menezes brindou-nos com excelente página da lavra de Emmanuel, comentada por ele em Jundiaí/SP, em 18 de janeiro de 2014, sábado, por intermédio da psicofonia de Chico Periotto. Diz o nobre Espírito:

Bezerra de Menezes (BM) — *Com a permissão de nosso Irmão Maior, sugiro depois uma leitura de* **Pão Nosso**, *de Emmanuel, no capítulo "Que despertas?". Isso serve a todos os nossos Amigos e Irmãos do Espaço e da Terra.*

Paiva Netto (PN) — Lerei logo para eles, os encarnados e os desencarnados que nos honram com sua atenção, essa notável peça de Emmanuel.

BM — *Faria deste capítulo **"Que despertas?"** a **prece diária** daquele que deseja servir ao Cristo.*

Emmanuel, muito inspirado, foi altamente producente, junto ao nosso Chico Xavier. Trouxe lições extraordinárias. Curtas, rápidas, mas de um valor imenso às criaturas. (...)

*Se pudermos ouvir nosso Irmão Maior Paiva Netto fazendo a leitura, **ficaríamos felizes e honrados**.*

*Sugiro, repito-lhes, que essa página seja de **abertura diária, individual**, de cada um dos Irmãos, no Espaço e na Terra.*

Quando Emmanuel trouxe, em Pão Nosso, *lições todas retiradas do Evangelho e comentadas, **muito bem fez aos Espíritos, Anjos Guardiães**, que se sentiram apoiados, porque, **se embaixo, na Terra, temos a capacidade de receber tão certeiras lições, facilitamos a vida de nossos Guardiães do Etéreo Superior**.*

PN — "Que despertas?", página 357 do livro *Pão Nosso*, de Emmanuel, na psicografia de Francisco Cândido Xavier:

Que despertas?

Emmanuel

"De sorte que transportavam os enfermos para as ruas e os punham em leitos e em camilhas para que ao menos

a sombra de Pedro, quando este passasse, cobrisse alguns deles."

(Atos dos Apóstolos de Jesus, segundo Lucas, 5:15.)

O conquistador de glórias sanguinolentas espalha terror e ruínas por onde passa.

O político astucioso semeia a desconfiança e a dúvida.

O juiz parcial acorda o medo destrutivo.

O revoltado espalha nuvens de veneno sutil.

O maledicente injeta disposições malignas nos ouvintes, provocando o verbo desvairado.

O caluniador estende fios de treva na senda que trilha.

O preguiçoso adormece as energias daqueles que encontra, inoculando-lhes fluidos entorpecentes.

O mentiroso deixa perturbação e insegurança, ao redor dos próprios passos.

O galhofeiro, com a simples presença, inspira e encoraja histórias hilariantes.

Todos nós, através dos pensamentos, das palavras e dos atos, criamos atmosfera particular, que nos identifica aos olhos alheios.

A sombra de Simão Pedro, que aceitara o Cristo e a Ele se consagrara, era disputada pelos sofredores e doentes que encontravam nela esperança e alívio, reconforto e alegria.

Examina os assuntos e as atitudes que a tua presença desperta nos outros. Com atenção, descobrirás a qualidade de tua sombra, e, se te encontras interessado em aquisição de valores iluminativos com Jesus, será fácil descobrires as próprias deficiências e corrigi-las.

BM — *Meditemos sobre página tão elucidativa, que gera em nossa Alma esclarecimento extraordinário.*

Busquemos, em Simão Pedro, a sombra do Bem, pois a integração com o Divino Mestre é total, ***capaz de sensibilizar os Céus*** *e fortalecer aqueles que estão dispostos e predispostos, no Mundo da Verdade, ao trabalho da regeneração terrena.*

O que mais podemos pedir, senão que meditemos sobre tão franca exposição individual, que serve a todos nós? ***Serve à Terra, mas também serve aos Céus.*** *(...)* (Os destaques são nossos.)

PN — Então, vamos à leitura e análise, **em Espírito e Verdade, à luz do Novo Mandamento do Cristo Ecumênico, portanto, universal, o Divino Estadista**, das três passagens bíblicas que constituem **nosso Roteiro Espiritual para a Vitória**, conforme recomendação do nobre dr. Bezerra de Menezes. Observem e reflitam sobre o significado da sequência dos trechos do Novo Testamento feita por ele. E, como lhes disse, tecerei alguns comentários.

PRIMEIRO

Carta de Jesus à Igreja em Laodiceia

Apocalipse, segundo João, 3:20.
Disse Jesus:

— *Eis que estou à porta e bato; se alguém ouvir a minha voz e abri-la para mim, entrarei em sua casa e cearei com ele, e ele, comigo.*

PN — Que coisa maravilhosa! **A gente ceia com Jesus, e Ele, conosco!** E na Refeição Sagrada, que foi o grande e último acontecimento antes da tortura e da crucificação, o Mestre Amigo foi alimentar-se com os Seus Apóstolos. Nela, lavou os pés aos Seus Discípulos, mandando-lhes que fizessem o mesmo uns com os outros, e entregou à Humanidade **a Sua Ordem Suprema — o Novo Mandamento** —, além de inúmeros preceitos extraordinários. Então, cear com Jesus não é apenas ingerir a comida para a sobrevivência do corpo. **É receber o Alimento Espiritual Divino que Ele tem para nos oferecer.** O Revelador Celeste já o dissera pela boca de João Evangelista, 6:51:

— ***Eu sou o Pão Vivo que desceu do Céu;*** *e, se alguém dele comer, viverá eternamente; e o Pão que*

Eu darei para a vida do mundo é a minha própria carne.

"A minha própria carne", ou seja, o Seu incomensurável esforço, a Sua lição ímpar, **a Sua vitória sobre a Dor**, da qual se originou, **desde a criação do mundo, a legitimidade do Seu incorruptível Poder e de Sua Lídima Autoridade**, conforme ressalto neste livro.

Por que devemos aprender as Leis Divinas?

Já sentiram a modificação da nossa mentalidade para o Bem?! Não somente no campo religioso, mas no político, no científico, no econômico, no filosófico, no esportivo, nas artes, nas vidas individual e doméstica etc. Porque há **Leis Espirituais** que **preponderam** sobre toda a legislação humana existente, **uma Economia acima do sistema econômico terrestre atual**.

Como é que a Terra funciona? Como a Natureza caminha? Que leis da Ciência de Deus sustentam o Cosmos? Pensem nisso. Raciocinem **humildemente** acerca do Governo Divino. Todo esse equilíbrio é resultado de uma **Economia Infalível, que precisamos aprender**. Isso é Política de Deus, do Cristo e do Espírito Santo, Política para o Espírito Imortal do ser humano.

Quando me refiro aqui à Economia, meu pensamento expande-se ao seu significado lato, por conseguinte, atravessa os campos de todo o conhecimento humano, desde a ciência à teologia.

ADENDO 3º

A Sabedoria Divina do Amor de Jesus

O Irmão dr. Bezerra de Menezes, militante na Revolução Mundial dos Espíritos de Luz, na Quarta Revelação — a Religião de Deus, do Cristo e do Espírito Santo —, apresenta esclarecedor ensinamento quanto à compreensão das Leis Divinas a partir da vivência da Ordem Suprema, revelada por Jesus:

> — *Amai-vos como Eu vos amei. Somente assim podereis ser reconhecidos como meus discípulos* (Evangelho, segundo João, 13:34 e 35).

Vamos às sábias palavras do Médico dos Pobres, transmitidas por intermédio do sensitivo legionário da Boa Vontade Chico Periotto em 21 de dezembro de 2013:

> — *Trabalhar pelo Novo Mandamento é trabalhar pelo entendimento de Deus. E, a partir desse entendimento, todas as leis naturais do Universo serão compreendidas, porque o homem terá, em sua magnitude espiritual, correção em analisar todas as atitudes e consequências, não só na Terra,*

mas em todo o Espaço Sideral; portanto, no Etéreo Maior.

Não há desordem no Universo, porque a Grande Ordem Suprema, que é o Amor, que é Deus, faz com que tudo contribua e convirja para o seu destino evolutivo sob as bênçãos maiores.

FD — *Após ter recebido o Cristo, termos ceado com Ele, estamos prontos. Aí vamos para a parte seguinte,* ***Efésios****. Essa é a preparação, depois que Jesus bateu à nossa porta, e nós ceamos com Ele.*

SEGUNDO

A armadura de Deus

Epístola de Paulo Apóstolo aos Efésios, 6:10 a 20.

10 No demais, irmãos meus, fortalecei-vos no Senhor e na força do Seu poder.

11 Revesti-vos de ***toda a armadura de Deus****, para que possais estar firmes contra as astutas ciladas do demônio;*

12 porque não temos que lutar contra carne e sangue, mas, sim, contra os principados, contra as potestades, contra os príncipes das trevas deste século, contra as hostes espirituais da maldade, nos lugares celestiais.

*13 Portanto, tomai **toda a armadura de Deus**, para que possais resistir no dia mau e, havendo feito tudo, ficar firmes.*

14 Estai, pois, firmes, tendo cingidos os vossos lombos com a verdade, e vestida a couraça da justiça.

15 E calçados os pés na preparação do Evangelho da Paz;

16 tomando sobretudo o escudo da Fé[5]*, com o qual podereis apagar todos os dardos inflamados do maligno.*

*17 Tomai também o **capacete da salvação** e **a espada do Espírito**, que é a palavra de Deus,*

*18 orando em todo o tempo com toda a oração e súplica no Espírito e vigiando nisso **com toda a perseverança** e súplica por todos os santos.*

Jesus manda perseverar e diz no Seu Sermão Profético, no Evangelho, segundo Marcos, 13:13:

— (...) Quem perseverar até ao fim será salvo.

Paulo estava seguindo as instruções do Divino Mestre.

[5] **Nota de Paiva Netto**

Na Religião de Deus, do Cristo e do Espírito Santo, apresentamos os Quatro Graus Iniciáticos da Fé: Fé Raciocinada, trazida por Allan Kardec (1804-1869); Fé Raciocinante, revelada por Alziro Zarur (1914-1979); Fé Realizante e Fé Divinizante, que foram inspiradas por Deus a mim, que sou apenas um modesto servidor Dele.

Prosseguindo:

> *19 e por mim; para que me seja dada, no abrir da minha boca, a palavra com confiança,*
> *20 para fazer notório o mistério do Evangelho, pelo qual sou embaixador em cadeias* [isto é, mesmo quando preso]*; para que possa* ***falar Dele*** [Jesus] *livremente, como me convém falar.*

Acerca da ***"espada do Espírito, que é a Palavra de Deus"*** (Efésios, 6:17), destacamos sua correlação com o versículo 15 do capítulo 19 do Apocalipse de Jesus:

> — *Sai da Sua boca* ***uma espada afiada****, de dois gumes, para com ela ferir as nações; e Ele mesmo as regerá com cetro de ferro, e pessoalmente pisa o lagar do vinho do furor da ira do Deus Todo-Poderoso.*

E sobre esses dois versículos, podemos refletir: Por que essa *"espada afiada de dois gumes"* fere as nações? Pelo simples fato de que elas não querem saber desses Esclarecimentos Divinos, e não porque o Pai Celestial queira ferir Seus ainda ignorantes filhos terrenos. Temos devido exemplo no Antigo Testamento da Bíblia Sagrada, quando a aliança de Deus com os hebreus é suspensa pelo reincidente mau comportamento daquele *"povo de dura cerviz"* (Êxodo, 32:9).

ADENDO 4º

Acréscimo ao Roteiro Espiritual

PN — Durante reunião do Centro Espiritual Universalista (o CEU da Religião de Deus, do Cristo e do Espírito Santo) ocorrida em meu gabinete espiritual, localizado na sede da Comunicação 100% Jesus, em São Paulo/SP, a 25 de janeiro de 2014, sábado — Dia dos Soldadinhos de Deus da Religião Divina e aniversário da capital bandeirante —, o Irmão Flexa Dourada transmitiu-nos um acréscimo feito pelo Irmão dr. Bezerra de Menezes ao Roteiro Espiritual. Trata-se do capítulo 115 do livro *Vinha de Luz*, de Emmanuel, psicografado pelo Legionário da Boa Vontade nº 15.353, Chico Xavier (1910-2002), cujo título é **"Armai-vos"**. Segue a transcrição da esclarecedora página da lavra desse Espírito do Bem.

Armai-vos

Emmanuel

*"Portanto, tomai toda a **armadura de Deus**, para que possais resistir no dia mau e, havendo feito tudo, ficar firmes." — Paulo (Efésios, 6:13)*

O movimento da fé não proporciona consolações tão somente. Buscar-lhe as fontes sublimes para retirar apenas conforto seria proceder à maneira das crianças que nada enxergam senão guloseimas.

É indispensável tomar ***as armaduras de Deus*** *nas casas consagradas ao labor divino.*

Ilógico aproximar-se o filho adulto da presença paterna com a exclusiva preocupação de receber carinho. A mente juvenil necessita aceitar a educação construtiva que lhe é oferecida, revestindo-se de poderes benéficos, na ação incessante do bem, a fim de que os progenitores se sintam correspondidos na sua heroica dedicação.

A sede de ternura palpita em todos os seres, contudo, não se deve olvidar o trabalho que enrijece as energias comuns, a responsabilidade que define a posição justa e o esforço próprio que enobrece o caminho.

Em todos os templos do pensamento religioso elevado, o Pai está oferecendo ***armaduras*** *aos Seus filhos.*

Os crentes, num impulso louvável, podem entregar-se naturalmente às melhores expansões afetivas, mas não se esqueçam de que o Senhor lhes oferece instrumentos espirituais para a fortaleza de que necessitam, dentro da luta redentora; somente de posse de semelhantes armaduras pode a alma resistir, nos maus dias da experiência terrestre, sustentando a serenidade própria, nos instantes dolorosos e guardando-se na couraça da firmeza de Deus. (Os destaques são nossos.)

Caminho para a Paz

PN — Essas palavras são para nós dirigidas porque temos o compromisso, com todos esses movimentos de Boa Vontade e da Ordem Suprema de Jesus — *"Amai-vos como Eu vos amei"* (Evangelho, segundo João, 13:34) —, de **pregar a gloriosa Volta do Cristo com Fortaleza, Verdade, Justiça e Amor Fraterno**. E Ele diz, no versículo 35 do mesmo capítulo 13:

> — *Somente assim podereis ser reconhecidos como meus discípulos.*

Não há outro caminho para a Paz.

Aconselha Pedro Apóstolo em sua Primeira Epístola, 3:11:

> — *Afaste-se do mal e faça o Bem; busque a Paz e siga-a.*

Portanto, não insulte nem amaldiçoe ninguém em nome de Cristo Jesus. Ele próprio afirma que apenas seremos Seus discípulos **se nos amarmos da mesma forma com que Ele nos amou**. E o Cristo vai adiante, ao descrever a grandeza que tem esse Amor incondicional no versículo 13 do capítulo 15 do Evangelho, segundo João:

— *Não há maior Amor do que doar a própria vida pelos seus amigos.*

Então, **ódio** em nome de Jesus **é crime hediondo**!

FD — *Isso! E agora vem a conclusão do dr. Bezerra.* ***Estamos com a Armadura, a Couraça de Deus.***

PN — Sim, depois que abrimos a porta para Jesus. Cabe a nós permitir que isso sempre ocorra. E seria uma estupidez sem tamanho obstruir a entrada do Divino Cordeiro na nossa residência. Não só a de tijolos; porém, a própria Alma.

E, por pregarmos a **dessectarização de Jesus**[6], reiteramos que a mensagem benfazeja do Excelso Pedagogo, **que inunda de luz a nossa vida, não está restrita aos que se consideram cristãos**. Essa porta é ecumenicamente descerrada a toda a Humanidade para o Ensinamento Divino e para a Fraternidade Real. Por ela entrará tão somente o Bem. É o que Jesus faz o tempo todo ao **defender e vivenciar o Amor Fraterno**.

FD — *Depois que recebemos o Cristo, ceamos com Ele, Ele nos deu o Amor maior, que é o Novo Mandamento, e nos revestiu da* **Couraça de Deus** *para poder-*

[6] **Dessectarização de Jesus** — Leia, para maior aprofundamento no assunto, o capítulo 25, "Dessectarização do Cristianismo".

"Jacó lutando com o Anjo", obra de Gustave Doré (1832-1883).

mos enfrentar tudo! Tudo! Satanás aí é o tudo do mal. [É o espírito ignorante, coitado, mas vai deixar de ser.] ***Satanás não é um episódio. São todas as possibilidades da treva.***

TERCEIRO

O Cristo, o vencedor da besta e do falso profeta

(Apocalipse de Jesus, segundo João, 19:11 a 21.)

*11 Depois vi o céu aberto, e eis um **cavalo branco**. O seu cavaleiro se chama **Fiel e Verdadeiro**, e julga e peleja com justiça.*

12 Os Seus olhos são chama de fogo; na Sua cabeça há muitos diademas; tem um nome escrito que ninguém conhece senão Ele mesmo.

13 Está vestido com um manto tinto de sangue, e ***o Seu nome é o Verbo de Deus;***
14 e O seguiam os exércitos que há no céu, ***montando cavalos brancos****, vestidos de linho finíssimo, branco e puro.*
15 Sai da Sua boca uma espada afiada, de dois gumes para com ela ferir as nações [de modo que elas sejam acordadas com a Verdade, o Amor e a Justiça]*; e Ele mesmo as regerá com cetro de ferro, e pessoalmente pisa o lagar do vinho do furor da ira do Deus Todo-Poderoso.*
16 Tem no Seu manto, e na Sua coxa, um nome inscrito: ***Rei dos reis e Senhor dos senhores****.*

PN — Este versículo 16 faz referência à passagem registrada no Gênesis Mosaico, 32:22 a 32, quando **Jacó luta com um homem** ao atravessar o vau de Jaboque, um ribeiro afluente do rio Jordão no sentido oriental, que passa pelo mar Morto, a uns 40 quilômetros ao norte, e se bifurca na região de Gileade. No término do duelo, percebe ter lutado com um emissário de Deus, **e esse fato o transforma em um homem renovado**, recebendo a Bênção Divina e um novo nome: **Israel**, cujo significado é **"Deus luta"**. Durante a batalha, Jacó tem a **junta de sua coxa** deslocada pelo Anjo do Senhor e fica manco. Esse sinal na coxa o acompanharia, **a fim de marcar a profunda mudança espiritual que ocorrera em sua vida**. O local do combate passou a ser chamado de **Peniel**, palavra hebraica que se traduz **"rosto de Deus"**, pois Jacó afirma ter visto Deus face a face, e, por isso, sua vida foi salva.

A grande ceia de Deus

Mas prosseguindo na leitura do Apocalipse, 19:11 a 21:

> *17 Vi então um Anjo posto em pé no sol, que clamou com grande voz, falando a todas as aves que voam pelo meio do céu: Vinde, reuni-vos para a grande ceia de Deus (...).*

Notem que chegamos à ceia de Deus, desde quando abrimos a porta para Jesus, na Carta à Igreja em Laodiceia (Apocalipse, 3:20). O próprio Cristo declarou também:

> — *Eu e o Pai SOMOS UM* (Evangelho, segundo João, 10:30).

Vejam Vocês o que vem a seguir:

> *18 para que comais carnes de reis, carnes de comandantes, carnes de poderosos, carnes de cavalos e seus cavaleiros, carnes de todos, quer livres, quer escravos, assim pequenos como grandes.*

19 E vi a besta e os reis da Terra, com os seus exércitos, congregados para pelejarem contra Aquele que estava montado no cavalo e contra o Seu exército.
20 Mas a besta foi aprisionada, e com ela o falso profeta que, com os sinais feitos diante dela, seduziu aqueles que receberam a marca da besta, e eram os adoradores da sua imagem. E os dois foram lançados vivos dentro do lago do fogo que arde com enxofre.
21 Os restantes foram mortos com a espada aguda que saía da boca Daquele que estava montado no cavalo. E todas as aves se fartaram das suas carnes.

Alguns acham que o cavaleiro do cavalo branco é o anti-Cristo. Não deixa de ser um paradoxo, uma vez que o anti-Cristo estaria combatendo e destruindo os seus próprios seguidores. E Jesus, ao responder aos eventuais adversários que O acusavam de servir a satanás, disse-lhes, conforme o relato de Mateus, 12:25 a 28:

25 (...) Todo reino dividido contra si mesmo ficará deserto, e toda cidade ou casa dividida contra si mesma decreta a sua própria ruína. **[Uma casa dividida não reina.]**
26 Se satanás expele a satanás, dividido está contra si próprio. Como, pois, sobreviverá o seu reino?
27 ***E, se Eu expulso os demônios por belzebu, por quem os expulsam vossos filhos? Por isso eles mesmos serão os vossos juízes.***

28 ***Se, porém, Eu expulso os demônios pelo Espírito Divino, certamente é chegado o Reino de Deus sobre vós.***

Observem que Jesus, no versículo 27, pega o astucioso na sua astúcia. Ele se vale do exemplo dos próprios filhos, isto é, os iguais daquela gente que O acusava, e diz: *"Se Eu expulso os demônios por belzebu, por quem os expulsam vossos filhos?"*. E arremata: *"Por isso, eles mesmos serão os vossos juízes"*.

Os adversários de Jesus sabiam que os sensitivos daquele tempo, alguns com força moral e autoridade, expulsavam os espíritos impuros do meio deles. E como os Seus opositores ousavam combatê-Lo, tendo Jesus recebido de Deus toda a Autoridade e todo o Poder?! No fundo, o que esses apressados não podiam admitir é que o Cristo possuísse tamanha ascensão moral e espiritual sobre eles.

ADENDO 5º

Sugestão de leitura

O Irmão Flexa Dourada, no dia 1º de março de 2014, sábado, em São Paulo/SP, convidou-nos a ler esclarecedores ensinamentos de Emmanuel, que trazem fortaleza e conforto às lides da Boa Vontade, e a meditar sobre eles:

FD — *Os dois últimos capítulos do livro* Caminho, Verdade e Vida, *de Emmanuel, são muito importantes, porque* ***eles resumem bem a missão das Instituições da Boa Vontade de Deus na Terra****. Eles são:* ***"O Novo Mandamento"*** *e* ***"Façamos nossa Luz"****, que vão falar* ***da força dos Planos Espirituais****.*

O Novo Mandamento

"Um novo mandamento vos dou: que vos ameis uns aos outros, como Eu vos amei." — Jesus (João, capítulo 13, versículo 34).

A leitura despercebida do texto induziria o leitor a sentir nessas palavras do Mestre absoluta identidade com o seu ensinamento relativo à regra áurea. ***Entretanto, é preciso salientar a diferença.***

O "ama a teu próximo como a ti mesmo" é diverso do "que vos ameis uns aos outros como Eu vos amei".

O primeiro institui um dever, em cuja execução não é razoável que o homem cogite da compreensão alheia. O aprendiz amará o próximo como a si mesmo.

Jesus, porém, engrandeceu a fórmula, criando o novo mandamento na comunidade cristã. O Mestre refere-se a isso na derradeira reunião com os amigos queridos, na intimidade dos corações.

A recomendação "que vos ameis uns aos outros como Eu vos amei" assegura o regime da verdadeira solidarie-

dade entre os discípulos, garante a confiança fraternal e a certeza do entendimento recíproco.

Em todas as relações comuns, o cristão amará o próximo como a si mesmo, reconhecendo, contudo, que no lar de sua fé conta com irmãos que se amparam efetivamente uns aos outros.

Esse é o novo mandamento que estabeleceu a intimidade legítima entre os que se entregaram ao Cristo, significando que, em seus ambientes de trabalho, há quem se sacrifique e quem compreenda o sacrifício, quem ame e se sinta amado, quem faz o bem e quem saiba agradecer.

Em qualquer círculo do Evangelho, onde essa característica não assinala as manifestações dos companheiros entre si, os argumentos da Boa Nova podem haver atingido os cérebros indagadores, mas ainda não penetraram o santuário dos corações.

PN — E, agora, estudemos o

Façamos nossa luz

"Assim resplandeça a vossa luz diante dos homens." — Jesus (Mateus, capítulo 5, versículo 16).

Ante a glória dos mundos evolvidos, das esferas sublimes que povoam o Universo, o estreito campo em que nos agitamos, na Crosta Planetária, ***é limitado círculo***

***de ação**. Se o problema, no entanto, fosse apenas o de espaço, nada teríamos a lamentar.*

A casa pequena e humilde, iluminada de Sol e alegria, é paraíso de felicidade. A angústia de nosso plano procede da sombra.

A escuridão invade os caminhos em todas as direções. Trevas que nascem da ignorância, da maldade, da insensatez, envolvendo povos, instituições e pessoas. Nevoeiros que assaltam consciências, raciocínios e sentimentos.

*Em meio da grande noite, **é necessário acendamos nossa luz. Sem isso é impossível encontrar o caminho da libertação.** Sem a irradiação brilhante de nosso próprio ser, **não poderemos ser vistos com facilidade pelos Mensageiros Divinos**, que ajudam em nome do Altíssimo, e nem auxiliaremos efetivamente a quem quer que seja.*

É indispensável organizar o santuário interior e iluminá-lo, a fim de que as trevas não nos dominem.

*É possível marchar, valendo-nos de luzes alheias. Todavia, **sem claridade que nos seja própria**, padeceremos constante ameaça de queda. Os proprietários das lâmpadas acesas podem afastar-se de nós, convocados pelos montes de elevação que ainda não merecemos.*

Vale-te, pois, dos luzeiros do caminho, aplica o pavio da boa vontade ao óleo do serviço e da humildade e acende o teu archote para a jornada. Agradece ao que te ilumina por uma hora, por alguns dias ou por muitos anos, mas não olvides tua candeia, se não desejas resvalar nos precipícios da estrada longa!...

O problema fundamental da redenção, meu amigo, não se resume a palavras faladas ou escritas. É muito fácil pronunciar belos discursos e prestar excelentes informações, guardando, embora, a cegueira nos próprios olhos.

Nossa necessidade básica é de luz própria, de esclarecimento íntimo, de autoeducação, de conversão substancial do "eu" ao Reino de Deus.

Podes falar maravilhosamente acerca da vida, argumentar com brilho sobre a fé, ensinar os valores da crença, comer o pão da consolação, exaltar a paz, recolher as flores do bem, aproveitar os frutos da generosidade alheia, conquistar a coroa efêmera do louvor fácil, amontoar títulos diversos que te exornem a personalidade em trânsito pelos vales do mundo...

Tudo isso, em verdade, pode fazer o espírito que se demora, indefinidamente, em certos ângulos da estrada.

Todavia, ***avançar sem luz é impossível****.* (Os destaques são nossos.)

Saudação final

PN — Eis aí. Está cumprido o nosso compromisso na leitura desses admiráveis trechos bíblicos, que compõem o **Roteiro Espiritual**, oferecido a nós pelo nobilíssimo Espírito dr. Bezerra de Menezes. Eternamente gratos lhe somos!

Que aprendamos a unir a Humanidade da Terra à Humanidade do Céu! E as expressões do Alto vêm por intermédio do Evangelho e do Apocalipse, que lemos aqui, para o progresso de nossas vidas, ontem, hoje e sempre. Aliás, o Irmão Zarur denominou o Livro das Profecias Finais de ***"O Evangelho Moderno"***.

FD — *Bem, esse Roteiro Espiritual, que o Irmão de Paiva acaba de ler e comentar, foi o que o dr. Bezerra preparou para os Irmãos Espirituais e convida todos os da Terra a entrar nesse mesmo espírito. É um* ***roteiro infalível*** *para quem quer vencer em 2014 e adiante.*

Irmão de Paiva, guerreiro da Boa Vontade, com todos os combatentes do Cristo, administrando as Instituições da Boa Vontade de Deus. ***Salve, Jesus!***

PN — Obrigado, meu Irmão! Obrigado, Humanidade do Céu e Humanidade da Terra! Salve, Jesus! Salve, Jesus! Salve, Jesus! Salve, Jesus!

Aproveito a oportunidade para agradecer aos associados, aos contribuintes, aos voluntários, a todos aqueles de coração bondoso e generoso que nos ajudam neste trabalho por *"um Brasil melhor e por uma Humanidade mais feliz!"*, porque pregamos o Amor Fraterno e a Justiça Divina. Por isso, é bom destacarmos esta quadrinha do Irmão Zarur:

Legionários da Boa Vontade

Marcharemos no Sul e no Norte...
Ninguém pode esta marcha deter!
Pois, se nós não tememos a morte,
A quem é que nós vamos temer?

Quem confia em Jesus não perde o seu tempo, porque Ele é o Grande Amigo que não abandona amigo no meio do caminho!

Quanto mais perto de Jesus, mais longe dos problemas!

— *Glória a Deus nas Alturas e Paz na Terra aos Homens* [às Mulheres, aos Jovens, às Crianças, às Almas Benditas, os Espíritos] *da Boa Vontade de Deus!*

E, como ensinava o Irmão Zarur,

— ***Em qualquer circunstância, pensem logo em Jesus!***

Feliz ano-novo, criando — a todo dia, a toda hora, a todo minuto, a todo segundo — **merecimento pelos nossos bons atos**!

VIVA JESUS!

Como um raio será a volta de Jesus!

2014 — século 21, terceiro milênio, do qual sempre aguardamos muitas mudanças, e realmente **os Tempos chegaram**! Mas não nos podemos esquecer de que ele possui mil anos. Não se pode ficar na eterna expectativa de um repentino milagre para que as coisas tomem rumo, para que se cumpra tudo aquilo que se espera desta época promissora, com a velocidade de um relâmpago. E o milênio terceiro começou muito feroz, diga-se de passagem... Por isso, devemos pregar insistentemente a Solidariedade Espiritual e Humana. Como um raio será a volta de Jesus! (...) Consequentemente, uma mudança rápida e milagrosa dos Tempos só ocorrerá por efeito do Poder e da Autoridade Dele. Assim, tudo será possível.

A Prece

"Cristo no Getsêmani", obra de Heinrich Hofmann (1824-1911). Congregação Riverside Church, Nova York, EUA.

CAPÍTULO 32

Falar com Deus

O que Jesus espera de nós

Vocês aspiram por acompanhar o Líder Celeste? O que Ele aguarda de nós?

> *24 Então, disse Jesus a Seus discípulos:* ***Se alguém quiser vir após mim, negue-se a si mesmo*** [ou a si mesma], ***tome a sua cruz e siga-me.***

25 Porquanto, quem quiser salvar a sua vida perdê-la-á, e quem perder a vida por minha causa esse [ou essa] *a achará.*

26 Pois que aproveitará o homem [ou a mulher] *se ganhar o mundo inteiro e perder a sua Alma? Ou o que dará o homem* [ou a mulher] *em troca da sua Alma?*

27 Porque o Filho de Deus ***há de vir sobre as nuvens*** *na glória de Seu Pai, com os Seus Santos Anjos, e,* ***então, retribuirá a cada um conforme as suas próprias obras****.*

28 Em verdade, em verdade vos digo que alguns dos que aqui se encontram de maneira alguma conhecerão a morte até que vejam o Filho de Deus vir no Seu Reino (Evangelho, segundo Mateus, 16:24 a 28).

Em *Somos todos Profetas* (1999), apresento explicação acerca do versículo 30 do capítulo 13 da Boa Nova de Jesus, consoante Marcos, que tem estreita relação com o Evangelho, segundo Mateus, 16:28:

— *Em verdade, em verdade vos digo que não passará esta geração sem que todas essas coisas aconteçam.*
Jesus (Marcos, 13:30)

No subtítulo "Geração Humana e Geração Espiritual", constante da referida obra, elucido **a que tipo**

de geração Jesus se referiu: Assim como há geração humana, existe geração espiritual[1].

Eis o que o Divino Mestre, no Evangelho e no Apocalipse, espera de todos: **plena dedicação** para todo o sempre. Ele mesmo advertiu:

> — *(...) Quem comigo não junta espalha.*
>
> Jesus (Lucas, 11:23)

Na Epístola de Tiago Apóstolo, capítulo 5, versículos 7 e 8, encontramos o valor da paciência aliada à perseverança na fé em Cristo Senhor:

> *7 Tende, pois, paciência, meus irmãos,* ***até a vinda do Senhor****. Vede o lavrador: ele aguarda o precioso fruto da terra e tem paciência até receber a chuva do outono e a da primavera.*
>
> *8 Tende também vós paciência e fortalecei os vossos corações,* ***porque a vinda do Senhor está próxima****.*

E Paulo, Apóstolo de Jesus, em sua Primeira Epístola aos Tessalonicenses, capítulo 4, versículos 16 e 17, vem ao encontro desse nosso raciocínio, falando-nos acerca dos Tempos do Fim, em que seremos julgados pelas nossas obras e a Lei de Deus

[1] Esse comentário foi ao ar em 16 de julho de 1983, no *Programa Boa Vontade, com Paiva Netto*, transmitido pela Rede Bandeirantes de Televisão, e foi publicado na *Revista LBV* nº 13, em setembro de 1984.

nos premiará de acordo com o que tivermos feito de bom ou de ruim:

> *16 Porque o Senhor mesmo descerá do céu com grande brado, à voz do Arcanjo, ao som da trombeta de Deus,* ***e os que morreram em Cristo ressuscitarão primeiro****.*
>
> *17 Depois nós, os que ficarmos vivos,* ***seremos arrebatados juntamente com eles nas nuvens****, ao encontro do Senhor nos ares, e assim estaremos para sempre com o Senhor.*

Que assim seja para todos os fiéis que se consagram à causa do Bem, do Amor, da Solidariedade, da Fraternidade, do Altruísmo, da Justiça, da Generosidade e da Caridade Completa, sinônimos do que representa Jesus Dessectarizado, o Benfeitor Universal!

Divinamente inspirado, o saudoso Irmão Alziro Zarur legou-nos este belíssimo soneto:

A Escolha Urgente

Disse Jesus: "Ninguém pode servir a dois senhores: não podeis servir a Deus e a Mamom" (Evangelho de Jesus, segundo Mateus, 6:24).

Tempos de treva, de pecado e injúria,
Tempos do mal e de ignomínias vis,

Agora é inútil toda a vossa fúria,
Porque minha alma é de Jesus, que a quis.

Todas as quedas, toda a vã luxúria,
De satanás as tentações sutis —
Tudo passou... Porque hoje sou feliz,
Vivendo a vida sem temor e incúria.

Bendito sejas Tu, Deus dos eleitos,
Que em Teu Amor nos fazes tão perfeitos,
Invulneráveis nesta vida insana!

Soldado Teu, Alfa e Ômega de tudo,
Hei de lutar, visando, sobretudo,
À regeneração da raça humana!...

A nossa ambição

Jesus, Nosso Mestre, Guia e Chefe[2], perseverar em Ti é o que almejamos a todos. Devemos seguir Tuas Santas Lições, ó Cristo Estadista, a respeito da persistência de cada um em Tuas palavras e em Teus exemplos, a fim de que sejamos salvos por Ti, que és, como disseste,

— *o Pão Vivo que desceu do Céu* (Evangelho, segundo João, 6:51).

[2] **Jesus, Nosso Mestre, Guia e Chefe** — Forma com que o saudoso Alziro Zarur costumava referir-se ao Divino Amigo da Humanidade.

A Ti, Jesus, ó Sublime Governante da Humanidade, Aquele que caminha na vanguarda da Divina LBV e da Religião de Deus, do Cristo e do Espírito Santo — a Quarta Revelação — entregamos, como ontem, agora e sempre, os nossos destinos, posto que aprendemos que Tu és a Árvore, e nós, apenas os ramos, os quais coisa alguma poderão realizar sem Ti. O ramo podado do tronco morre e para nada mais serve, senão para ser lançado ao fogo (Evangelho, consoante João, 15:1 a 6).

Utiliza-nos, Jesus, como quiseres. **Esta é a nossa ambição**: põe em nossa Alma as palavras que desejas sejam ditas no **comício permanente da Política de Deus, porque é necessário, Divino Senhor, reformar coração e mente humanos, desarmando-os de todo o ódio**. Aliás, Jesus, testemunhar a Tua Boa Nova na Terra ajuda até os Espíritos, como nos lembra Emmanuel, pela mediunidade de Chico Xavier:

> — ***Uma simples conversação sobre o Evangelho de Jesus pode beneficiar vasta fileira de ouvintes invisíveis.***

Esse ensinamento vai ao encontro do que pregou São Paulo e que ressaltamos antes:

> — *Portanto, nós também, pois, estamos rodeados de uma tão grande nuvem de testemunhas* [invisíveis] (Epístola aos Hebreus, 12:1).

O Apóstolo dos Gentios igualmente admoestou:

— *Sou fraco, mas tudo posso Naquele que me fortalece, Cristo Jesus* (Epístola aos Filipenses, 4:13).

Ganhar a Alma

Diante disso, não temos o direito de reclamar nem de pôr a culpa nos outros por nossos desacertos, porque a nossa força vem de Ti, ó Filho Primogênito do Pai Celestial.

O Apocalipse revela-nos o que estava oculto

Enfim, aqui permaneceremos estudando, ó Jesus, **com profunda humildade**, o Teu Majestoso Apocalipse, que se encontra em toda a Bíblia Sagrada, conforme temos demonstrado há décadas.

Na minha obra *Jesus, o Profeta Divino*, reafirmo que o Apocalipse não foi feito para apavorar **os povos** com os caminhos obscuros do mistério, mas para iluminar as estradas da nossa vida, porque **Apocalipse significa Revelação**. E, como é Revelação, mostra-nos o que estava oculto. E, se descobrimos o que estava encoberto, **perdemos o temor das coisas**. E concluo: o desconhecimento é o pai e a mãe da ignorância, a implacável geradora do medo.

Jesus nasce e renasce todos os dias nos corações de Boa Vontade. E igualmente volta, **por antecipação**, nas ações das criaturas que cultivam o Seu ideal no Bem.

O encanto da Vida

O Irmão Zarur, na *Prece da Ave, Maria!*, diariamente pergunta:

> — ***Quem não tem um sofrimento qualquer? Quem não chora a sua lágrima secreta?***

Façamos, pois, para fortalecimento da nossa Alma — que tem em si mesma **o sinete da vitória espiritual, o selo do Criador, que quer o bem das criaturas** —, a ***Prece do Pai-Nosso***. Ela é a Tua Oração Ecumênica, ó Cristo de Deus, Divino Ser Ecumênico por excelência, o Estadista Celeste, Condutor Supremo da Humanidade. **Mesmo que as nações não percebam o Mecanismo Divino, porque ainda não o conhecem devidamente**, este conduz não apenas a vida dos seres espirituais e humanos, **deste, de outros orbes ou de outras dimensões, porém a de todos os Universos**, porquanto não existem somente os planos físicos, mas também os espirituais, onde nascem, vivem e sobrevivem as Almas.

A Oração Ecumênica de Jesus

Pai-Nosso

Pai Nosso, que estais no Céu, santificado seja o Vosso Nome.

Venha a nós o Vosso Reino.

Seja feita a Vossa Vontade assim na Terra como no Céu.

O pão nosso de cada dia dai-nos hoje.

Perdoai as nossas dívidas, assim como nós perdoarmos aos nossos devedores.

Não nos deixeis cair em tentação, mas livrai-nos do mal, porque Vosso é o Reino, e o Poder, e a Glória para sempre.

Amém!

Quanto mais perto de Ti, Jesus, mais longe dos problemas!

Ó Mestre Divino, cuja **misericórdia nos sustenta**, a Tua Clemência é que **ampara e entusiasma** todo o nosso esforço pelo ininterrupto avanço da Boa Vontade de Deus nos corações. E o futuro está nas mãos dos de Boa Vontade, segundo asseverava o saudoso Irmão Zarur em suas notáveis palestras veiculadas no rádio. Ele solenemente revelava o significado da Boa Vontade de Deus, com a qual os Anjos da Milícia Celeste anunciaram aos simples, aos pastores do campo, o Teu nascimento, ó Divino Pastor.

Contudo, o Proclamador da Religião de Deus, do Cristo e do Espírito Santo ensinava que

> — *Boa Vontade não é boa intenção. Boa Vontade é a vontade boa, firme, decidida, que sabe o que quer, iluminada pela Verdade e pelo Amor. Nada tem a ver com boa intenção, da qual, no dizer popular, "está calçado o inferno".*

E o maior milagre que o Criador dos Universos aguarda de Suas criaturas é justamente que aprendam a amar-se umas às outras, como Ele permanentemente nos ama. É a Infinita Humildade do Pai no Amor a Seus filhos. Em certa ocasião, afiancei a um pugilo de jovens que **a humildade é um passo adiante da sabedoria.**

O Amor Fraterno é essencial à vida. Quando há verdadeiro Amor, tudo dá certo. Um exemplo? Se, movidos pelo espírito de Caridade, levarmos um remédio a um enfermo, esse medicamento trará melhor resultado a quem está sendo socorrido. O Bem é o encanto da existência espiritual e humana. E Deus quer o nosso benefício, não segundo a estultícia terrena; entretanto, de acordo com a Sua Excelsa Sabedoria. Por isso, pregamos o imperativo urgente da **União das Duas Humanidades**[3], preco-

[3] **União das Duas Humanidades** — Outros esclarecimentos nos livros de Paiva Netto: *As Profecias sem Mistério*, no capítulo "Os Profetas e o Fim dos Tempos (I)"; *Voltamos!*; e *Somos todos Profetas*, no capítulo "Aos Políticos, a

nizada por Alziro Zarur e que aqui defendemos: a da Terra com a do Céu, de forma consciente[4].

Que para sempre seja guardada em todos os corações esta surpreendente realidade: **a ação constante do Estadista Sublime**, que és Tu, Jesus, Senhor de nossa autêntica ventura!

Nunca estamos abandonados! Nossos Anjos da Guarda continuamente permanecem ao nosso lado. É **o galardão com que o Governo Espiritual Invisível felicita os seres terrenos**, porquanto concretiza a **profecia apocalíptica** da junção das dimensões que, apesar de separadas **em aparência**, estarão claramente **unidas** com o baixar ao orbe terrestre da Jerusalém Celestial (Apocalipse, 21:2).

Ó Mestre Amado, nosso Senhor, nossa Rocha, nossa Força, nosso Escudo, nossa Salvação, Tu trazes a fórmula perfeita para premiar as Almas com **a felicidade perpétua, nascida da Fé Realizante, geradora das Boas Obras, as quais Tu apregoas por meio do Teu Mandamento Novo, de Amor Divinal** (Evangelho, consoante João, 13:34 e 35; 15:7, 8, 10 a 17 e 9).

E, no Livro das Profecias Finais, encontramos a confirmação encorajadora da Tua Volta Triunfante, **que a**

Fórmula Perfeita: A União das Duas Humanidades", em que Paiva Netto apresenta a tese de Zarur.

[4] Leia mais sobre o assunto no vol. II de *Diretrizes Espirituais da Religião de Deus, do Cristo e do Espírito Santo*, no capítulo "Quanto à Abrangência do Templo da Boa Vontade", p. 277.

muitos surpreenderá, como Tu mesmo advertiste, no Evangelho, segundo Lucas, 17:24:

> — *Assim como o relâmpago, num repente, fulgura de uma à outra extremidade do Céu,* ***da mesma forma será a volta do Filho de Deus****.*

Isso ocorrerá não obstante todos os avisos que, pelos milênios, mandaste ao mundo:

> — *Aquele que dá testemunho destas coisas diz: Certamente venho sem demora. Amém! Ora vem, Senhor Jesus!* (Apocalipse, 22:20).

Ó Senhor, clareia o nosso Espírito, fortalece o nosso íntimo, conforta o nosso coração, para que persistamos até aquele dia esplendoroso do Teu Magnífico Retorno.

E agora, Celeste Provedor das nossas mais justas súplicas, **Tu, que és o Amor que nunca morre**, acolhe o pedido que neste instante vamos fazer-Te. **Atende-o**, Mestre dos mestres, **na exata razão do nosso merecimento**, porque Tu mesmo ensinaste que **cada um é merecedor do prêmio ou da reprimenda mediante as próprias realizações**.

Graças, Senhor! Dá-nos a Divina Paz, que prometeste àqueles que vivem o Teu Novo Mandamento:

— ***Minha Paz vos deixo, minha Paz vos dou. Eu não vos dou a paz do mundo. Eu vos dou a Paz de Deus, que o mundo não vos pode dar. Não se turbe o vosso coração nem se arreceie. Porque Eu estarei convosco, todos os dias, até o fim do mundo!*** (Evangelho, segundo João, 14:27 e 1, e Mateus, 28:20).

— *Glória a Deus nas Alturas, Paz na Terra aos Homens* [às Mulheres, aos Jovens, às Crianças **e às Almas Benditas, os Espíritos Luminosos]** ***da Boa Vontade de Deus!*** (Evangelho, segundo Lucas, 2:14).

Quem confia em Jesus não perde o seu tempo, porque **Ele é o Grande Amigo que não abandona amigo no meio do caminho**. Louvado seja o Cristo Ecumênico, Jesus, o Estadista Divino, por toda a eternidade!

Salve o Brasil, Coração do Mundo e Pátria do Evangelho-Apocalipse de Jesus, compreendidos e vividos em Espírito e Verdade, à luz do Mandamento Novo do Supremo Comandante da Humanidade, que disse:

— *Amai-vos como Eu vos amei. Somente assim podereis ser reconhecidos como meus discípulos. E não há maior Amor do que doar a própria Vida pelos seus amigos* (Evangelho, segundo João, 13:34 e 35; 15:13).

Só o Amor Fraterno ilumina e salva as criaturas!
Deus Está Presente!
Viva Jesus em nossos corações para sempre!
Que assim seja!
Louvado seja Deus!
Quanto mais perto de Jesus, mais longe dos problemas!
Servir a Jesus não é sacrifício. É privilégio!

Vem, Senhor Jesus!

Ó Mestre Amado, nosso Senhor, nossa Rocha, nossa Força, nosso Escudo, nossa Salvação (...). *"Aquele que dá testemunho destas coisas diz: Certamente venho sem demora. Amém! Ora vem, Senhor Jesus!"* (Apocalipse, 22:20). (...) Clareia o nosso Espírito, fortalece o nosso íntimo, conforta o nosso coração, para que persistamos até aquele dia esplendoroso do Teu Magnífico Retorno. Amém!

Pai-Nosso e As Bem-Aventuranças

Pai-Nosso

(A Oração Ecumênica de Jesus[1] que se encontra no Seu Evangelho, segundo Mateus, 6:9 a 13.)

Pai Nosso, que estais no Céu
(e em toda parte ao mesmo tempo),
santificado seja o Vosso Nome.
Venha a nós o Vosso Reino (de Justiça e de Verdade).
Seja feita a Vossa Vontade (jamais a nossa vontade)
assim na Terra como no Céu.
O pão nosso de cada dia dai-nos hoje
(o pão transubstancial, a comida que não perece,
o alimento para o Espírito; porque o pão para o corpo,
iremos consegui-lo com o suor do nosso rosto).

[1] **Nota do autor**
Todos podem rezar o *Pai-Nosso*. Ele não se encontra adstrito a crença alguma, por ser uma oração universal, consoante o abrangente espírito de Caridade do Cristo Ecumênico, o Divino Estadista. Qualquer pessoa, até mesmo ateia (por que não?!), pode proferir suas palavras sem sentir-se constrangida. É o filho que se dirige ao Pai, ou é o ser humano a dialogar com a sua elevada condição de criatura vivente. Trata-se da Prece Ecumênica por excelência.

Perdoai as nossas ofensas,
assim como nós perdoarmos aos nossos ofensores.
Não nos deixeis cair em tentação,
mas livrai-nos do mal,
porque Vosso é o Reino,
e o Poder, e a Glória para sempre.
Amém!

As Bem-Aventuranças do Sermão da Montanha de Jesus

(Evangelho do Cristo, segundo Mateus, 5:1 a 12, da magnífica forma com que Alziro Zarur as proferia.)

"Jesus, vendo a multidão, subiu ao monte. Sentando-se, aproximaram-se Dele os Seus discípulos, e Jesus ensinava, dizendo":

Bem-aventurados os humildes,
porque deles é o Reino do Céu.
Bem-aventurados os que choram,
porque eles serão consolados pelo próprio Deus.
Bem-aventurados os pacientes,
porque eles herdarão a Terra.
Bem-aventurados os que têm fome e sede de Justiça,
porque eles terão o amparo da Justiça Divina.

Bem-aventurados os misericordiosos,
porque eles alcançarão misericórdia.
Bem-aventurados os limpos de coração,
porque eles verão Deus face a face.
Bem-aventurados os pacificadores,
porque eles serão chamados filhos de Deus.
Bem-aventurados os que são perseguidos por causa da Verdade,
porque deles é o Reino do Céu.
Bem-aventurados sois vós, quando vos perseguem,
quando vos injuriam e, mentindo,
fazem todo o mal contra vós por minha causa.
Exultai e alegrai-vos,
porque é grande o vosso galardão no Céu.
Porque assim foram perseguidos os Profetas
que vieram antes de vós.

As Sete Bem-Aventuranças do Apocalipse[1]

Não somente o Evangelho de Jesus registra Bem-Aventuranças, como as do Sermão da Montanha. Os estudiosos do Apocalipse também as encontram em suas páginas iniciáticas e decifráveis aos que *"têm olhos de ver e ouvidos de ouvir"*[2].

[1] **As Sete Bem-Aventuranças do Apocalipse** — A íntegra do documento de Paiva Netto sobre este tema pode ser lida em *As Profecias sem Mistério*, um dos livros da série "O Apocalipse de Jesus para os Simples de Coração", que, com as obras *Somos todos Profetas*, *Apocalipse sem Medo* e *Jesus, o Profeta Divino*, já vendeu mais de 2,5 milhões de exemplares. Para adquirir esses outros títulos de Paiva Netto, ligue para 0300 10 07 940 ou acesse: www.clubeculturadepaz.com.br.

[2] **Aos que *"têm olhos de ver e ouvidos de ouvir"*** — No Corão Sagrado, versículo 12 da 32ª Surata "As Sajda" (A Prostração).

Primeira

— Bem-aventurados aqueles que leem e aqueles que ouvem as palavras da profecia deste Livro e guardam as coisas nele escritas, pois o Tempo está próximo (1:3).

Segunda

— Então, ouvi uma voz do Céu, que me dizia: Escreve: Bem-aventurados os mortos que, desde agora, morrem no Senhor. Doravante, diz o Espírito, que descansem das suas fadigas, pois as suas obras os acompanham (14:13).

Terceira

— Eis que venho como vem o ladrão. Bem-aventurado aquele que vigia e guarda as suas vestiduras, para não andar nu, e não se veja a sua vergonha (16:15).

Quarta

— Então, me falou o Anjo: Escreve: Bem-aventurados aqueles que são chamados à ceia das bodas do Cordeiro. E acrescentou: São estas as verdadeiras palavras de Deus (19:9).

Quinta

— Bem-aventurados e santos aqueles que têm parte na primeira ressurreição. Sobre esses a segunda morte não tem autoridade; pelo contrário, serão sacerdotes de Deus e de Cristo Jesus, e reinarão com Ele os mil anos (20:6).

Sexta

— *Eis que venho sem demora. Bem-aventurado aquele que guarda as palavras da profecia deste Livro* (22:7).

Sétima

— *Bem-aventurados aqueles que lavam as suas vestiduras no sangue do Cordeiro de Deus para que lhes assista o direito à Árvore da Vida Eterna e para entrarem na cidade pelas portas* (22:14).

Bibliografia

A Bíblia de Jerusalém. São Paulo: Paulus, 1995.

A Bíblia Sagrada. Tradução Padre Antônio Pereira de Figueiredo. Rio de Janeiro: Edição Barsa, 1964.

A Bíblia Sagrada. Tradução Centro Bíblico Católico. 60 ed. São Paulo: Ave Maria, 1988. Tradução dos originais mediante a versão dos Monges de Maredsous (Bélgica).

A Bíblia Sagrada: Antigo e Novo Testamento. Tradução para o português de João Ferreira de Almeida. Brasília: Sociedade Bíblica do Brasil, 1969.

A Bíblia Sagrada: Nova Edição Papal. Traduzida das Línguas Originais com uso Crítico de Todas as Fontes Antigas pelos Missionários Capuchinhos de Lisboa. Charlotte, North Carolina, USA: C. D. Stampley Enterprises, Inc., 1974.

A Bíblia Sagrada: Novo Testamento. Tradução Padre Matos Soares. Porto: Grandes Oficinas Gráficas da Sociedade de Papelaria, 1954. 4 v.

Academia Jesus, o Cristo Ecumênico, o Divino Estadista. **Paiva Netto e a Proclamação do Novo Mandamento de Jesus: a saga heroica de Alziro Zarur (1914-1979) na Terra.** São Paulo: Elevação, 2009.

Alcorão Sagrado. Tradução do professor Samir El-Hayek. São Paulo: Tangará, 1975.

ALIGHIERI, Dante. **A Divina Comédia.** Belo Horizonte: Ed. Itatiaia; São Paulo: Edusp, 1979.

BARBOSA, Rui. **Pensamento e ação de Rui Barbosa.** Seleção de textos pela Fundação Casa de Rui Barbosa. Brasília: Senado Federal, 1999.

BOURDIEU, Pierre. **Lições da aula**: Aula inaugural proferida no Collège de France em 23 de abril de 1982. São Paulo: Ática, 1988.

BRADLEY, Omar Nelson. **História de um Soldado.** Tomo II. Rio de Janeiro: Biblioteca do Exército Editora, 1958.

BUDDHA [Siddhartha Gautama]. **The Dhammapada: The Buddha's Path of Wisdom.** Translated from the Pali by Acharya Buddharakkhita. Introduction by Bhikkhu Bodhi. Kandy, Sri Lanka: Buddhist Publication Society, 1985.

CALVINO, João. **As Institutas ou Tratado da Religião Cristã.** Tradução de Waldyr Carvalho Luz. São Paulo: Casa Editora Presbiteriana, 1985-1989. v. 3.

Confucius. **The Analects.** Translated with an introduction by D.C. *Lau*. England: Penguin Group, 1979.

DALBERG-ACTON, John Emerich Edward, Lord. **Historical Essays and Studies.** Edited by John Neville Figgis and Reginald Vere Laurence. London: Macmillan and Co. Limeted; St.Martins Street, 1907.

DENIS, Léon. **Depois da morte.** 10. ed. Rio de Janeiro: FEB, 1978.

___________. **O Problema do Ser, do Destino e da Dor.** 17. ed. Rio de Janeiro: FEB, 1993.

DISRAELI, Benjamin. **Wit and Wisdom of Benjamin Disraeli, Earl of Beaconsfield**: collected from his writings and speeches. London: Longmans, Green, 1883.

DOLHNIKOFF, Miriam (org.). **José Bonifácio de Andrada e Silva. Projetos para o Brasil.** São Paulo: Cia. das Letras, 1998.

Eliot, George [Mary Ann Evans]. **Adam Bede.** New York: Penguin Books, 1998.

FERNANDES, Aparício. **O Grande Rei.** Rio de Janeiro: Freitas Bastos, 1966.

FEHRENBACHER, Don E.; FEHRENBACHER, Virginia. **Recollected Words of Abraham Lincoln.** Stanford, Calif.: Stanford University Press, 1996.

GILSON, Étienne. **A Filosofia na Idade Média.** São Paulo: Martins Fontes, 1995.

GOETHE, Johann Wolfgang von. **Maximen und Reflexionem.** Leipzig: Dieterich'schen, 1953.

GRAHAM, Billy. **Billy Graham: uma autobiografia.** São Paulo: Editora United Press, 1998.

HORTON, Stanley M. **Apocalipse: As coisas que brevemente devem acontecer.** 2. ed. Rio de Janeiro: CPAD, 2001.

KARDEC, Allan. **A Gênese.** 32. ed. Rio de Janeiro: FEB, 1988.

______________. **Livro dos Médiuns.** 45. ed. Rio de Janeiro: FEB, 1982.

______________. **O Livro dos Espíritos.** 63. ed. Rio de Janeiro: FEB, 1985.

KING, Martin Luther, Jr. **Letter from Birmingham Jail.** San Francisco: Harper San Francisco, 1994.

LEONARDOS, Stella. **E assim se formou a nossa raça.** Rio de Janeiro: Borsoi, 1941.

LUTERO, Martim. **Da Liberdade Cristã.** 3. ed. Tradução Leônidas Boutin e Heinz Soboll. São Leopoldo: Sinodal, 1979.

Mishnah. Translated by Hebert Danby. Oxford: Clarendon Press, 1933.

OLIVEIRA, Maria José Soares de; OLIVEIRA, Wanderley S. de; Diversos Espíritos. **Seara Bendita.** Belo Horizonte: INEDE, 2000.

MONTESQUIEU, Charles-Louis de Secondat, Barão de. **Grandeza e decadência dos romanos.** Tradução de Gilson César Cardoso de Sousa. São Paulo: Paumape, 1995.

Ovid [Publius Ovidus Naso]. **The Love Books of Ovid.** Translated by J. Lewis May. New York: Rarity Press, 1930.

PAIVA NETTO, José de. **A Missão dos Setenta e a Lição do Lobo Invisível.** No prelo.

___________. **Apocalipse sem Medo.** 18. ed. São Paulo: Elevação, 2000.

___________. **As nações caminham na direção do Espírito.** No prelo.

___________. **As Profecias sem Mistério.** São Paulo: Elevação, 1998.

___________. **Cidadania do Espírito.** No prelo.

___________. **Como Vencer o Sofrimento.** São Paulo: Elevação, 1990.

___________. **Diretrizes espirituais da Religião de Deus.** 7. ed. São Paulo, 1987, v. 1.

___________. **Diretrizes espirituais da Religião de Deus.** São Paulo, 1990, v. 2.

___________. **Diretrizes espirituais da Religião de Deus.** 3. ed. São Paulo, 1991, v. 3.

___________. **Epístola Constitucional do Terceiro Milênio.** São Paulo: Legião da Boa Vontade, 1988. (Coleção do Bolso de Cima)

___________. **É Urgente Reeducar!.** São Paulo: Elevação, 2000.

___________. **Jesus, o Profeta Divino.** 8. ed. São Paulo: Elevação, 2013.

___________. **Jesus, o Libertador Divino.** São Paulo: Elevação, 2007.

___________. **O Brasil e o Apocalipse.** São Paulo: Legião da Boa Vontade, 1984. v.1

___________. **O Brasil e o Apocalipse.** São Paulo: Legião da Boa Vontade, 1996. v.3.

___________. **O Capital de Deus.** No prelo.

___________. **Paiva Netto — Crônicas & Entrevistas.** São Paulo: Elevação, 2000.

___________. **Reflexões da Alma.** 54. ed. São Paulo: Elevação, 2004.

___________. **Reflexões e Pensamentos — Dialética da Boa Vontade.** São Paulo: Elevação, 1987.

___________. **Sabedoria de Vida.** São Paulo: Elevação, 2001.

___________. **Sociologia do Universo.** No prelo.

___________. **Somos todos Profetas.** 44. ed. São Paulo: Elevação, 1999.

___________. **Voltamos! A Revolução Mundial dos Espíritos.** São Paulo: Legião da Boa Vontade, 1996.

PERSCH, Pe. Léo. **Um Só Evangelho ou Harmonia dos Evangelhos.** Campinas/SP: Raboni, 1996.

REBOUÇAS, André. "Guerra e Vitória". In: **Revista Novo Mundo**, vol. 6, n. 61, 23 de outubro de 1875.

REVISTA LBV nº 13, setembro de 1984. São Paulo: Editora da Boa Vontade, 1984.

ROUSSEAU, Jean-Jacques. **Œuvres Complètes.** Paris: Gallimard, 1964, v. 3.

SAINT-EXUPÉRY, Antoine de. **Le Petit Prince.** Paris: Gallimard, 1997.

SCHILLER, Friedrich. **Schillers sämmtliche schriften.** Historisch-kritische ausgabe. Im verein mit A. Ellissen, R. Köhler, W. Müldener, H. Oesterley, H. Sauppe und W. Vollmer von Karl Goedeke. Stuttgart: J. G. Cotta, 1871. v.11.

SHAKESPEARE, William. **Hamlet.** New York: The University Society, 1901.

TAHAN, Malba. **Lendas do deserto.** São Paulo: Círculo do Livro, 1987.

TALEB, Imam Ali ibn abi. **Nahjul Balaghah: o método da eloquência.** 2.ed. São Paulo: Centro Islâmico do Brasil, 2010.

The Collected Works of Mahatma Gandhi (Electronic Book). New Delhi: Publications Division Government of India, 1999. v.21.

XAVIER, Francisco Cândido. Emmanuel. **A Caminho da Luz.** 16. ed. Rio de Janeiro: FEB, 1939.

____________. Emmanuel. **Caminho, Verdade e Vida.** 26. ed. Rio de Janeiro: FEB, 2006.

____________. Emmanuel. **Emmanuel.** 15. ed. Rio de Janeiro: FEB, 1991.

____________. João de Brito. **Falando à Terra.** 1 .ed. Rio de Janeiro: FEB, 1951.

____________. André Luiz. **Libertação.** Rio de Janeiro: FEB, 2003.

____________. Emmanuel. **Luz no Caminho**. São Paulo: Editora Cultura Espírita União, 1992.

____________. André Luiz. **Missionários da Luz.** 30. ed. Rio de Janeiro: FEB, 1998.

____________. Por diversos Espíritos. **Moradias de Luz.** São Paulo: CEU, 1990.

____________. André Luiz. **Nos Domínios da Mediunidade.** 24. ed. Rio de Janeiro: FEB, 1997.

____________. André Luiz. **Nosso Lar.** 34. ed. Rio de Janeiro: FEB, 1987.

____________. Emmanuel. **O Consolador.** 13. ed. Rio de Janeiro: FEB, 1986.

____________. André Luiz. **Os Mensageiros.** 23. ed. Rio de Janeiro: FEB, 1990.

____________. Emmanuel. **Pão Nosso**. 17. ed. Rio de Janeiro: FEB, 1986.

____________. Por diversos Espíritos. **Parnaso de Além-túmulo: poesias mediúnicas.** 17. ed. Rio de Janeiro: FEB, 2004.

____________. Emmanuel. **Perante Jesus.** São Paulo: Instituto Divulgação Editora André Luiz, 1990.

____________. Emmanuel. **Vinha de Luz.** 24. ed. Rio de Janeiro: FEB, 2006.

XAVIER, Francisco Cândido; Vieira, Waldo. Hilário Silva. **A vida escreve.** 9. ed. Rio de Janeiro: FEB, 2005.

WEBER, Max. **Ciência e Política: duas vocações.** 10 ed. São Paulo: Cultrix, 2000.

ZARUR, Alziro. **Poemas da Era Atômica**. 12. ed. Rio de Janeiro: Legião da Boa Vontade, 1979.

Índice de nomes

Índice de matérias

Biografia

José de Paiva Netto, escritor, jornalista, radialista, compositor e poeta, nasceu em 2 de março de 1941, no Rio de Janeiro/RJ, Brasil. É diretor-presidente da Legião da Boa Vontade (LBV). Membro efetivo da Associação Brasileira de Imprensa (ABI) e da Associação Brasileira de Imprensa Internacional (ABI-Inter), é filiado à Federação Nacional dos Jornalistas (Fenaj), à International Federation of Journalists (IFJ), ao Sindicato dos Jornalistas Profissionais do Estado do Rio de Janeiro, ao Sindicato dos Escritores do Rio de Janeiro, ao Sindicato dos Radialistas do Rio de Janeiro e à União Brasileira de Compositores (UBC). Integra também a Academia de Letras do Brasil Central.

Entre as inúmeras homenagens recebidas, foi agraciado com a Medalha do 1º Centenário da Academia Brasileira de Letras (ABL), nomeado Comendador da Ordem do Rio Branco, pelo Ministério das Relações Exteriores, e condecorado com o Grau de Comendador, pelo Conselho da Ordem do Mérito Aeronáutico, e com a Medalha do Pacificador, pelo Ministério do Exército brasileiro.

Filho primogênito de **Idalina Cecília** (1913-1994) e **Bruno Simões de Paiva** (1911-2000) — que tiveram como padrinho de casamento **Dorival Caymmi** (1914-2008) — e irmão de **Lícia Margarida** (1942-2010). Teve a infância e a juventude marcadas por uma preocupação incomum com temas espirituais, filosóficos, educativos, sociais, políticos, científicos e econômicos, além de um profundo senso de auxílio aos necessitados.

Estudou no tradicional Colégio Pedro II, na capital fluminense, do qual recebeu o título de Aluno Eminente, sendo homenageado com placa de bronze na sede desse conceituado colégio-padrão. Em 1956, ainda adolescente, iniciou sua jornada vitoriosa ao lado do saudoso fundador da Legião da Boa Vontade, o jornalista, radialista, escritor, poeta e pensador brasileiro **Alziro Zarur** (1914-1979). Foi um dos principais assessores dele durante quase um quarto de século. Para se dedicar totalmente à LBV, abandonou a vocação para a medicina. Mais tarde, tornou-se secretário-geral (cargo equivalente ao de vice-presidente) da Instituição e, com o falecimento de Zarur, sucedeu-o.

Compositor e produtor musical, foi aluno do professor **Homero Dornelas** (1901-1990), assessor do notável **Villa-Lobos** (1887-1959). Elaborou a "Marcha dos Soldadinhos de Deus", interpretada pela primeira vez em 21 de abril de 1960, por meninos amparados pelo Instituto São Judas Tadeu, no Rio, onde colaborava como voluntário. A apresentação foi uma homenagem a Brasília/DF, que o então presidente da República **Juscelino Kubitschek** (1902-1976) inaugurava naquela data.

À frente da Legião da Boa Vontade desde 1979, multiplicou as ações desta nas áreas da educação e da promoção humana e social por meio das unidades de atendimento da Instituição, as quais abrangem escolas-modelo de educação básica, lares para idosos e centros comunitários de assistência social. Tais espaços servem para projetos ainda maiores, a que Paiva Netto se tem dedicado há bastante tempo: a Educação com Espiritualidade Ecumênica, consubstanciada em uma vanguardeira linha pedagógica, que propõe um modelo novo de aprendizado, o qual alia cérebro e coração. Essa proposta educacional, composta da Pedagogia do Afeto e da Pedagogia do Cidadão Ecumênico, é aplicada com sucesso na rede de ensino da LBV e nos programas socioeducacionais desenvolvidos por ela.

Os ideais da Boa Vontade não têm fronteiras e empolgam diversas nações. Atualmente, as iniciativas solidárias expandem-se para a LBV da Argentina, do Paraguai, do Uruguai, da Bolívia, de Portugal e dos Estados Unidos, além de muitas outras regiões do mundo, sendo mantidas por meio de donativos de cada população local.

Por causa da ampla abrangência de seus programas e de suas ações e da excelência no trabalho realizado, a Legião da Boa Vontade conquistou o reconhecimento da Organização das Nações Unidas (ONU), com a qual tem atuado em parceria há mais de vinte anos. Em 1994, a LBV tornou-se a primeira entidade do terceiro setor do Brasil a associar-se ao Departamento de Informação Pública (DPI) desse organismo internacional e, em 1999, foi a primeira instituição da sociedade civil brasileira a obter o *status* consultivo geral (grau máximo) no Conselho Econômico e Social (Ecosoc/ONU). Em 2000, passou a integrar a Conferência das ONGs com Relações Consultivas para as Nações Unidas (Congo), com sede em Viena, na Áustria, e, em 2004, foi cofundadora do Comitê de ONGs sobre Espiritualidade, Valores e Interesses Globais nas Nações Unidas.

Além de mobilizar a sociedade civil em torno dos oito Objetivos de Desenvolvimento do Milênio (ODM), a LBV tem participado ativamente das principais reuniões do Ecosoc, contribuindo com importantes documentos e publicações, editados em diversos idiomas e entregues a chefes de Estado, conselheiros ministeriais e representantes da sociedade civil. Dentre esses materiais destacam-se as revistas *Sociedade Solidária, Paz para o Milênio* e *Globalização do Amor Fraterno*. Esta última, encaminhada para a reunião do *High-Level Segment*, em 2007, realizada no Palais des Nations, escritório central da ONU em Genebra, na Suíça —, foi recebida com muito entusiasmo pelo secretário-geral das Nações Unidas, **Ban Ki-moon**, quando da visita deste ao estande da LBV no evento. Ele referendou seu apoio à LBV ao assinar a capa da revista e ratificou seus votos de muito sucesso para a Boa Vontade.

Em 21 de outubro de 1989, Paiva Netto fundou, em Brasília/DF, o Templo da Boa Vontade (TBV), com a presença de mais de 50 mil pessoas. O Templo da Paz é o polo do Ecumenismo Divino, que proclama o contato socioespiritual entre a criatura e o Criador. Aclamado pelo povo uma das Sete Maravilhas do Distrito Federal, o TBV é o monumento mais visitado da capital brasileira, conforme dados oficiais da Secretaria de Estado de Turismo do Distrito Federal (Setur-DF), e, desde que foi inaugurado, recebe anualmente mais de um milhão de peregrinos.

Paiva Netto criou, para propagar a Cidadania Espiritual (conceito preconizado por ele), a Super Rede Boa Vontade de Comunicação (rádio, TV, internet e publicações).

É escritor de referência internacional, e autor de vários *best-sellers*. Com seus livros, Paiva Netto alcançou a expressiva marca de mais de 6 milhões de cópias vendidas. Também tem artigos publicados em importantes jornais e revistas do Brasil e do exterior, por exemplo: *Diário de Notícias, Jornal de Coimbra, Correio da Manhã, Jornal de Notícias, O Primeiro de Janeiro, Notícias de Gaia, Voz do Rio Tinto, Jornal da Maia* e *O Público* (Portugal); *Time South, Jeune Afrique* e *African News* (África); *Daily Post* (circulação internacional); *Clarín* (Argentina); *Jornada* (Bolívia); *El Diário Notícias* e *ABC Color* (Paraguai); *El Pais* (Uruguai); e para a *International Business and Management* (China) e *Deutsche Zeitung* (Alemanha).

Sobre seu estilo literário, o escritor norte-americano **Errol Lincoln Uys** observou: *"Paiva Netto, sendo um homem prático, não deixa de ter alma de poeta"*. Segundo a definição do eminente professor, jurisconsulto e tratadista **José Cretella Júnior**, *"é um exímio estilista, sempre em dia com as novas"*. **Valdir Andres**, jornalista, advogado, fundador do periódico *A Tribuna Regional*, de Santo Ângelo/RS, e atual prefeito dessa cidade, assim declarou: *"É uma honra imensa abrigar os conceitos, as opiniões, a pena brilhante do professor Paiva Netto em nosso jornal"*. Na opinião do mestre de professores **Moacir Costa Lopes** (1927-2010), *"é um escritor de muito talento"*.

Correspondência para o autor:
Rua Sérgio Tomás, 740 — Bom Retiro
São Paulo/SP — CEP 01131-010
E-mail: paivanetto@lbv.org.br

CONHEÇA O TRABALHO DA LBV

BOA VONTADE TV

Internet: www.boavontade.com/tv
SKY: Canal 20 • OI TV: Canal 212

GERADORA EDUCATIVA DA FUNDAÇÃO JOSÉ DE PAIVA NETTO E AFILIADAS

Canal 45.1 Digital - São Paulo/SP
Canais 11E / 40D - São José dos Campos/SP
Canal 23 - Glorinha/RS

ANTENA PARABÓLICA - CANAL TERRA VIVA

Programa *O Poder da Fé Realizante*
De segunda a sexta-feira, das 7 às 7h30.
Frequência em banda C: 3.790 MHz • Frequência em banda L: 1.360 MHz • Polarização descida: Horizontal • Satélite: Brasilsat C-2 analógico

SUPER REDE BOA VONTADE DE RÁDIO

Internet: www.boavontade.com/radio
OI TV: Canal 989 (Super RBV de Rádio)

Emissoras de rádio:

AM 940 kHz - Rio de Janeiro/RJ • AM 1.230 kHz - São Paulo/SP • AM 1.300 kHz - Esteio, região de Porto Alegre/RS • OC 25 m - 11.895 kHz - Porto Alegre/RS • OC 31 m - 9.550 kHz - Porto Alegre/RS • OC 49 m - 6.610 kHz - Porto Alegre/RS • AM 1.210 kHz - Brasília/DF • FM 88,9 MHz - Santo Antônio do Descoberto/GO • AM 1.350 kHz - Salvador/BA • AM 610 kHz - Manaus/AM • AM 550 kHz - Montes Claros/MG • AM 550 kHz - Sertãozinho, região de Ribeirão Preto/SP • AM 1.210 kHz - Uberlândia/MG